국가는 폭력이다

# 국가는 폭력이다

### 평화와 비폭력에 관한 성찰

레프 톨스토이 지음 | 조윤정 옮김

달팽이

국가는 집중되고 조직된 형태의 폭력을 대변한다.
**마하트마 간디**

쟁기질 하는 톨스토이 | 일리야 레핀(1844~1930)

책머리에
## 우직한 바보, 국가를 거스르다
**하승우** (한양대 제3섹터연구소 교수)

내가 톨스토이라는 이름을 처음 접한 글은 '바보 이반'이라는 소설이었다. 아이들의 눈높이로 보면 그 글은 참으로 유쾌하고 명쾌했다. 권력과 돈에 대한 욕심을 이기지 못하고 악마들의 꼬임에 넘어가 결국 모든 것을 잃어버리는 두 형과, 우직하게 욕심 없는 삶을 살아 악마들조차 항복하게 만든 이반의 얘기는 사람이 무엇으로 사는지를 알려주었다. 먹을 것과 살림살이를 스스로 장만하는, 손바닥에 굳은 살이 박힌 사람들이야말로 이 세상에서 가장 강한 사람임을, 그리고 그런 우직한 바보들이 모인 나라야말로 어느 누구도 정복할 수 없는 건강한 나라임을 '바보 이반'은 알려주었다. 톨스토이는 권력이나 돈을 좇지 않고 타인과 함께 나누며 욕심을 부리지 않고 살아야 모두가 즐거울 수 있다는 간단하고 분명한 진리를 알려주었다.
하지만 지금 우리 시대에는 '잘난 사람들'과 '똑똑한 사람'들이 세상을 지배한다. 이들은 풀뿌리 민중이 자신들을 믿고 따르면 풍요롭고 행복하게 살 수 있다고 장담한다. 그래서 어리석은 두 형의 나라에서처럼 전쟁이 끊이지 않고 민중의 살림살이는 나아질 기미를 보이지 않고 있다. 잘나고 똑똑한 이들이 지배하는 어리석은 나라의 국민들은 파이를 더 키워야 나눌 수 있다는 속임수에 빠져 하나라도 더 가지려 바둥거리고 있다. 그러면서도 근본적인 불안감과 공포에서 벗어나지 못하고 있다.

하지만 이 무한경쟁의 승자는 누구일까? 불안감과 공포의 끝에는 무엇이 기다리고 있을까? 이제 우리는 톨스토이처럼 "사람은 무엇으로 사는가?"라고 진지하게 물어야 한다. 그리고 지금 우리 곁에 욕망을 부추기는 악마가 없는지 돌아봐야 한다.

## 톨스토이는 왜 국가에 반대했는가?

톨스토이는 사람들의 일그러진 욕망을 부추기고 세계를 파멸로 밀어 넣는 악마가 바로 '국가'라고 봤다. 귀족으로 태어나 국가의 혜택을 받으며 자랐고 장교로 전쟁에 참전하기도 했던 톨스토이가 왜 국가를 '악의 축'으로 지목했을까? 그의 생활조건이 국가권력과 멀지 않았기 때문에 톨스토이는 국가의 사악한 면을 분명하게 볼 수 있었을지 모른다.

톨스토이는 풀뿌리 민중을 착취하고 억압하는 존재가 바로 국가라고 주장했다. 톨스토이의 말을 직접 들어보자. "어떤 사람이 필요에 따라 스스로 생산한 물건은 관습이나 여론, 정의심과 상호합의에 의해 보호된다. 폭력으로 보호할 필요가 전혀 없다. 수만 에이커의 삼림지를 한 명의 지주가 소유하고 있고, 근처에 사는 수천 명의 사람에게 땔감이 없다면, 삼림지를 보호하는 데는 폭력이 필요하다."

(「우리 시대의 노예제」) 만일 서로가 각자 필요한 만큼만 누리고 산다면 굳이 폭력을 사용할 필요는 없다. 하지만 한 사람이 너무 많은 욕심을 부리기 때문에 폭력이 발생하게 되는데, 이때 국가는 약자의 편이 아니라 강자의 편에 선다.

국가가 자연의 도리를 어기는 부조리한 착취를 정당화하고 다수를 억압하기 위해 공권력을 행사한다. 심지어 국가는 그런 부조리함에 저항하는 민중에게 공권력이라는 이름으로 폭행하고 심지어 목숨을 빼앗기도 한다. 더구나 국가는 그런 잘못을 미화하고 은폐하려 들기 때문에 더욱더 나쁜 존재이다.

이런 국가의 폭력성과 은폐는 경찰과 군대로 증명된다. 톨스토이는 군대야말로 국가의 사악한 면을 가장 잘 보여준다고 봤다. 톨스토이는 "모든 정부와 통치 계급은 기존의 제도를 유지하기 위해 군대를 필요로 한다"(「하느님의 나라는 너희 가운데에 있다」)라며 군대가 외부의 침략을 막기 위한 조직이라는 주장을 반박했다. 톨스토이는 "세금을 성공적으로 거두어들이기 위해 정부는 상비군을 유지한다"(「애국심과 정부」)며 국가가 자기 나라의 국민을 착취하기 위해 군대를 유지한다고 밝혔다. 톨스토이는 국가가 널리 퍼뜨리는 테러리즘과 세금강탈, 정신적인 세뇌가 사람들을 병사로 만들고 군대를 꾸린다고 비판했다.

국가는 폭력성을 비판받을 때면 언제나 외부의 적을 핑계로 대며 애국심을 자극한다. 하지만 톨스토이는 그런 계략에 넘어가지 않고 애국심이란 국가가 만들어낸 것에 지나지 않는다고 비판했다. "국가는 사람들로부터 엄청난 부를 거두어갔고, 징집병으로 이루어진 군대를 훈련시켰을 뿐 아니라, 대중에게 정신적으로 영향력을 행사할 수 있는 모든 수단을 손아귀에 넣었다. 언론, 종교집단, 무엇보다 교육이 그런 수단들이다."(「사회 개혁가에게 고함」) 애국심이란 국가가 만들어낸 비합리적이고 해로운 감정에 지나지 않았다.

그런데 국가의 사악한 면을 깨달았다고 해서 귀족이 자신의 특권을 포기하고 국가를 거부하기란 쉽지 않다. 톨스토이가 국가에 맞서리라 마음을 먹은 것은 러시아 민중의 순박함과 평화에 대한 사랑을 깨닫고 그것을 믿었기 때문이다. 만일 러시아 민중이 귀족들처럼 교육을 받을 수 있다면, 그들이 조그만 땅을 나눠 경작할 수 있다면 평화가 찾아오리라고 그는 믿었다.

물론 완전한 평화라는 유토피아가 금방 찾아오지는 않는다. 하지만 톨스토이는 무질서의 혼란보다 국가의 지배를 받는 질서가 더 위험하고 나쁘다고 봤다. "정부의 부재가 정말로 부정적인 의미에서 무정부 상태를, 이 단어가 내포하는 무질서한 측면을 뜻한다고 하더라도—사실은 결코 그렇지 않지만— 무정부적 혼란은 정부가 사람들에게 야기한 오늘날의 상황보다 나쁠 수 없다"(「애국심과 정부」)라는 말에서 우리는 톨스토이의 생각을 분명하게 읽을 수 있다. 이성적인 존재로 태어나서 살아간다면 우리는 국가의 강제력 없이도 서로 자율적으로 토론하고 합의하며 사회를 유지할 수 있다. 그래서 톨스토이는 시대를 훨씬 앞서 병역거부와 납세거부를 주장하기도 했다.

단순히 글에서 아나키스트들의 이론을 얘기하거나 그런 사람들과 사귀었다는 이유만으로 어떤 사람을 아나키스트라 부를 수는 없다.

하지만 이 책의 곳곳에서 드러나듯이 톨스토이의 생각은 아나키스트들의 생각과 대부분 일치한다. 그런데도 많은 사람들은 톨스토이를 종교인이나 작가로 묘사할 뿐 아나키스트로 설명하려 하지 않는다. 왜 그럴까?

**톨스토이는 왜 아나키스트와 사회주의를 비판했는가?**
톨스토이는 자신을 아나키스트라 칭하지 않지만 아나키즘에 동의한다는 점을 분명하게 밝혔다. 그는 "아나키스트들은 모든 점에서 옳다"(「아나키즘에 관하여」)라고 분명하게 선언했기 때문이다. 다만 톨스토이는 그 시대의 아나키스트들이 폭력을 즐겨 사용했기 때문에 자신을 아나키스트라 선언하는 것을 보류했을 뿐이다.

흔히 얘기되듯이 아나키즘의 특징을 테러와 폭력에서 찾는다면, 톨스토이는 결코 아나키스트라 불릴 수 없다. 톨스토이가 국가를 비판했던 여러 이유들 중에서 가장 중요한 것은 바로 폭력이기 때문이다. 설령 국가를 무너뜨리기 위한 방법이라 하더라도 폭력은 용납될 수 없었다. 평화적인 목적이 폭력적인 방법으로 실현될 수는 없었다.

그리고 하느님의 뜻을 따르는 톨스토이에게는 특별히 세속의 이념이 필요하지도 않았다. 우리는 어떤 이념을 믿어야만 신념을 가질 수 있다고 생각하지만, 세상에서 가장 강력한 신념은 가장 기본적인 윤리, 즉 "남에게 대접을 받고자 하는 대로, 너희도 남을 대접하라"는 원리를 지키는 것이다. 과학적인 이론의 증명보다는 가장 기본적인 윤리를 지키며 사는 것이 훨씬 더 중요한 일이었다.

  그런 점에서 톨스토이는 그 시대의 사회주의를 인정할 수도 없었다. 톨스토이는 사회주의의 이상이 좌절될 수밖에 없다고 봤다. 그 시대의 유명한 아나키스트였던 프루동이나 크로포트킨처럼 톨스토이도 국가를 대신할 대안을 노동자보다 농민에서, 도시보다 농촌에서 찾았기 때문이다. 톨스토이는 도시 노동자들의 비참한 상황을 개선하는 방법이 농촌을 바로세우는 데 있다고 봤다. "경제학은, 농민들을 시골에서 몰아내는 원인에 주의를 기울이지도 않고 어떻게 이런 원인을 제거할 것인가 하는 문제에 관심을 쏟지도 않으며 오로지 기존의 공장과 작업장에서 노동자의 조건을 개선하는 데만 골몰하고 있다."(「우리 시대의 노예제」)

  사실 톨스토이는 도시의 산업이 농업보다 중요하거나 진보적이라고 생각하지 않았다. 자연의 이치를 따르며 자율적으로 일하고 스스로 필요한 것을 채우는 농민의 자급과 자치가 단조롭고 중앙의 통제를 따르는 노동자의 계획경제보다 좋은 삶을 보장하기 때문이다. "공장 일이 언제나 유해하고 단조로운 반면 농업은 건강하고 다양성을 제공하는 일이다. 농업은 자유롭고 농민들은 자기 마음대로 일하거나 쉴 수 있는 반면 공장 일은 공장이 노동자들의 소유라고 하더라도 언제나 기계 작동에 따라 일할 수밖에 없다. 게다가 공장 일은 부차적인 반면 농사일은 일차적이다. 농업이 없으면, 공장은 존재할 수 없다."(「우리 시대의 노예제」)

  따라서 톨스토이는 사회주의자들이 주장하던 것과 다른 혁명의 목적을 분명하게 밝혔다. "그들이 깨달아야 하는 사실은 현재 일어나고 있는 혁명의 목적이 보통 선거권과 개선된 사회주의적 제도를 갖춘 새로운 억압적 정치체제의 건설에 있지 않다는 것이다. 이 혁명의 목적은 전 국민, 특히 국민의 대다수를 이루고 있는 1억 명의 농민들을 온갖 종류의 억압에서 해방시키는데 있다…이미 그들에게 어울리며 그들의 사회적 요구를 충족시켜주는 그런 형태의 사회생활이 이미 존재하기 때문이다. 이것은 모든 일원의 평등과 협동노동체계, 토지공동소유에 바탕한 공동체 조직이다."(「세상의 끝」)

농민과 소규모 농업의 중요성을 강조하는 생각은 톨스토이가 프루동에게 이어받았고 간디에게 이어준 이상이고, 산업화의 욕망을 벗어난 진보의 이상이다. 톨스토이는 러시아의 소농, 전 세계의 소농들이야말로 인류의 미래를 열 주체라고 봤다.

지금 우리의 눈으로 보면 톨스토이의 이런 주장은 시대와 어울리지 않는, 산업자본이나 금융자본의 힘을 깨닫지 못한 순진한 주장으로 느껴진다. 하지만 자급하지 못하는 공동체는 외부의 힘에 휘둘릴 수밖에 없기에, 세계화의 시대에도 농민과 농촌은 여전히 중요한 존재이다. 더구나 농업의 노동은 사람이 서로 협력하며 자연스럽게 상호부조의 정신을 기르도록 하기 때문에 무한경쟁의 폭력성을 해결할 수 있는 좋은 해결책이다. 어쩌면 시대착오적으로 보이는 톨스토이의 주장이야말로 우리 시대에 가장 절실하고 근본적인 처방일 수 있다.

그렇다면 톨스토이는 이런 자신의 이상을 어떻게 실현하려 했을까? 아나키스트들의 폭력적인 방식이나 사회주의자들의 새로운 국가건설 외에 어떤 실천이 가능할까?

## 좋은 삶은 가능한가?

폭력은 그 사회의 건강성을 측정하는 기준이다. 폭력의 발생은 그 사회가 건강하지 않다는 점을 뜻하고, 그런 폭력의 원인을 제거할 때 그 사회의 건강은 회복된다. 따라서 폭력의 발생을 무조건 부정적으로 볼 필요는 없고, 다만 그런 폭력에 대한 처방이 폭력을 반복하지 않도록 조심해야 한다. 그리고 비폭력의 처방은 깊이 뿌리내린 폭력의 원인을 분명하게 제거할 수 있을 만큼 근본적이어야 한다.

톨스토이는 국가에 대한 폭력적인 저항이나 선거를 통한 집권이라는 그 시대의 혁명론이 그런 근본적인 처방이 아니라고 봤다. 그러면서 톨스토이는 폭력을 사용하지도, 정부조직에 참여하지도 말자고 주장했다. "정부 폭력을 없애버리는 길은 단 한가지다. 사람들이 거기에 참여하지 않는 것이다."(「우리 시대의 노예제」) 정부에 참여하지 않는 것은 공직을 맡지 않을 뿐 아니라 정부를 도울 세금도 내지 말아야 한다는 점도 포함했다. 그 누구도 협력하지 않는다면 국가는 자신이 뜻하는 바를 마음대로 이룰 수 없다.

그리고 톨스토이는 우리 자신의 욕망을 바꿔 소유의 욕망에서 벗어나 나누며 살아야 한다고 강조했다. 이런 욕망의 변화는 국가의 힘을 약화시킬 뿐 아니라 사회를 근본적으로 바꾸는 동력이다. 어떻게 그런 변화가 가능한가? 그것은 "사람들에게 진정한 행복을 계시하고, 부가 축복이 아니며 오히려 진정한 행복을 눈앞에서 감추고 시선을 빼앗는다는 것을 보여주는 것이다. 이 한 가지 방법이 있을 뿐이다. 그것은 속세의 욕망의 구멍을 막는 것이다. 그래야만 집안 골고루 열을 보낼 수 있다. 이 방법은 사회주의자들이 주장하는 것

— 생산의 증가, 따라서 일반적인 부의 증가를 위해 노력하는 것 — 과는 정확히 반대된다."(「사회주의, 국가, 기독교도」)

톨스토이는 이런 의식과 태도의 변화야 말로 "단 하나의 영구적인 혁명", "도덕적인 혁명, '영혼'의 갱생"(「아나키즘에 관하여」)이라고 주장했다. 이것은 "국가라 불리는 인위적인 연합체를 위해 삶과 자유를 희생하는 게 아니라 진정한 삶과 자유를 위해 국가라는 미신에서 그리고 그 소산 — 범죄라고 할 만한, 인간에 대한 복종 — 에서 해방되어야 하는 것이다. 이처럼 국가와 권력기관에 대한 태도가 변화하면 한 세상이 끝나고 다른 세상이 시작될 것이다."(「세상의 끝」)

이런 도덕적인 혁명이 자연스레 이루어질 수도 있지만 때로는 의도적인 개입도 필요하다. 가장 좋은 방법은 바로 교육이다. 자유로운 교육이 확대되어 민중이 자신의 존재와 중요성에 눈을 뜨고 자신감을 회복하면 국가의 중요성은 줄어들 수밖에 없기 때문이다.

사실 톨스토이의 주장은 그가 믿던 기독교와 밀접한 연관성을 가지고 있다. 하지만 종교적인 믿음을 강조하는 것이 반드시 특정 교파의 이론을 따르는 것은 아니다. 모든 종교의 가르침은 근본적인 윤리에서 동일하고, 그것은 교육의 이성적인 힘을 보완하는 정서의 힘을 만들기 때문이다. "삶에 대한 동일한 이해를 통해 모든 사람을 결집시키는 이 같은 종교적 개념은 권력에 대한 복종이나 권력참여 행위와 양립할 수 없으며, 진정으로 권력을 소멸시킬 수 있는 무기"이자 "자기 자신과 사람들 사이에 더 굳건하고 훌륭한 사랑의 관계를 확립하는 것"이고 "스스로 훌륭한 삶을 사는 것"(「사회 개혁가에게 고함」)이다.

톨스토이의 이런 가르침에 우리는 뭐라고 답을 해야 할까? 우리는 당신과 다른 시대를 살고 있다고, 그래서 그런 가르침이 더 이상 필요하지 않다고 얘기해야 할까? 그건 아니다. 오히려 바보처럼 사는 게 불가능하다고 영악하게 얘기하지 말고 내가 바로 바보라고 당당히 선언하며 다른 삶을 살아야 하지 않을까? 왜냐하면 바보처럼 살았던 이반이 있었기에 모든 걸 잃어버린 두 형도 죽지 않고 살아갈 수 있었기 때문이다. 다른 사람이나 사회구조를 핑계 삼아 알리바이를 마련하지 말고 지금 당장 내 삶부터 변화를 시도해야 한다. 그것이 결국엔 이 사회를 구하고 다른 생명을 구하는 바탕이 되기 때문이다.

리 호이나키는 『정의의 길로 비틀거리며 가다』에서 이 시대를 살아있게 하는 사람들을 '거룩한 바보'라고 부르며 "'거룩한 바보'들이 아직 우리들 사이에 존재하고, 그들의 연기 때문에 우리가 세계를 볼 수 있다는 사실은 지금 우리 모두에게 기쁨을 줄 수 있다"고 얘기했다. 점점 더 많은 사람들이 바보 이반의 소박한 진리를 따를 때 우리는 전쟁과 물신의 시대를 넘어 공생공락共生共樂의 시대를 누릴 것이다.

**차례**

책머리에 | 우직한 바보, 국가를 거스르다
7

하느님의 나라는 너희 가운데에 있다
19

애국심과 정부
49

아나키즘에 대하여
81

살인하지 말아라
89

우리 시대의 노예제
101

사회주의, 국가, 기독교도
183

사회 개혁가에게 고함
201

세상의 끝, 다가오는 혁명
227

# 하느님의 나라는 너희 가운데에 있다
신비주의적 원리가 아닌 삶에 대한 새로운 개념으로서의 기독교 정신

## 폭력의 사슬

오늘날 정부와 지배 계급은 정의 아니면 권리 비슷한 것에조차 기초해 있지 않고, 오로지 발달된 과학의 도움으로 정교하게 고안된 조직에 의존하고 있다. 그리하여 사람들은 폭력의 사슬 안에 묶여 있고, 그들이 여기서 빠져나갈 수 있는 가능성은 전혀 없다. 폭력의 사슬은 사람들에게 영향을 미치는 네 가지 방법으로 이루어져 있다. 사슬이 고리로 연결되어 원형을 이루는 것처럼 이 네 가지 방법은 서로 긴밀히 연결되어 서로를 지지하고 있다.

가장 오래된 최초의 방법은 테러리즘이다. 테러리즘의 방법은 기존의 통치 체제(자유로운 공화국이든 가장 가혹한 전제국가이든)를 신성하고 변할 수 없는 것으로 제시하고, 이 체제를 조금이라도 바꾸려는 시도가 있으면 가장 야만적인 방법으로 처벌한다. 국가가 존재하는 곳에서는 어디든 이 방법이 사용되었고, 현재도 사용되고 있다. 러시아에서는 이른바 니힐리스트(허무주의자)들에게, 미국에서는 아나키스트들에게, 프랑스에서는 제국주의자, 군주제 지지자, 공산주의자, 아나키스트들에게 가차 없이 테러리즘을 사용하고 있다. 국가는 철도, 전신, 전화, 사진 그리고 사람들을 죽이지 않고 처리할 수 있는 세련된 방법을 쓰기도 한다. 사람들을 평생 독방에 가두어두면 그들은 다른 사람들의 눈에 띄지 않는 곳에서 잊혀진 채 죽을 수밖에 없다. 국가는 또 다른 새로운 수단을 개개인보다 훨씬 더 빈번히 사용함으로써 강력한 권력을 행사한다. 따라서 — 어떤 개인들이 일단 권력을 손아귀에 넣으면 그리고 비밀경찰 조직, 온갖 관리자, 검찰관, 교도관, 사형 집행인이 충분한 열정으로 움직이기만 하면 — 얼마나 야만적이고 무분별한 행동을 벌이든 정부를 전복할 수 있는 가능성은 전혀 없다.

두 번째 방법은 강탈이다. 이 방법은 노동 계급의 재산을 세금의 형태로 갈취하고 빼앗은 재산을 관리들에게 나누어주는 것이다. 관리들은 그 보답으로 국민의 노예 상태를 유지·강화한다.

총리부터 미천한 서기까지 이런 관리들은 국민의 노동으로 살아가려는 단 하나의 공통된 목적으로 연합하여 빈틈없이 이어진 인간 사슬을 이루고 있다. 그들은 정부의 뜻에 얼마나 잘 따르는가에 의해 보답을 받고, 따라서 온갖 활동 영역에서 말과 행동을 통해 조금도 주저하지 않고 그들의 부가 걸려 있는 국가의 폭력 기구를 유지하고 보호하려 한다.

세 번째 방법은 "세뇌"라고밖에 이름붙일 수 없을 것이다. 세뇌라는 방법으로 국가는 사람들의 정신적 성장을 가로막고, 온갖 영향력과 암시를 통해 이제 시대에 뒤떨어진 것이 되었지만 국가의 권력이 의존하고 있는 인생관 안에 그들을 붙들어두고 있다. 이런 세뇌는 오늘날 가장 완벽한 형태로 행해지고 있다. 세뇌의 영향력은 아이 때부터 시작하여 죽음의 순간까지 지속된다. 아주 어린 나이에 시작되는 의무 교육 과정은 특히 세뇌의 목적으로 마련되었다. 여기서 아이들은 오래전에 그들의 조상에 의해 확립되었지만 현재 인류의 의식과는 완전히 반대되는 세계관을 배운다. 국교가 있는 국가에서는 아이들이 우스꽝스럽고 신성모독적인 교리 문답서를 배우고, 권력자들에게 복종해야 하는 필요성을 주입받는다.

공화국에서는 아이들이 애국심이라는 터무니없는 미신과 국가에 대한 복종이라는 가공의 의무를 배운다. 나중에 이 세뇌의 영향력은 종교와 애국심의 장려로 유지된다.

종교라는 미신은 장엄한 행진, 축제, 국민들의 돈을 끌어다 지은 기념물이나 교회, 그리고 사람들을 도취하게 만드는 음악, 건축, 그림, 향香을 통해 부추겨진다. 이밖에도 사람들의 정신을 마비시키는 일을 하는 이른바 성직자들은 무대 연출과, 감정에 호소하는 미사와 설교를 통해, 그리고 사람들의 개인적인 삶, 즉 출산과 결혼, 죽음에 간섭함으로써 사람들을 계속 마비 상태에 빠뜨린다. 애국심이라는 미신을 북돋우는 데는 국가적 의례, 축제, 기념물, 화려한 행렬이 이용된다.

정부와 지배 계급이 국민들한테 빼앗은 돈으로 마련한 이런 장관들은 사람들이 자기 나라의 절대적 중요성과, 그들의 정부 그리고 통치자의 위대함을 믿게 만들고, 그들의 가슴속에 다른 나라에 대한 적대감 내지 증오의 불을 지핀다. 이밖에도 전제적인 정부는 국민들을 계몽할 수 있는 연설과 강연 그리고 책의 인쇄와 출판을 엄격히 금지하며, 국민들을 정신적 마비 상태에서 일깨우려는 자는 모두 추방하거나 감옥에 가둔다.

모든 정부는 예외 없이 사람들의 해방을 부추기는 수단을 감추고,

사람들을 타락하게 만들거나 정신적으로 마비시키는 수단을 장려하기 마련이다. 사람들을 종교나 애국이라는 어리석은 미신 안에 가둬 두는 글들, 오락, 쇼, 서커스, 극장 등의 다양한 여흥, 담배나 술처럼 정신을 마비시키는 물리적 도구들, 국가의 주요 수입원인 세금이 그 같은 수단이다. 심지어 매춘마저 장려된다. 대부분의 국가는 매춘을 인정할 뿐 아니라 관리하기까지 한다. 이것이 세 번째 방법이다.

네 번째 방법은 위에서 기술한 세 가지 방법의 도움으로, 노예화되고 정신적으로 마비된 대중 가운데서 특정한 수의 사람들을 뽑아다가 특히 강력한 정신적 마비와 야수화의 과정을 부과하는 것이다. 이를 통해 그들은 국가가 원하는 대로 잔혹하고 야만적인 행위들을 수행하는 수동적인 도구로 바뀐다.

국가는 도덕관이 뚜렷하게 형성되기 이전에, 아주 어릴 때, 사람들을 자연적인 인간 삶의 조건 — 집, 가족, 고향, 합리적인 노동 — 에서 끄집어내 병영 안에 한데 가두어놓음으로써 이 같은 야만과 백치 상태를 강요한다. 여기서 그들은 별난 의복을 입고, 특별히 지정된 어떤 동작들을 따라 하게 된다. 고함, 드럼, 음악, 번쩍거리는 장신구가 그들을 일종의 최면 상태에 빠뜨리면, 그들은 더 이상 인간이기를 멈추고, 정부의 손아귀에서 놀아나는 순종적이며 분별력을 잃은 기계가 된다. 이런 젊은이들(현재 국민 개병제가 시행되는 유럽 대륙에 살고 있는 젊은이들)은 육체적으로 강하고, 살인 무기로 무장한 채 최면 상태에 빠져, 국가 권력 기관에 복종하고, 국가가 요구하면 어떤 폭력도 저지를 준비가 되어 있다.

이들이야말로 사람들을 노예화시키는 네 번째 주요 방법의 수단이 되고 있다. 폭력의 사슬은 이 네 번째 방법으로 완성된다.

국가의 테러리즘, 강탈, 세뇌는 사람들이 기꺼이 병사가 되고자 하는 상황을 조성한다. 병사들은 국가에 권력을 부여하고, 국가가 사람들을 처벌하고 정신적으로 마비시키고 그들의 돈을 강탈하고 (또 강탈한 돈으로 관리들을 매수할 수 있게 하고) 다른 사람들을 병사로 징집할 수 있게 만들어준다. 새로 병사가 된 사람들을 통해 국가의 권력은 더욱 증대된다.

폭력의 체계는 완성되었고, 따라서 무력으로 여기서 벗어날 가능성은 전혀 없다.

어떤 사람들은 억압받는 대중이 무력으로 정부를 무너뜨리고 나서 폭력을 행사하거나 사람들을 노예화시키지 않는 새로운 조직을 건설하면 폭력에서 벗어나거나 적어도 폭력을 줄일 수 있으리라 믿는다. 일부 사람들은 이런 혁명을 실제로 시도하기도 한다. 하지만 그것은 단지 자기 자신과 남들을 속이는 짓이며 인류의 조건을 향상시키기보다는 악화시키는 행위이다. 그들의 행위는 정부의 전제 정치를 강화시킬 뿐이다. 해방을 위한 그들의 시도는 정부에게 권력을 강화할 수 있는 편리한 구실을 제공하고, 실제로 상황을 더욱 나쁘게 몰고 간다.

국가에 특별히 불리한 어떤 조건 때문에 — 1870년 프랑스에서처럼 — 정부가 무력에 의해 전복되고 권력 기관이 다른 이들의 수중에 넘어간다고 하더라도 결코 이 새로운 권력이 원래의 권력보다 덜 억압적이지는 않을 것이다. 왜냐하면 패배한 적들의 분노로부터 스스로를 보호해야 하기 때문이다. 따라서 새로운 권력은 이전의 권력보다 훨씬 더 잔혹하고 전제적일 수밖에 없다. 모든 혁명의 역사가 이 사실을 입증하고 있다.

사회주의자와 공산주의자는 개인주의·자본주의 사회 체제를 비난한다. 아나키스트는 모든 정부 자체를 비난한다. 군주제 지지자와 보수주의자, 자본주의자는 아나키즘과 사회주의, 공산주의를 비난한다. 이 모든 당파들이 사람들을 단결시키는 수단은 폭력 말고는 없다. 어떤 당파가 승리하든 그 당파는 권력을 유지하고 고유의 체제를 도입하기 위해 기존의 모든 폭력적 방법을 동원할 것이고, 심지어 새로운 방법을 개발할 것이다. 다른 당파 사람들은 노예로 전락하여 전과는 다른 일을 하도록 강요받을 것이다. 하지만 폭력과 억압은 여전히 사라지지 않고 오히려 더욱 더 가차 없이 행해질 것이다. 왜냐하면 서로에 대한 증오가 투쟁에 의해 심화되고, 노예화의 방법이 새로이 개발되고 강화될 것이기 때문이다.

역사적으로 혁명과 정부의 폭력적 타도, 혁명을 일으키려는 모든 음모와 시도에 대해 살펴보고 나면, 언제나 이런 일들이 벌어져왔다는 것을 알 수 있다. 투쟁은, 권력을 수중에 쥐고 있는 자들의 억압을 증대시킬 뿐이다.

## 병역 의무의 의미

상류층의 교육받은 자들은 현재의 생활양식을 변화시킬 필요성에 대한 커져가는 의식을 말살하려 한다. 하지만 삶은 확대되고 복잡해지면서 여전히 같은 방향으로 움직이고 있다. 인간 실존의 모순과 불행은 말할 수 없이 커져 사람들은 이제 더 이상 피할 데가 없는 극한의 곤경에 다다랐다. 모순의 절정은 국민개병제도에서 볼 수 있다.

사람들은, 끊임없는 군비 확대와, 역시 끊임없는 세금, 국가 부채 등과 함께 국민개병제도가 오늘날 유럽의 정치적 상황에 의해 일어난 부수적인 현상이며, 적절한 정치적 조치로 삶의 내적인 변화 없이 폐지될 수 있다고 생각한다.

그러나 이것은 완전히 잘못된 생각이다. 국민개병제는 절정으로 치달은 사회적 개념의 삶의 내적 모순에 다름 아니며, 이 모순은 물질적 발전에 따라 더없이 분명해졌다.

사회적 개념의 삶은 인생의 의미를 개인에게서가 아니라 공동체나 집단 — 가족, 부족, 민족, 국가 — 에서 찾는다. 사회적 개념의 삶을 믿는 자들은 인간의 공동체에서 인생의 의미를 찾아야 하므로 각 개인은 자신의 자유로운 의사에 따라 개인의 이익을 공동체의 이익에 종속시켜야 한다고 생각한다. 이런 사례는 특정한 공동체, 가족, 부족, 민족, 가부장적 국가에서 각기 찾아볼 수 있다. 교육을 통해 전해지고 종교 권력에 의해 승인된 관행 탓에 개인은 공동체의 이익을 자신의 이익으로 생각했고, 강압 없이도 전체를 위해 자신을 희생시켰다.

하지만 공동체의 복잡성과 규모가 커지면서 사람들을 사회에 종속시키기 위해 폭력과 강압이 보다 빈번히 사용되는 상황이 찾아왔다. 더 많은 사람들이 공동체를 희생시키며 자신의 목표를 달성하기 위해 애썼고, 이런 반동분자들을 억압하기 위해 권력 기관, 요컨대 폭력에 의존해야 하는 필요성은 더 커졌다.

사회적 개념의 삶을 옹호하는 자들은 일반적으로 권력 — 즉, 폭력 — 의 개념과 정신적 영향력의 개념에 혼란을 주기 위해 노력하지만, 이것은 얼토당토하지 않다.

정신적 영향력은 사람의 바람을 변화시키는데, 이에 따라 그 사람은 자신에게 주어지는 요구를 자발적으로 받아들인다. 결국 정신적 영향력에 순응하는 사람은 자신의 바람에 따라 행동하는 것이라고 할 수 있다. 반대로 권력은, 일반적으로 이 단어가 의미하는 바대로 누군가에게 자신의 바람과 반대되는 행동을 하게 만드는 수단이다. 권력 기관에 복종하는 사람은 자신의 바람대로 행동하는 것이 아니라 누군가에게 강요된 대로 행동하는 것이다. 어떤 사람에게 원하는 행동을 하지 못하게 하고 원치 않는 행동을 하게 만들기 위해 육체적 폭력을 이용하거나 육체적 폭력으로 위협한다. 자유를 박탈하거나 상해 혹은 구타를 가하거나 아니면 이런 식으로 처벌하겠다고 위협하는 것이다. 과거나 현재나 이것이 바로 권력의 실체다.

권력자들은 이 모든 사실을 감추고 권력에 다른 의미를 부여하려고 부단히 노력했지만, 그럼에도 불구하고 사람을 밧줄이나 사슬로 묶어서 끌고 다니고 채찍질을 하고 칼이나 도끼로 목이나 손, 발, 코, 귀를 자르는 일들이 아직도 벌어지고 있다. 아직도 이런 처벌 위협이 계속되고 있다. 네로와 칭기즈 칸의 시대나 오늘날이나 마찬가지다.

프랑스나 미국처럼 가장 자유주의적인 공화국 정부에서도 이런 일이 벌어지고 있다. 사람들이 권력 기관에 복종한다면, 그것은 오로지 그들이 불복종에 따르는 처벌을 두려워하기 때문이다. 사람들이 순순히 따르는 것처럼 보이는 국가의 모든 요구 사항 — 세금 납부, 공적 의무 이행, 가혹한 처벌 수용 등 — 은 물리적 폭력과 위협에 기초하고 있다.

권력 기관의 토대는 물리적 폭력이다. 물리적 폭력 행사가 가능한 것은 한 명의 의지에 따라 일치단결하여 행동하는 무장 병력 조직 덕분이다. 한 명의 의지에 종속된 이런 무장 병력 집단이 군대를 이룬다. 군대는 언제나 그리고 현재도 여전히 권력의 근간이 되고 있다. 권력은 언제나 군대를 지휘하는 자의 손아귀에 있었다. 따라서 로마의 카이사르부터 독일과 러시아의 황제까지 모든 통치자들은 군대에 관심을 쏟았다. 그들은 온갖 감언이설로 군대를 자기편으로 삼았다. 왜냐하면 군대가 그들의 수중에 있는 한 권력 역시 그들의 수중에 있기 때문이었다.

하지만 권력 유지에 없어서는 안 될 군대의 조직과 증강은 사회적 개념의 삶에 해악의 요소로 작용했다. 권력 기관의 목표와 존재 이유는 사회의 이익을 무시하고 자신의 이익을 달성하려는 자들을 통제하는 데 있다. 그러나 무력이든 왕위 계승이든 선거든 어떤 식으로 권력을 획득했든 간에 군대를 수단으로 권력을 소유하고 있는 자는 다른 자들과 조금도 다를 바가 없으며, 다른 자들과 똑같이 공동체의 이익에 자신의 이익을 종속시키려 하지 않는다. 오히려 그들은 다른 어떤 사람들보다 공공의 이익을 자신의 이익 아래 두려는 경향을 보인다.

하느님의 나라는 너희 가운데에 있다 29

그들에게는 그렇게 할 수 있는 권한이 있기 때문이다. 권력자들이 공공의 이익을 그들의 사사로운 이익에 종속시키지 못하게 하는 조치들을 취하거나, 절대적으로 신뢰할 수 있는 사람에게 권력을 맡기려는 수단들이 강구되었지만, 이 두 가지 시도는 지금까지는 성공해 본 적이 없다.

신수권, 선거, 세습, 투표, 의회, 상원 같은 모든 통상적인 수단이, 이런 모든 방법이 부적절하다는 사실은 이미 밝혀졌다. 이 가운데 어떤 방법도 절대적으로 신뢰할 수 있는 사람에게 권력을 맡기거나 권력 남용을 막는 데 성공하지 못했다는 것을 모든 사람들이 알고 있다. 이와 반대로 권력의 자리에 있는 사람들은 — 황제든 장관이든 관리든 경찰이든 — 권력을 소유했다는 사실 때문에 권력을 소유하지 않은 사람들보다 악을 저지르기가 언제나 더 쉽다. 즉 다른 사람들보다 개인적인 이익을 위해 공공의 이익을 저버리는 것이 언제나 더 쉬운 것이다.

사회적 개념의 삶은 사람들이 자발적으로 자신의 이익을 공동체의 이익에 종속시키는 한 정당화될 수 있다. 그러나 이를 거부하는 사람들이 등장하면 이런 사람들을 통제하기 위한 권력 — 즉 폭력 — 이 필요하게 된다. 이에 따라 해악의 요소 — 다수에 대한 소수의 폭력을 의미하는 권력 — 가 사회적 개념의 삶에, 이에 기초한 사회 조직에 침투하게 된다.

소수의 권력자들이 다수를 위해서 공익을 저버리고 자신의 이익만을 추구하는 자들을 구속한다는 인상을 보여주기 위해서는 완전 무결한 사람에게 권력이 맡겨져야 한다. 중국인들이나 중세인들은 이 같은 상황을 꿈꾸었다. 신성에 대한 믿음을 여전히 간직하고 있는 오늘날의 몇몇 사람들도 마찬가지다. 어쨌든 이런 상황아래에서만 사회적 개념의 삶이 정당화될 수 있을 것이다.

하지만 현실은 그렇지 않다. 오히려 권력자들은 권력을 소유하고 있기 때문에 완전무결함이나 신성 근처에도 가지 못하며, 권력 위에 세워진 사회 조직에는 어떤 정당성도 있을 수 없다.

도덕성의 수준이 낮고 사람들이 전체적으로 서로에게 폭력을 휘두르려는 경향이 강하기 때문에 이런 폭력을 억제하는 권력 기관의 존재가 유익할 때 — 말하자면 국가의 폭력이 사람들이 서로에게 행사하는 폭력보다 적을 때 — 가 있었다. 하지만 이런 이유로 국가가 없는 것보다 국가가 있는 게 낫다는 주장이 영원히 지속될 수는 없다. 인간의 본성이 부드러워지고 개인의 폭력 성향이 누그러듦에 따라, 권력 기관은 아무런 제재도 받지 않는 자유로움으로 인해 점점 더 부패해갔고, 그 존재의 필요성은 상대적으로 점점 더 감소되었다.

대중의 도덕적 진보와 정부의 부패 사이에 존재하는 이런 관계의 점진적 변화는 지난 2000년의 역사 전체를 관통하고 있다. 역사의 과정을 가장 간단한 형태로 살펴보자. 사람들은 가족, 부족, 민족 단위로 살며, 서로 싸우고 학대하고 해치고 죽였다. 폭력은 심하든 경미하든 보편적으로 자행되었다. 사람은 사람과, 가족은 가족과, 부족은 부족과, 씨족은 씨족과, 민족은 민족과 싸웠다. 보다 크고 강한 공동체가 작은 공동체를 집어삼켰고, 공동체가 더 크고 더 강해질수록 내부 폭력의 총합은 감소하고 공동체의 안전성은 증가하는 것처럼 보였다.

하나의 공동체로 합쳐진 부족 또는 종족의 일원들 사이에서는 불화와 반목이 상당히 적어진다. 게다가 공동체는 한 개인처럼 죽지 않고 계속하여 존재한다. 하나의 권력에 종속된 한 국가의 일원들 사이에서는 투쟁이 더욱 크게 줄어들고 국가의 수명은 훨씬 더 확실하게 보장된다.

사람들이 뭉쳐 점점 더 큰 공동체를 이루어가는 것은 그들이 공동체가 제공할 수 있는 이익을 깨닫기 때문에 일어나는 일이 아니다. 현실은 슬라브족이 바랑족을 불러들인 전설과는 다르다. 이런 일은 한편으로는 자연적 성장의 결과이고, 다른 한편으로는 투쟁과 정복의 결과라고 할 수 있다.

정복이 완료되면, 정복자들의 권력 기관이 내부적 불화를 잠재우고, 이어 사회적 개념의 삶이 정당화된다. 하지만 이런 정당화는 한시적이다. 내부 투쟁은 권력 기관이 원래 서로 적대적이었던 개인들에게 얼마나 부담을 지우느냐에 따라 억제될 뿐이다. 권력 기관에 의해 사라진 내부 투쟁의 폭력은 권력 기관을 통해 되살아난다. 권력은 다른 모든 사람들처럼 공공의 안녕을 개인적 이득에 종속시키려드는 자들의 손에 들어 있다. 유일한 차이점은 그들의 경우는 억압받는 자들의 저항을 억누르는 힘으로부터 자유롭고, 타락한 권력을 마음대로 휘두를 수 있다는 점뿐이다. 따라서 권력 기관의 손에 맡겨진 폭력은 계속하여 증가하고, 곧 권력 기관에 의해 사라진 악폐보다 더 큰 해악을 낳게 된다. 반면 공동체의 일원들 사이에서는 폭력의 경향이 점차 감소하고 권력이 행사하는 폭력의 필요성 역시 계속 줄어든다.

내부 폭력을 없앤다고 하지만, 국가의 폭력은 언제나 그 세력과 지속 기간에 비례하여 계속해서 새로운 형태의 폭력을 국민들의 삶 속에 침투시킨다. 국가 권력 기관의 폭력은 서로에 대한 개인의 폭력보다 다소 분명하지 않은 점이 있다. 그것이 투쟁이 아니라 복종에 의해 표현되기 때문이다. 그럼에도 불구하고 국가 권력 기관의 폭력은 엄연히 존재하고 거의 언제나 커져가기 마련이다.

이와 다른 경우는 생각해볼 수 없다. 첫 번째로 권력을 소유하면 누구든 타락하기 때문이다. 두 번째로 억압하는 자들의 목적과 무의식적인 본능은 희생자들을 최대한 약화시키기를 요구하기 때문이다. 억압받는 자들이 약해지면 억압에 드는 수고를 덜 수 있는 탓이다.

따라서 황금 알을 낳는 거위를 죽이지 않는 한에서 최대한으로 억압받는 자들에게 폭력을 행사한다. 거위가 더는 알을 낳지 못하면, 아메리카 인디언이나 피지인, 흑인들처럼 죽임을 당한다. 박애주의자들은 이런 행위에 대해 진정을 바쳐 항의하지만 소용없는 일이다.

이 얘기가 전혀 틀림없는 사실이라는 것은 실제 정복당한 자들에 불과한 노동 계급의 현 상황을 보면 알 수 있다.

상류층이 그들의 처지를 개선하기 위해 노력하는 척하지만, 오늘날 노동자들은 결코 변하지 않을 철의 법칙 아래 묶여 있다. 이에 따라 그들은 주인(즉 그들의 정복자)을 위해 일할 만큼만 겨우 생계를 유지하고 배고픔 때문에 쉴 새 없이 일할 수밖에 없다.

상황은 언제나 그랬다. 권력 기관이 강해지고 오래도록 지속되면서 권력 기관에 복종하는 사람들에게 그 이점은 사라지고 오히려 단점만 커졌다.

국민의 삶을 지배하는 정부의 형태에 상관없이 언제나 그래왔고, 지금도 그렇다. 유일한 차이점을 보면, 독재 형태의 정부 아래서는 권력이 소수의 손에 집중되어 있고 폭력은 보다 전제적인 양상을 보인다. 프랑스나 미국의 경우처럼 입헌 군주국이나 공화국에서는 권력이 다수에게 배분되어 있고, 보다 온화한 형태로 행사한다. 하지만 권력 기관의 해악이 그 이득보다 크다는 폭력의 본질 — 그리고 억압받는 자들이 억압하는 자들의 이익을 위해 지쳐 쓰러질 때까지 일해야 하는 상황 — 은 여전히 똑같다.

억압받는 자들의 처지는 언제나 이러했지만, 지금까지 그들은 이를 깨닫지도 못했다. 그들은 순진하게 정부가 그들의 이익을 위해 존재하며, 국가가 없으면 수난을 당할 것이라 믿었다. 그들에게 정부 없이 산다는 생각은 입 밖으로 표현할 수조차 없는 신성 모독적인 것이었다. 왜냐하면 그 같은 생각은 무시무시한 아나키즘적 사고로 귀결되기 때문이었다. 어떤 알 수 없는 이유로 아나키즘은 사람들의 머릿속에 온갖 공포를 떠올리게 했다.

사람들은 지금까지 모든 민족이 국가 형태 안에서 성장해왔기 때문에 이런 현상이 인류 발전의 필수적인 조건으로 영원히 남아 있을 수밖에 없다고 믿었다. 그것은 그들에게 마치 최종적으로 입증되어 더 이상 확인할 필요가 없는 사실처럼 여겨졌다.

이런 식의 사고가 수백 수천 년간 지속되었다. 정부 — 즉 권력을 소유한 자들 — 는 국민을 이런 환상에 붙잡아두기 위해 끊임없이 노력해왔고, 현재도 그 노력은 치열하게 전개되고 있다. 로마 황제들의 시대도 그랬고, 지금도 그렇다. 국가의 폭력이 무용하며 더욱이 유해하다는 생각이 사람들의 의식 속에 점점 더 깊숙이 자리 잡아가고 있음에도 불구하고, 이런 사물의 질서는 영원히 지속될지도 모른다. 정부가 권력 유지를 위해 군사력을 증강시키기 때문이다.

사람들은 일반적으로 다른 민족으로부터 국가를 방어할 필요성 때문에 군대가 늘어난다고 생각한다. 정부가 노예화되고 억압받는 국민들로부터 스스로를 보호하기 위해 군대를 필요로 한다는 사실을 기억하지 못하는 것이다.

군사력의 증강은 언제나 필요한 일이었다. 그리고 교육이 발달하고 동일한 혹은 서로 다른 나라의 사람들끼리 교류가 증가하고 공산주의·사회주의·아나키즘·노동 운동이 불길처럼 번져가면서 그 필요성은 더욱 커졌다. 정부는 이 사실을 알고 훈련받은 군대의 병력을 늘려가고 있다.

노동자에게 땅이 없고 게다가 자신과 가족을 부양할 양식을 땅에서 얻을 수 있는 인간 본연의 권리조차 없다면, 그것은 그가 그런 상황을 바랐기 때문이 아니라 어떤 특정한 사람들 — 지주들 — 이 노동 계급한테 땅과 그 권리를 박탈했기 때문이다. 이 비정상적인 사물의 질서는 군대에 의해 지탱된다.

노동자들의 노동으로 축적된 거대한 부가 모두가 아닌 배타적인 특정한 개인들의 손아귀에 들어간다면, 세금을 거두어들이고 이 돈을 원하는 대로 처분할 수 있는 권력이 어떤 특정한 사람들에게 부여된다면, 노동 계급의 파업이 금지되고 자본가들의 연합이 장려된다면, 어떤 특정한 사람들에게 모든 사람들이 따라야 할 법률의 입안권이, 인간의 생명과 재산을 마음대로 처분할 수 있는 권력이 주어진다면, 어떤 특정한 사람들에게 아이들의 세속석·종교적 교육 방법을 선택할 자격이 주어진다면, 그렇다면 그것은 사람들이 원해서가 아니며 어떤 자연 법칙의 결과도 아니고 정부와 통치 계급이 자신의 이득을 위해 이를 원하고 물리적 폭력과 물리적 억압으로 그같은 제도를 유지하기 때문이다.

이 사실을 모르고 있다고 하더라도 당장 기존의 질서에 저항하거나 이를 변화시키려고 시도하자마자 누구든 현실을 깨닫게 될 것이다. 따라서 모든 정부와 통치 계급은 기존의 제도를 유지하기 위해 군대를 필요로 한다. 이런 제도는 결코 사람들의 요구에 의해 마련된 게 아니며, 국민의 이익을 침해하며 오로지 정부와 통치 계급에 봉사한다.

모든 정부는 대개 국민에게 복종을 강요하기 위해 또 그들의 노동 생산물을 강탈하기 위해 군대를 필요로 한다. 하지만 어떤 국가도 홀로 존재할 수 없다. 한 국가의 국경선 너머에는, 똑같이 폭력을 사용하여 국민을 착취하고 언제든 이웃 국가의 노예화된 국민들을 약탈하려는 다른 국가가 존재한다. 따라서 모든 정부는 내부 문제를 해결하기 위해서뿐만 아니라 외국의 약탈을 막기 위해 군대가 필요하다. 결과적으로 모든 국가는 다투어 군사력 증강에 나설 수밖에 없다. 몽테스키외가 150년 전 일갈했듯이 전력 증강은 전염병처럼 퍼진다.

한 국가에서 국민에게 지시를 내려 군사력을 키우면, 이웃 국가는 위험을 느끼고 결국 다른 모든 나라도 똑같이 군사력을 키운다. 현재 여러 나라의 군 병력이 수십만, 수백만에 달하는 것은 이웃 국가의 위협 때문이기도 하지만 억압받는 국민들의 반란 기도를 막아야 하는 필요성 때문이기도 하다. 군 병력의 증가는 서로를 부추기는 이 두 가지 원인에서 비롯된다. 정부의 전제 정치는 그들의 외적 성공과 군대의 규모와 전력에 비례하여 강화된다. 전제 정치의 강화에 따라 정부의 공격성도 커진다.

 이처럼 유럽의 정부들은 군사력 증강이라는 계속되는 경쟁에서 앞서나가려 했고, 결국 국민개병제의 필요성에 이르게 되었다. 왜냐하면 국민 개병제야말로 전시에 최소의 비용으로 최대의 병력을 얻을 수 있는 방법이었기 때문이다. 독일은 이런 계획을 고안한 최초의 국가다. 한 국가가 국민개병제를 시행하자, 다른 모든 국가들도 똑같이 그 뒤를 좇았다. 이 제도가 도입되자마자 국민은 무기를 들고 자신들에게 자행되는 폭력을 수호할 수밖에 없었고, 시민들이 그들 자신의 압제자가 되었다.

 국민개병제는 불가피하게 도달할 수밖에 없는 논리적 요구이다. 하지만 그것은 사회적 개념의 삶에 존재하는 내적 모순의 마지막 표현이기도 하다. 사회적 개념의 삶은 바로 국가 유지에 폭력이 필요하게 되는 순간 모습을 드러낸다. 그리고 마침내 국민개병제도에 이르러 사회적 개념의 삶의 내적 모순이 명확해진다. 인간에 대한 인간의 투쟁이 낳는 소름끼치는 공포와 존재의 덧없음을 깨달은 사람들은 인생의 의미를 공동체에서 찾는다. 바로 여기에 사회적 개념의 삶의 의의가 있다.

하지만 국민 개병제의 결과로 사람들은 개별적인 투쟁과 삶의 무상성에서 구원받기 위해 필요한 모든 희생을 치르고, 또 자유를 박탈당하고 나서도 다시 그들이 피하고자 했던 모든 위험을 견디도록 요구받는다. 그뿐 아니다. 국가 — 이 이름 아래 사람들이 개인적 이익을 희생하는 공동체 — 는 그간 개인들이 직면해야 했던 똑같은 파멸의 위험에 노출된다.

사람들은 정부가 개개인간의 갈등으로 일어나는 잔인한 행위로부터 사람들을 구제하고 그들에게 국가적 삶이라는 불가침의 질서를 보장해주리라 믿었다. 하지만 정부는 사람들을 똑같은 투쟁의 필요성에 종속시켰다. 단지 개인적 투쟁을 다른 나라의 국민들과 벌이는 전쟁으로 바꾸어놓았을 뿐이다. 따라서 국가에게나 개인에게나 똑같이 파멸의 위험이 상존하고 있다.

국민개병제는 못 쓰게 된 집을 어떻게든 손을 봐서 지탱시키려는 행위와 비슷하다. 허물어져가는 벽에 기둥을 대고, 지붕이 꺼지면 골조를 지어 받치고, 서까래 사이의 판자가 주저앉으면 다른 기둥으로 지지한다. 마침내 비계를 세워놓아 집을 지탱시키지만, 이 비계 때문에 우리는 더 이상 그 집에 살 수 없게 된다.

국민 개병제도 마찬가지다. 국민개병제는 사회적 삶의 이익을 보장하기로 되어 있지만, 실상 그 모든 것을 파괴해버린다.

사회적 삶의 이익이라면 재산과 노동이 안전하게 보호되고 우리가 서로 협력하여 대중의 행복을 추구할 수 있는 조건의 형성에서 찾아볼 수 있을 것이다. 그런데 병역은 이 모든 것을 파괴해버린다.

군비와 전쟁을 위해 사람들에게서 징수한 세금은 군대가 보호한다고 하는 노동 생산물의 대부분을 앗아간다. 또 전 남성 인구가 평소 하던 일을 더 이상 할 수 없게 되면서 노동의 가능성 자체가 상실된다. 언제라도 발발할 수 있는 전쟁의 위험 때문에 사회적 삶의 개선은 헛되고 무익한 것이 되고 만다.

사람들은 이런 얘기를 듣곤 했다. 국가 권력에 복종하지 않으면, 사악한 사람이나 내부 또는 외부의 적에게 공격당할 위험에 처하여, 목숨을 걸고 그들과 싸워야 할 것이다. 따라서 이런 곤경에서 구제되기 위해서는 일정 부분의 손해를 감수해야 하는데, 그것이 오히려 이익이다. 이런 얘기를 들은 사람들은 한때 그 얘기를 사실로 믿었다. 국가에 허용해야 할 양보는 사소한 희생에 불과한 듯했고, 그 대신 안전한 공동체 안에서 평화로운 삶을 살리라 기대할 수 있었기 때문이다. 그래서 그들은 공동체를 위해 일정 부분의 이익을 포기했다. 하지만 현재에 이르러 이런 희생이 10배로 증가하고 약속된 이득은 아무것도 실현되지 않자, 당연히 모든 사람들이 국가에 대한 복종은 완전히 쓸데없는 짓이라고 생각하기 시작했다.

사회적 개념의 삶에 고유한 내적 모순의 표현이라는 의미에서 병역의 치명적 악폐는 여기에서 그치지 않는다. 이 내적 모순의 가장 큰 해악은 군대에 복무해야 하는 모든 시민들이 이로써 국가 조직의 지지자가 된다는 것이다. 아무리 부당하다고 생각하더라도 그들은 이제부터는 국가가 하는 모든 일에 있어 동조자로 간주된다. 정부는 외국의 침략을 막기 위해 군대가 필요하다고 주장하지만, 이것은 사실이 아니다. 군대는 주로 국내에서 억압적 통치를 하기 위해 필요하고, 군대에 들어간 모든 사람은 국민에 대한 정부의 폭력에 동참하는 자가 된다.

 군인이 되는 사람은 누구나 그 자신이 지지하지도 않는 정부의 모든 행위에 참여하게 된다. 이 사실을 이해하기 위해서는 질서와 공공의 안녕이라는 이유로 정부가 의도하고 군대가 수행하는 모든 행위들을 떠올려보는 것만으로도 충분하다. 권력 다툼이나 정치적 충돌, 이런 소란에 뒤이은 숙청과 처형, 소요 진압, 군대를 이용하여 군중을 해산하고 파업을 분쇄하는 행위, 토지 재산의 불공정한 분배, 조세 징수, 노동 규제 등. 이 모든 것이 군대에 의해 직접적으로 이뤄지지 않았다고 하더라도 적어도 군대의 지원을 받는 경찰에 의해 행해졌다. 군인이 되는 사람은 이 모든 행위의 참여자가 되는 것이다. 의혹이 일어도, 양심에 걸려도 어쩔 수 없다. 농민들은 수 세대에 걸쳐 부쳐온 땅을 떠나고 싶어 하지 않는다. 거리의 군중들은 정부의 뜻과 달리 해산하고 싶어 하지 않는다. 사람들은 그들에게 부과된 조세를 내고 싶어 하지 않으며, 그들이 만든 것도 아닌 법에 따르고 싶어 하지도 않는다. 그들은 국적을 박탈당하고 싶어 하지도 않는다.

 군인의 의무를 수행해야 한다면, 우리는 이런 사람들을 찾아가 괴롭혀야 할 것이다. 우리는 어쩔 수 없이 참여하게 된 이런 행위들이 좋은 것인지 나쁜 것인지, 우리가 옳은 일을 하고 있는 것인지 아니면 나쁜 일을 하고 있는 것인지 스스로에게 물어볼 수밖에 없을 것이다.

 국민개병제는 정부에게는 전체 제도를 유지하는 데 필요한 가장 극단적인 폭력이며, 국민에게는 가능한 최대한의 복종이다. 그것은 벽을 받치는 아치의 주춧돌이다. 이 주춧돌을 빼면 전체 건물이 무너진다.

정부의 해악과 정부들 간의 반목이 계속하여 커지며 각국의 정부가 국민에게 이런 물리적·도덕적 희생을 요구하는 순간이 찾아왔다. 따라서 모든 사람들은 자신에게 이렇게 물어보아야 한다. 내가 이런 희생을 할 수 있을까? 그렇다면 왜 해야 하는가? 그들은 국가의 이름으로 이런 희생을 요구한다. 국가라는 이름으로 우리는 인간에게 소중한 모든 것을 포기해야 하는 것이다.

가족, 안전, 평화로운 삶, 자존심 등. 이런 엄청난 희생을 요구하는 이 국가라는 것은 대체 무엇인가? 왜 이것이 우리에게 필요하단 말인가? 우리는 이런 말을 듣는다. "국가는 없어서는 안 된다. 우선 국가가 없다면, 악의적인 사람들의 폭력과 공격으로부터 보호를 받을 피난처를 잃게 된다. 두 번째로 종교나 과학, 교육, 상업 기관 그리고 다른 여러 사회 기관이 없어지고 교통수단마저 없어져, 우리는 미개인으로 남게 될 것이다. 세 번째로 이웃 국가에게 정복당할 위험을 감수해야 할 것이다. 국가가 없다면, 우리는 우리 고장의 악인들에게 폭력과 공격을 당하게 될 것이다."

하지만 폭력과 공격을 일삼아 국가와 군대에게 보호를 구하게 만드는 악인들은 어디 있는가? 그들은 3~4세기 전에는 존재했을지 모른다. 그때는 사람들이 군사적 기량과 무기를 뽐내고, 다른 사람들을 죽이는 것을 영웅적이라고 생각하던 시절이었다. 하지만 이제는 그런 사람들이 존재하지 않는다.

아무도 무기를 소지하거나 사용하지 않는다. 모든 이들이 박애와

연민의 동일한 규범을 믿고 우리가 바라는 것을 똑같이 바라고 있다. 조용하고 평화로운 삶의 가능성 말이다. 따라서 국가가 우리를 보호하기 위해 나서야 할 특별한 폭력 집단은 더 이상 존재하지 않는다. 범죄자들 때문에 국가의 보호가 필요하다고 하지만, 우리는 범죄자들이 양 떼 속의 늑대처럼 특별한 존재가 아니라는 것을 알고 있다.

그들은 우리와 조금도 다를 바 없는 사람들이며, 그들에게 괴롭힘을 당하는 사람들만큼이나 범죄 성향이 낮다. 이런 사람들의 수는 위협이나 처벌이 아니라 환경의 변화와 도덕적 감화력을 통해 줄일 수 있다. 따라서 범죄자들로부터의 보호라는 명목으로 국가 폭력의 필요성을 설명하려는 시도는, 3~4세기 전에는 어떤 근거가 있었을지 모르지만 현재는 전혀 설득력을 찾아볼 수 없다. 오히려 그 반대가 옳다고 할 것이다. 즉 감옥, 죄수선, 단두대, 교수대 등 도덕성의 일반적 수준에 한참 못 미치는 잔인한 처벌 수단을 갖춘 국가의 활동은 관대함이나 자비보다는 비정함과 야만성을 키워 악인의 숫자를 오히려 크게 증가시켰다.

우리는 이런 말을 듣는다. "국가가 없다면 통신 수단도 없고 과학 기관이나 종교 기관, 교육 기관 또는 여타의 기관도 존재하지 못할 것이다. 국가가 없다면, 모든 사람들에게 필요한 사회 조직이 생겨나지 못할 것이다." 하지만 이런 주장도 몇 세기 전에나 그럴듯해 보였을 것이다.

통신 수단이나 생각을 교환할 수 있는 수단이 너무나 미개하고 사람들이 고립되어 있기 때문에, 일반적인 문제 — 상업이나 경제, 교육에 관한 — 에서 국가의 도움 없이 토론을 하거나 결론을 도출할 수 없었을 때가 있었다고 하더라도 이제 이런 고립은 존재하지 않는다. 통신 수단이 두루 갖추어지고 지적 교류가 활발해지면서, 사람들은 단체, 회합, 조합, 모임 그리고 과학이나 경제, 정치 기관들을 통해 정부 없이도 전혀 어려움 없이 지낼 수 있게 되었다. 대부분의 경우 국가는 이런 조직의 목적에 도움을 주는 게 아니라 오히려 방해만 된다.

지난 세기 말부터 정부에 의해 노예제·고문·태형의 폐지, 집회와 출판의 자유 확립 같은 진보적인 운동이 거의 모두 억압당하고 있다. 현재 정부와 국가 권력 기관은 사람들이 스스로 새로운 삶의 형태를 이루어나가는 활동에 있어 도움이 되는 게 아니라 오히려 직접적인 장애물이 되고 있다. 토지와 노동 문제의 정치적·종교적 해법은 국가 권력 기관에 의해 계속 좌절당하고 있다.

"국가와 정부가 없으면, 이웃 국가에 의해 정복당할 것이다."

이 마지막 주장에 대해서는 거의 논박할 필요조차 없다. 이 주장 자체에 반론이 내재해 있기 때문이다.

우리는 정부와 군대가 우리를 정복하려는 외국의 침략을 막는 데 필요하다는 말을 듣는다. 모든 국가는 너나없이 이런 말을 하지만, 우리는 모든 유럽 국가가 자유와 우애의 똑같은 원리를 따르고, 따라서 서로에 대해 방어할 필요가 없다는 것을 잘 알고 있다. 만약 비기독교 국가의 침입을 방어해야 한다고 하더라도, 현재 병력의 1,000분의 1만으로도 충분할 것이다. 따라서 흔히 제기되는 주장과 사실은 실제로는 모순된다. 국가 권력 기관은 우리를 공격하는 이웃

하느님의 나라는 너희 가운데에 있다 43

국가의 공격을 막아주는 것이 아니라 실상 그런 공격의 위험을 만들어내고 있는 것이다.

병역 의무를 져야 하는 사람들이라면 누구나 국가의 의미에 대해 성찰해보아야 한다. 지금 그들은 국가를 위해 자신의 평화, 안전, 목숨을 내놓아야 한다고 요구받고 있는 것 아닌가. 그들은 오늘날 이런 희생에 합리적인 근거가 전혀 없다는 것을 분명히 깨달아야 한다.

이론적으로 국가가 요구하는 이런 희생에 어떤 납득할 만한 근거도 없다는 사실은 누구라도 알 수 있을 것이다. 실제적인 점에서도 국가에 의해 희생자가 처할 여러 고통스런 상황들을 고려해보면, 대부분의 경우 병역 의무를 이행하는 것이 그것을 거부하는 것보다 이롭지 않는다는 사실도 알게 될 것이다.

대부분의 사람들이 국가의 지시를 거부하지 않고 따른다면, 그것은 그들이 두 가지 경우의 득과 실을 차분히 따져보아서가 아니라 언제나 그랬듯이 그들이 최면 상태에 빠져 있기 때문이다. 복종은 사람들에게 이성적 사고나 어떤 의지의 행사 없이 특정한 지시에 따르기를 요구한다. 이를 거부하려면 독립적인 사고와 노력이 필요하다. 하지만 모든 사람들에게 그런 능력이 있는 것은 아니다. 복종과 불복종의 윤리적 중요성을 배제하고 각각의 경우에 어떤 점이 좋고 나쁜지 살펴보면, 국가의 지시에 복종하는 것보다 그것을 거부하는 것이 언제나 이롭다는 것이 밝혀질 것이다.

우리가 누구든, 부자나 억압하는 계급에 속하든 아니면 억압받는 노동자 계급에 속하든 상관없이 복종이 불복종보다 더 해롭고 불복종의 이익이 복종의 이익보다 더 크다.

우리가 억압하는 소수 지배 계급에 속할 경우, 국가의 요구를 거부함으로써 생기는 나쁜 점을 살펴보자. 우리는 국가에 복종하기를 거부했다는 죄로 재판을 받을 것이다. 잘하면 병역을 면제받고 대신 병역 기간만큼 비군사적 임무에 종사하게 될 것이다 — 러시아에서 메노파(재세례파 중 최대 교파)에게 그러했듯. 최악의 경우 2~3년간(러시아의 경우) 아니면 그 이상의 기간 동안 추방당하거나 투옥당하게 될 것이다. 가능성은 거의 없지만, 사형을 선고받을 수도 있다. 이것이 불복종에 따르는 나쁜 점이다.

이번에는 복종에 따르는 나쁜 점을 살펴보자. 최선의 경우는 살인을 위해 파견되지 않고, 살해당하거나 불구가 될 커다란 위험에 노출되지도 않는 것이다. 오로지 군대라는 노예제 기관에 들어가는 것으로 그치는 경우다. 그래도 광대의 복장을 하고 중사에서 야전 사령관까지 상관으로부터 명령을 받고, 그들에게 즐거움을 주기 위해 기이한 표정으로 온갖 동작을 해야 한다. 1~5년까지 이런 환경에 붙들려 있다가 다음 10년간 언제라도 똑같은 자리로 되돌아와 똑같은 명령에 따르겠다는 조건 아래 제대한다.

최악의 경우는 이상과 같은 노예제의 조건하에서 전쟁에 보내져 거기서 우리에게 해를 끼친 적도 없는 타국의 사람들을 죽여야 하는 상황이다. 살해당하거나 불구가 될 위험을 감수해야 하고, 사지死地로 내몰릴 수도 있다.

세바스토폴에서, 그리고 모든 전장에서 볼 수 있듯이. 가장 괴로운 것은 우리와는 전혀 상관없는 왕실의 혹은 정부의 이익을 지켜주기 위해 동포와 형제를 죽일 수밖에 없을 때이다. 이상이 복종과 불복종의 나쁜 점을 상대적으로 비교한 것이다.

이제 복종과 불복종의 좋은 점을 비교해보자. 병역 의무에 순순히 따르는 자는 온갖 모욕을 참아가며 그에게 요구되는 모든 잔혹 행위들을 일삼은 다음, 만약 죽지 않는다면 광대의 복장에 번쩍거리는 금빛 장신구들을 받아 걸고, 만약 운이 매우 좋다면 야전 사령관이라 불리는 지위까지 올라 그 자신만큼 잔인한 수십만 명의 병력을 지휘하며 많은 돈을 벌 것이다.

병역을 거부한 자에게 좋은 점은 인간의 존엄성을 지킬 수 있다는 것이다. 또 정직한 사람들로부터 존경을 받고, 무엇보다 하느님의 과업을 실천하고 있으며 따라서 자신이 인류에 도움이 되는 사람임을 절대적으로 확신할 수 있다.

부유한 지배 계급의 일원에게는 이처럼 복종과 불복종에 각기 해당하는 좋은 점과 나쁜 점이 있다. 노동 계급에 속하는 가난한 사람들도 이와 마찬가지지만, 부유한 계급에 비해 나쁜 점이 더 많다. 병역 의무를 거부하지 않은 노동 계급의 일원에게 특히 나쁜 점은, 그가 국가의 활동에 참여함으로써 외적으로는 여기에 동의하고 있는 것처럼 보이기 때문에 그의 삶에 주어진 억압을 인정하고 또 확대시키는 결과를 낳는다는 것이다.

하지만 사람들에게 병역 의무에 참여하라고 요구하는 국가의 필요성이나 효율성을 전반적으로 비판한다고 해서, 또 각 개인에 대해 복종과 불복종의 좋은 점과 나쁜 점을 입증한다고 해서 국가의 존재가 필요한가 아니면 국가를 폐지해야 하는가 하는 문제를 결정지을 수는 없을 것이다. 이 문제는 절대적으로 각 개인의 양심과 종교적인 자각에 따라 결정되어야 한다. 누구든 국민 개병제와 더불어 국가의 존립과 폐지에 관한 문제에 직면하게 될 것이다. (1893)

# 애국심과 정부

## 1

 나는 이미 몇 차례에 걸쳐 오늘날의 애국심이 인위적이며 비이성적이고 유해한 감정이라는 것과 인류가 겪고 있는 병폐의 상당 부분이 애국심에서 비롯되었다는 것을 얘기한 바 있다. 애국심을 조장하는 일은 해서는 안 되는 일이다. 그런데 현재 그런 일들이 벌어지고 있다. 이와 반대로 우리는 이성적 존재가 사용할 수 있는 모든 수단을 사용하여 애국심을 억누르고 근절시켜야 한다. 이상한 얘기일지 모르지만, ― 사람들을 궁지에 몰아넣는 전 세계적인 군비 확장과 파멸적인 전쟁이 바로 이 애국심에서 야기되었다는 것을 부정할 수 없는데도 불구하고 ― 애국심의 퇴행적·시대착오적 성격과 유해성을 알린 내 모든 주장은 침묵이나 고의적인 오해나 기묘한 주장만을 만나왔으며 현재도 사정은 마찬가지다. 오로지 옳지 못한 애국심(호전적이거나 맹목적인 애국심)만이 나쁜 것이고, 참되고 올바른 애국심은 매우 고양된 감정이며, 이를 비난하는 것은 비이성적일 뿐 아니라 악의적이라는 반론이 나오기도 했다.
 참되고 올바른 애국심이 무엇인지 우리는 아직까지 들은 바가 없다. 무엇인가 들었다고 해도, 그것은 설명이 아니라 미사여구만 가득한 과장된 얘기들이거나, 그렇지 않은 경우라도 애국심이 아니라 어떤 다른 개념에 대한 얘기들 — 우리 모두에게 심각한 고통을 안겨다주는 애국심과는 전혀 상관없는 얘기들 — 이었다.

각 국민의 국민성은 애국심의 요인이 되지 못한다. 애국심을 옹호하는 자들이 의도적으로 애국심의 개념을 이런 국민성으로 대체하고 있지만 말이다. 그들은 각 국민의 국민성이 인류 진보의 본질적인 조건이며, 따라서 각국의 국민성을 유지하게 해주는 애국심은 유용하고 이로운 감정이라고 주장한다. 하지만 예전에는 각 국민의 국민성 — 관습, 종교, 언어 — 이 인류의 삶에 필요한 조건이었다고 하더라도, 오늘날에는 이 같은 국민성이 이미 사람들이 인정하고 있는 우리의 이상, 즉 형제애로 맺어진 사람들의 공동체에 대해서는 커다란 걸림돌이 되지 않는다고 분명하게 말할 수는 없을 것이다. 러시아인, 독일인, 프랑스인, 영국인의 국민성을 지키고 보호하자면, 헝가리인, 폴란드인, 아일랜드인의 국민성뿐만 아니라 바스크인, 프로방스인, 모르드바인, 추바시인과 다른 많은 소수 민족의 민족성을 지키고 보호해주어야 할 것이다. 하지만 그 같은 일은 사람들을 화합하고 단결하게 만드는 게 아니라 그들을 점점 더 깊은 분열과 반목에 빠뜨리는 일이 될 것이다.

사실 오늘날 대부분의 사람들이 애국심에 지배당하고 있으며 이로 인해 인류는 큰 고난을 겪고 있다. 우리가 아는, 허상이 아닌 진정한 애국심은 자신의 국민에게 영적인 은총이 내려지기를 바라는 마음이 아니다(자신의 국민만 영적인 은총을 입는 것을 바랄 수는 없을 것이다). 그것은 다른 국민이나 국가에 대해 자신의 국민이나 국가를 더 좋아하는 매우 분명한 감정이며, 이에 따라 가능한 최상

국가는 당신을 필요로 한다 | 애국심은 자기 국민만을 사랑하는 감정이며, 자기 마음의 평정, 재산을 희생하고, 심지어 목숨까지 바치며 적들의 침략과 학살로부터 자기 국민을 보호한다는 신조이다. 애국심에 호소하여 이익을 볼 수 있는 사람들은 오늘날 애국심이 의미도 효용도 모두 상실했다는 사실에도 불구하고 인위적인 수단으로 이 개념을 고수하려 든다. 이런 사람들은 가장 강력한 수단을 사용하여 국민에게 영향력을 행사하기 때문에, 그들의 목적을 달성할 수 있다.

의 이익과 힘을 자신의 국민이나 국가에게 바치고자 하는 소망이다. 이것은 오로지 다른 국민이나 국가의 이익과 힘을 희생시킨 대가로 얻을 수 있는 것이다.

따라서 감정으로서의 애국심은 바람직하지 못하며 유해하고, 원리로서의 애국심은 어리석다. 각 국민과 각 국가가 스스로를 최상의 국민과 국가로 여긴다면, 모두가 해악을 낳는 거대한 망상 속에 살아갈 게 분명하기 때문이다.

## 2

누구나 애국심의 유해성과 불합리성을 모든 사람들이 명백하게 깨닫고 있으리라 생각하고 있을 것이다. 하지만 놀랍게도 교양과 학식을 갖춘 사람들조차 애국심의 해악과 어리석음을 깨닫기는커녕 (어떤 이성적 근거도 없이) 애국심의 부정적 측면이 드러나는 것을 막으려 애쓰고, 여전히 애국심을 유익하고 정신을 고양시키는 감정으로 상찬하고 있다.

이것은 무엇을 말하고 있는가?

이 놀랄 만한 사실에 대해서는 오로지 한 가지 설명이 가능하다.

태곳적부터 오늘날에 이르기까지 모든 인간의 역사는 개인과 동질 집단의 의식이 진화하는 과정으로 간주될 수 있다. 의식이 낮은 차원의 사고에서 높은 차원의 사고로 움직여가는 것이다.

개인과 동질 집단이 이동하는 전체 경로는 사다리로 표현될 수 있다. 이 사다리는 가장 낮은 단계, 즉 동물 수준에서 역사의 어떤 주어진 순간 인간의 의식이 도달한 최고점까지 이어져 있다.

각각의 인간이나, 민족 혹은 국가 같은 개별적인 각각의 동질 집단은 언제나 사고의 사다리의 위쪽을 향해 이동해간다. 인류의 일부는 가장 앞쪽에 서 있고, 다른 일부는 훨씬 뒤쪽에 처져 있으며, 또 다른 일부 — 대다수 — 는 가장 앞선 무리와 가장 뒤쳐진 무리 사이 어딘가에 위치한다. 하지만 어떤 단계에 도달하든 그들 모두는 필연적으로 낮은 차원의 사고에서 높은 차원의 사고로 움직여간다. 어떤 주어진 순간 — 맨 앞에, 중간에, 맨 뒤쪽에 있는 — 개인이나 개별적인 동질 집단들은 각각 해당하는 사고의 세 가지 단계 중 하나에 머물러 있다.

개인이나 개별적인 동질 집단에게는 언제나 과거의 사고가 존재한다. 과거의 사고는 시대에 뒤떨어져 이제는 낯설게 느껴지고, 의식을 그쪽으로 되돌릴 수도 없다. 예컨대 우리의 기독교 세계에서 식인이나 보편적인 약탈 행위, 부인 강간 같은 관행들이 이제 기록으로만 남아 있는 것과 같다.

그리고 교육을 통해, 본보기와 주위에서 볼 수 있는 일반적인 행위들을 통해 사람들의 머릿속에 주입된 현재의 사고가 있다. 우리는 현재 사고의 영향력 아래서 살아가고 있다. 예컨대 소유의 개념, 국가 조직, 무역, 가축의 활용 등이 그것이다.

이어 미래의 사고가 있다. 일부는 미래의 사고를 실현하는 과정에 도달해 사람들에게 생활 방식을 바꾸고 이전의 생활 방식을 물리치라고 요구하고 있다. 우리 세계에 있어 미래의 사고는 노동자들의 해방, 여성 평등권, 채식주의 등이다. 어떤 사람들은 이미 알고 있으면서도 아직 이전의 생활 방식과의 실제적인 투쟁에 들어가지 않았다. 우리 시대에 추구해야 할 미래의 사고(우리가 이상이라고 부르는)로는 폭력의 근절, 공동 재산 제도의 확립, 보편적인 종교, 진 세계적인 동포애 등이 있다.

따라서 모든 사람과 모든 동질 집단은 어떤 수준에 도달해 있든 시대에 뒤떨어진 과거의 사고를 기억으로 뒤에 남겨두고 눈앞에서 미래의 이상을 바라보고 있기 마련이다. 그들은 빈사 상태에 빠진 현재의 사고와 곧 생명을 얻을 미래의 사고 사이에서 투쟁을 한다. 과거에 유용했으며 더욱이 필수적으로 요구되었던 사고나 개념이 피상적인 것이 되고, 오랜 투쟁 끝에 이 사고나 개념이 새로운 사고나 개념에 자리를 내어주는 일이 생긴다. 그러면 그때까지 이상에 불과했던 사고나 개념은 현재의 사고나 개념이 된다.

하지만 낡은 사고가 사람들의 머릿속에서는 이미 보다 높은 차원의 사고에 의해 대체되었다고 하더라도, 사회에서 커다란 영향력을 행사하는 사람들에게는 과거의 낡은 사고를 지키고 있는 게 유리하다. 그리하여 변화하고 있는 주위 생활 방식 전체에 모순된다고 하더라도 이 낡은 사고가 계속하여 사람들에게 영향력을 미치고 그들의 행동을 지배하는 일이 일어난다. 종교의 영역에서는 이렇게 낡은 사고를 지키는 일이 끊임없이 일어났으며, 그것은 현재도 마찬가지다. 그 원인은 성직자들의 유리한 지위가 낡은 종교적 사고와 떼려야 뗄 수 없는 관계로 연결되어 있기 때문이다. 그리하여 성직자들은 사람들을 이 과거의 낡은 사고 안에 잡아두기 위해 자신들의 권력을 이용하는 것이다.

정치의 영역에서도 똑같은 이유로 똑같은 일들이 일어난다. 여기서는 모든 독단적인 권력이 그 토대로 삼고 있는 애국심이라는 관념이 끼어든다. 애국심에 호소하여 이익을 볼 수 있는 사람들은 오늘날 애국심이 의미도 효용도 모두 상실했다는 사실에도 불구하고 인위적인 수단으로 이 개념을 고수하려 든다. 이런 사람들은 가장 강력한 수단을 사용하여 국민에게 영향력을 행사하기 때문에, 그들의 목적을 달성할 수 있다.

애국심이라는 낡은 개념과, 이와 정반대의 방향으로 우리를 이끄는 거대한 사고의 흐름 사이에 존재하는 기묘한 모순은 그렇게 설명할 수 있을 것이다. 하지만 기독교 세계의 의식에는 이미 미래의 사고가 들어와 있다.

## 3

애국심은 자기 국민만을 사랑하는 감정이며, 자기 마음의 평정, 재산을 희생하고, 심지어 목숨까지 바치며 적들의 침략과 학살로부터 자기 국민을 보호한다는 신조이다. 애국심은 모든 국가의 국민들이 자기들의 이익을 위해 다른 나라의 국민들을 침략하고 학살하는 것을 당연한 일로 생각하던 당시의 개념이다.

하지만 이미 2000여 년 전에 인류는 인류의 지혜를 대표하는 최고의 스승들을 통해 형제애라는 높은 차원의 개념을 깨닫기 시작했다. 이 개념은 인간의 의식 속에 더욱 더 깊숙이 침투해 오늘날 매우 다양한 형태로 현실화되기에 이르렀다. 통신 수단이 발달하고 산업이나 무역, 예술, 과학의 연계성이 커지면서 사람들은 서로서로 긴밀한 관련을 맺었고, 이로써 이웃 국가의 침략이나 정복, 학살이라는 위험은 자취를 감추었다. 모든 국민들(정부들은 아니고)이 함께 평화 속에서 상호 협력의 원칙에 따라 상업적·산업적·예술적·과학적 우호 관계를 이루며 살고 있다. 아무도 이런 상황을 방해하고 싶어 하거나 그럴 필요를 느끼지 못할 것이다. 따라서 애국심이라는 낡은 감정 — 피상적이며, 서로 다른 국적의 사람들 가운데서 그 존재를 확인한 형제애와는 도저히 양립할 수 없는 — 은 점차 수그러들어 마침내 완전히 사라지리라고 생각할 수 있을 것이다. 하지만 현재 그와는 정반대의 현상이 일어나고 있다. 시대에 뒤떨어지고 인류에게 해만 되는 이 감정이 계속 존재할 뿐만 아니라 더욱 더 격렬하게 불타오르고 있는 것이다.

사람들은 합리적 근거도 없이 정의에 대한 개념이나 그들 자신의 이익에도 반하여, 정부가 다른 나라를 공격하여 외국의 영토를 점유하고, 빼앗은 외국의 영토를 무력으로 방어하는 데 동조할 뿐 아니라 스스로 이런 침략과 영토 병합 행위를 요구하기까지 한다. 그들은 이를 반기고 자랑스러워한다. 반면 강대국의 수중에 떨어진 억압받는 소수 민족 — 폴란드인, 아일랜드인, 보헤미아인, 핀란드인, 아르메니아인 — 은 정복 국가의 애국심에 분노를 느낀다. 그들을 억압하는 행위가 강대국의 애국심에서 비롯되었기 때문이다. 그리하여 그들도 이 애국심 — 더 이상 필요 없고 현재로서는 시대에 뒤떨어지고 아무 의미도 없고 해롭기만 한 — 이라는 전염병에 감염되어 그들의 모든 행위는 이제 애국심에 초점이 맞추어진다. 강대국의 애국심 때문에 핍박받던 그들도 애국심을 이유로 그들을 억압했던 자들의 소행을 다른 국민에게 똑같이 되풀이한다.

지배 계층(실제 통치자나 관료뿐만 아니라 자본가, 기자, 대부분의 예술가, 과학자처럼 특별히 유리한 지위를 향유하고 있는 모든 계층)이 그들의 지위 — 노동 대중에 비하면 놀랄 만큼 유리한 — 를 유지할 수 있는 것이 오로지 애국심에 의존하는 정부 조직 덕분이기 때문에 이런 일이 일어난다. 그들은 국민에게 영향을 미칠 수 있는 모든 강력한 수단을 수중에 쥐고 있고, 스스로에게나 다른 사람들에게 언제나 애국심을 고취한다. 정부의 권력을 지탱시켜주는 이런 애국심에 대해 권력 기관은 예외 없이 커다란 포상을 내린다.

관리들은 승진하면 할수록 애국심이 더 커진다. 군인의 경우도 전쟁 때 계급이 높을수록 애국심이 더 크다. 전쟁은 애국심 때문에 생기는 것이다.

애국심과 그 결과 — 전쟁 — 는 신문사에 엄청난 수입을 안겨다 주고, 다른 많은 업계도 이로부터 이득을 챙긴다. 작가나 교사, 교수 등 직업이 안전한 사람일수록 더욱 열정적으로 애국심을 찬양한다. 왕과 황제는 더 큰 명성을 얻을수록 애국심에 더 깊이 빠져든다.

지배 계층은 군대, 돈, 학교, 교회, 언론을 손 안에 쥐고 있다. 그들은 학교 역사 수업에서 그들 민족이 최상의 민족이며 언제나 옳다고 가르치면서 아이들에게 애국심을 이식한다. 어른들의 경우 성대한 장관이나 축제, 기념비 등으로 아니면 거짓말만 일삼는 애국적 언론을 통해 애국심을 고취한다. 무엇보다 그들은 다음과 같은 방법으로 애국심에 불을 붙인다. 우선 그들은 다른 민족에게 온갖 부정과 해악을 저지른다. 그러면 탄압을 받은 민족은 그들의 민족에 대해 적대감을 갖게 되고, 이에 따라 그들은 그들 민족에게 이 외래 민족에 대한 적개심을 쉽게 주입할 수 있게 된다.

애국심이라는 이 끔찍스런 감정은 유럽의 민족들 사이에서 빠르게 강화되어왔고, 오늘날에는 그 정점에 달해 더 이상 커질 여지가 없을 정도다.

### 4

나이가 많지 않은 사람들은 기억하겠지만, 독일의 사례는 기독교 세계의 국민들이 애국심에 얼마만큼 도취될 수 있는지 명백히 보여주고 있다.

독일의 지배 계급은 다른 나라보다 앞서 국민 대중의 애국심을 일깨웠다. 그리하여 독일에서는 19세기 후반 모든 성인 남성의 입대를 명하는 법이 발의되었다. 이에 따라 아들이나 남편이나 아버지나 배운 사람이나 독실한 신자나 모두 살인을 배워야 했고, 상관의 명령에 복종하는 노예가 되어야 했으며, 명령을 받으면 누구든 예외 없이 죽일 수 있어야 했다. 억압받는 소수 민족이나 권리를 찾고자 나선 노동자들이나 심지어 아버지, 형제까지 죽여야 했다. 군주 가운데서도 가장 파렴치한 빌헬름 2세는 그렇게 하도록 지시했다.

더없이 야만적인 방법으로 모든 사람들의 선의를 짓밟은 끔찍한 조치가 애국심의 영향 아래 묵인되었다. 독일 국민은 찍 소리도 내지 않았다. 결과적으로 그 덕분에 독일은 프랑스에게 승리를 거둘 수 있었다. 승리는 독일 국민의 애국심을 더욱 증진시켰고, 이에 대한 반발로 프랑스나 러시아나 다른 강대국에서도 애국심이 커졌다. 유럽 국가의 남성들은 국민 개병제의 도입을 저항 없이 받아들였다. 즉 고대 세계의 어떤 노예제보다 더 끔찍한 예속과 굴종의 상태를 받아들인 것이다. 대중이 애국심의 호소를 이렇게 맹종적으로 받아들인 후 국가의 대담성, 잔인함, 무분별함은 끝 간 데를 몰랐다. 아시아, 아프리카, 아메리카에서 다른 민족의 땅을 빼앗는 경쟁이 시작되었다. 변덕과 허영, 탐욕이 복합적인 요인으로 작용한 이런 경쟁은 국가들간의 불신과 적대감을 더욱 더 크게 하고 있다.

빼앗은 땅의 주민들을 죽이는 것은 당연한 과정으로 받아들여졌다. 유일한 질문은 누가 먼저 다른 민족의 땅을 강탈하고 주민들을 섬멸할 것인가 하는 것이었다. 모든 국가가 정복당한 민족의 경우 정의에 관한 기본적인 요구조차 묵살했으며 기만, 사기, 협잡, 매수, 정탐, 강도질, 살인이라는 온갖 종류의 죄를 범했다. 국민들은 이 모든 행위에 동조했고, 타국이 아니라 자국이 그런 범죄를 지으면 환호를 보냈다.

서로 다른 민족이나 국가간의 적대는 최근 놀랄 만한 차원으로 발전하여 한 국가가 다른 국가를 공격할 이유가 전혀 없음에도 불구하고 모든 국가가 발톱을 세우고 이빨을 드러내며 오로지 누가 곤경에 처하거나 약해질 때를 기다리고 있는데 이는 가능한 한 위험을 줄이며 적을 갈가리 찢어놓기 위해서다.

이른바 기독교 세계의 모든 민족들이 애국심 때문에 이런 야만 상태로 떨어졌다. 죽이거나 아니면 죽도록 요구받은 자들은 살해 행위를 원하고 이를 즐긴다. 뿐만 아니라 위험에 노출되지 않고 평화롭게 고국에서 살고 있는 유럽과 미국의 모든 사람들 역시 전쟁이 일어날 때마다 — 발달된 통신 수단과 언론 덕분에 — 로마 제국의 원형 경기장 안에 있는 관중의 입장이 되어 학살을 기뻐하고 엄지손가락을 아래로 향하며 죽이라고 목청껏 외쳐댄다. 어른이나 아이나 마찬가지다. 순수하고 총명한 어린아이들조차 국적에 따라 어떤 특정한 날 영국인이나 보어인이 700명이 아니라 1,000명이 포탄에 맞아 죽거나 다쳤다는 소식을 듣고 환호성을 지르는 것이다.

부모들은 자식들의 이런 야만성을 부추긴다(나는 이런 사례를 알고 있다).

하지만 그게 다가 아니다. 한 나라가 육군을 증강할수록(위험에 처한 각 나라는 애국이라는 이름으로 육군을 증강시키려 한다) 이웃 국가 역시 애국을 이유로 육군을 증강하고, 이 때문에 원래의 국가가 또 다시 육군을 증강하게 된다.

방어 시설이나 해군에 대해서도 똑같은 일이 벌어진다. 한 국가가 10척의 철갑함을 건조하면 이웃 국가는 11척을 건조하고, 그러면 원래의 국가는 12척을 건조하게 된다. 그리하여 이런 악순환이 무한히 계속된다.

"본때를 보여주겠다." "네 머리통을 박살내주겠다." "네 옆구리에 단검을 쑤셔 넣어줄 테다." "널 때려눕혀 주마." "총으로 쏴버릴 테다." …… 못된 아이들이나 술 취한 사람들 아니면 짐승들이나 이런 식으로 싸운다. 하지만 지금 선진 국가의 지도자들 사이에서도, 국민의 교육과 도덕을 책임지고 있는 자들 사이에서도 그와 똑같은 싸

1930년대 독일의 히틀러 유겐트 | 공화국에서는 아이들이 애국심이라는 터무니없는 미신과 국가에 대한 복종이라는 가공의 의무를 배운다. 나중에 이 세뇌의 영향력은 종교와 애국심의 장려로 유지된다.

움들이 벌어지고 있는 것이다.

## 5

상황은 더욱 나빠지고 있다. 지옥으로 향한 이런 타락을 막을 방법이 없다.

경솔한 사람들이 신봉하던 해결책은 최근의 사건으로 인해 실효가 없다는 것이 판명 났다. 헤이그평화회의(1899년)와 그 뒤 곧바로 터진 영국과 트란스발 공화국의 보어 전쟁을 보자.

거의 생각이 없거나 오로지 피상적인 생각밖에 하지 못하는 사람들이 국제 중재 재판소가 전쟁과 끊임없는 군비 확대를 막아 주리라 생각하며 위안을 얻으려 했지만, 헤이그평화회의와 보어 전쟁은 그런 식으로 해결책을 찾을 수 없다는 것을 너무도 극명하게 보여주었다. 헤이그평화회의 후, 군대를 갖춘 정부가 존재하는 한 군사 무장과 전쟁의 종결은 불가능하다는 것이 분명해졌다. 계약이 성사되기 위해서는 계약 당사자들이 서로를 신뢰해야 한다. 열강들이 서로를 신뢰하기 위해서는 무기를 손에서 놓아야 한다. 휴전 깃발을 세우고 회담을 하기 위해 만난 사람들은 보통 그러지 않는가.

서로를 불신하는 정부들이 군대를 해산하거나 감축하지 않고 이웃 국가의 군사력 증강에 따라 계속하여 군대를 증강하는 한편, 밀정을 통해 군부대의 동태를 파악하고, 방법이 생기기만 하면 열강들이 이웃 국가를 침략하리라는 것을 아는 한, 어떤 협약도 불가능하며 모든 회의는 어리석은 짓이거나 엉뚱한 짓거리이거나 소일거리이거나 기만이거나 아니면 그 모두 다이다.

다른 나라가 아닌 러시아가 헤이그 평화회의에서 악동 역할을 한 것은 놀랄 만한 일이다. 국내에서는 뻔뻔스런 거짓 발표와 포고에 아무도 이의를 제기하지 않았던 탓에, 러시아 정부는 너무도 버릇없는 아이가 되어 있었던 것이다. 조금도 거리낌 없이 무기로 자국 국민을 짓밟고, 폴란드의 목을 조르고, 투르케스탄과 중국을 약탈하고, 특히 핀란드의 숨통을 조이는 데 전력하고 있음에도 불구하고, 러시아는 각국 정부에 군비 축소를 제안했다. 그 제안이 신뢰를 얻을 것이라고 확신하면서 말이다!

이 제안은 기묘하고 전혀 예상치 못한, 파렴치한 망발이었다 — 특히 바로 그 무렵에 군대를 증강하라는 명령이 내려지고 있었기 때문이다. 하지만 이 제안이 공개적으로 천명되었으므로, 열강의 정부들은 희극적이고 불성실하게 진행될 게 뻔한 협의회의 구성을 받아들이지 않을 수 없었다. 그리하여 대표단이 — 아무런 성과도 없으리라는 것을 미리 알면서도 — 만났다. 마음속으로 비웃음을 흘리며 그들은 국가간에 평화를 조성하기 위해 진지하게 몰두하는 척했다.

헤이그 평화회의에 뒤이어 피로 얼룩진 끔찍한 보어 전쟁이 일어났다. 아무도 이 전쟁을 막으려 하지 않았다. 보어 전쟁은 그래도, 비록 예상치 못한 방식이었다고 할지라도 다소 소용이 있었다. 이 전쟁이 사람들이 당하는 고통과 악행은 정부에 의해 치유될 수 없다는 것을 더없이 분명하게 보여주었기 때문이다. 정부는 설사 그러기를 원한다고 하더라도 전쟁이나 군비 확대를 멈추게 할 수 없다.

정부는 국민을 다른 민족의 공격을 막아주어야 한다. 그게 정부의 존재 이유다. 하지만 어떤 민족도 다른 민족을 공격하고 싶어 하거나 공격하지 않는다. 평화를 바라지 않는 건 정부다. 그리하여 정부는 신중하게 자기 국민에 대한 다른 민족들의 분노를 자극한다. 이렇게 한 뒤에는 자기 국민의 애국심을 불러일으키고, 그런 다음 국민에게 국가가 위험에 빠졌으며 기필코 국가를 보호해야 한다고 떠들어댄다.

권력을 쥐고 있는 정부는 쉽게 다른 민족의 분노를 돋우거나, 자국 국민의 애국심을 자극할 수 있다. 사실 정부는 신중하게 이 두 가지 방법을 모두 이용한다. 다른 식으로는 행동할 수 없다. 왜냐하면 여기에 생존이 달려 있기 때문이다.

예전에는 다른 민족의 침략을 막는 데 정부가 필요했다고 하더라도 현재는 거꾸로 정부가 민족들 간에 존재하는 평화를 인위적으로 교란하고 상대방에 대한 적개심을 유발시키고 있다.

씨를 뿌리기 위해 쟁기질이 필요할 때는 쟁기질을 하는 게 현명한 행동이다. 하지만 씨를 뿌린 뒤에도 쟁기질을 하는 것은 오히려 해가 되는 어리석은 행동이다. 정부가 지금 국민에게 요구하고 있는 일이 바로 그런 일이다. 그것은 기존의 조화와 안정을 깨뜨리는 행위이다. 정부가 존재하지 않는다면 그런 일은 일어나지 않을 것이다.

## 6

사람들은 정부가 존재하지 않으면 살 수 없다고 생각하는데, 그렇다면 정부란 대체 무엇인가? 정부가 필요할 때가 있었다. 잘 조직된 이웃 민족의 침략 위험에 아무런 방어 수단 없이 지내는 것보다 정부의 존재를 인정하는 게 나을 때가 있었다. 하지만 이제 이런 정부는 소용없게 되었으며, 정부의 해악은 정부가 국민들을 겁주기 위해 떠드는 온갖 위험들보다 훨씬 더 끔찍하다.

군국주의 정부를 비롯하여 일반적인 모든 정부가 국민에게 이롭지는 않다고 하더라도 적어도 해롭지는 않을 수 있다. 중국인들이 흔히 가정하듯이 완벽한 성군이 나라를 다스린다면 말이다. 하지만 통치 활동의 본질에 따르자면 정부는 폭력 행위를 일삼을 수밖에 없고, 늘 성스러움과는 정반대되는 사람들 — 뻔뻔스럽고 파렴치하며 삐뚤어진 사람들 — 로 구성되어 있기 마련이다.

따라서 정부는, 특히 군사력이 막강한 정부는 세상에서 가장 위험한 조직이다.

넓은 의미에서 자본가와 언론을 포함한 정부는 대다수 국민을 소수의 지배하에 두기 위한 조직에 불과하다. 소수가 다수를 지배하는데, 이 소수는 보다 적은 소수에 지배당한다. 보다 적은 소수는 더 적은 소수에 지배당하며, 이런 식으로 계속되어 마침내 나머지 모든 사람을 군사력으로 지배하고 있는 얼마 안 되는 사람들이나 한 사람에게까지 도달한다. 따져보면 이 전체 조직은 원뿔을 닮았다. 꼭짓점은 권력을 쥔 얼마 안 되는 사람들이나 한 사람에 해당되고, 몸통은 나머지 모든 사람들에 해당된다.

원뿔의 꼭짓점, 즉 정상의 자리는 다른 사람들보다 교활하고 뻔뻔스러우며 비양심적인 사람이나 아니면 뻔뻔스럽고 비양심적인 사람의 후계자가 차지하고 있다.

　이런 정부가 전권을 행사하도록 허용되고 있다. 이들은 재산, 인명뿐만 아니라 국민의 정신적·도덕적 발달, 즉 교육과 종교에 대해서까지 권력을 행사한다.

　사람들은 그런 끔찍한 권력 기구를 만들어놓고 누구든 그것을 강탈할 수 있도록 해놓았다(언제나 도덕적으로 가장 형편없는 자가 이 권력 기구를 탈취할 것이다). 사람들은 권력의 자리에 오른 자에게 노예처럼 복종하고, 곧 그 때문에 생긴 해악에 놀라게 된다. 그들은 아나키스트들의 폭탄을 두려워하지만, 늘 커다란 재앙을 불러올 위험이 있는 이 끔찍한 조직은 두려워하지 않는다.

　사람들은 체르케스인들이 그랬던 것처럼 적의 공격에 저항할 때 서로를 묶어놓는 게 도움이 된다는 것을 알았다(체르케스인들은 포위되었을 때 서로 다리와 다리를 묶었다. 따라서 아무도 도망치지 못하고 싸우다가 모두 죽었다. — 옮긴이). 하지만 과거의 위험은 사라졌다. 그런데 사람들은 여전히 자신들을 함께 묶는다.

　사람들은 한 사람의 힘으로도 간단히 다룰 수 있을 정도로 스스로를 꽁꽁 묶어놓는다. 그런 다음 그들을 묶고 있는 밧줄의 한쪽 끝을 멀리 던져놓는데, 질질 끌리는 밧줄을 어떤 악당이나 바보가 붙들어 쥐고 그들을 마음껏 가지고 놀게 된다.

　사람들이 잘 조직된 군국주의 정부를 수립하고 따르고 유지하고 있는 이때, 정말로 그들이 이런 일 말고 무슨 일을 하고 있다고 할 수 있겠는가?

## 7

군비 확대와 전쟁이라는 끔찍한 해악이 계속되는 상황에서 사람들을 구하고자 한다면, 회의나 회담, 조약이나 중재 재판소를 요구할 게 아니라 정부라고 불리는 폭력 기구를 없애야 한다. 인류의 커다란 해악은 여기서 비롯되었다.

정부의 폭력을 없애는 데 필요한 일은 한 가지다. 폭력 기구를 지지하는 애국심이 미개하며 유해하고 수치스러우며 옳지 못하고 무엇보다 부도덕한 감정이라는 사실을 사람들이 깨닫는 것이다. 애국심은 도덕성의 가장 낮은 단계에 있는 사람들, 다른 이들에게 위해를 가할 마음을 품으면서 그 사람들이 똑같이 폭력을 가해올 것이라고 예상하는 사람들에게나 자연스런 감정이기 때문에 미개한 감정이다. 애국심은 다른 민족과의 유익하며 즐겁고 평화로운 관계를 방해하고, 무엇보다 극악한 사람들이 권력을 손아귀에 쥐고 있는 정부 조직을 만들어내기 때문에 유해한 감정이다. 애국심은 인간을 노예로, 싸움닭으로, 황소로, 나아가 자신의 목표도 아닌 정부의 목표를 위해 힘을 낭비하고 목숨까지 바치는 검투사로 만들기 때문에 수치스런 감정이다. 애국심은 부도덕한 감정이다. (기독교 정신에서 가르치듯) 자신이 하느님의 아들임을 고백하거나, 하다못해 자신이 스스로의 이성에 따라 움직이는 자유로운 존재임을 얘기하는 대신, 애국심에 물든 사람은 자신을 조국의 아들로, 정부의 노예로 여기고, 이성과 양심에 어긋나는 일들을 저지르기 때문이다.

사람들이 이것을 이해하기만 하면 된다. 그러면 우리를 묶고 있는, 정부라는 끔찍한 사슬은 풀려고 애쓰지 않아도 저절로 끊어질 것이다. 정부가 자행했던 끔찍하고 무용한 해악들도 사라질 것이다.

사람들은 이것을 이미 이해하기 시작했다. 예컨대 미국의 한 시민은 다음과 같은 글을 썼다.


"우리는 농부, 기계공, 상인, 제조업자, 교사다. 우리가 요구하는 것이라고는 우리의 일에 전념할 수 있는 권리가 전부다. 우리는 집이 있고, 친구들을 사랑하고, 가족에 헌신하며, 이웃의 일에 간섭하지 않는다. 우리에게는 할 일이 있고, 우리는 할 일을 하고 싶다.

그러니 우리를 내버려두어라!

하지만 그들은 그렇게 하지 않을 것이다. 그들 정치인들 말이다! 그들은 계속하여 우리를 다스리려 할 것이고, 우리의 노동으로 살아가려 할 것이다. 그들은 우리에게 세금을 부과하고, 우리의 생산물을 먹고, 우리의 물건을 징발하고, 우리의 아이들을 징집해 전장에 내보낸다. 정부 덕에 살아가는 무수한 사람들은 모두 정부가 거두어들이는 세금에 의존하고 있다. 우리에게 세금을 성공적으로 거두어들이기 위해 정부는 상비군을 유지한다. 나라를 지키기 위해 군대가 필요하다는 주장은 완전한 사기이며 평계이다. 프랑스 정부는 독일이 쳐들어올 준비를 하고 있다고 말하며 국민에게 겁을 준다. 러시아인은 영국인을 두려워한다. 영국인은 모두를 두려워한다. 이제 미국에서는 해군과 육군을 증강해야 한다는 목소리가 들려오고 있다. 언제라도 유럽이 연합하여 미국에게 적대할 수 있다는 이유에서다.

이것은 기만이며 거짓이다. 프랑스, 독일, 영국, 미국의 보통 사람들은 전쟁에 반대한다. 우리는 단지 우리를 그냥 내버려두기만을 원할 뿐이다. 아내, 자식, 연인, 집, 나이 든 부모가 있는 남자들은 나가서 누군가와 싸우고 싶어 하지 않는다. 우리는 평화를 사랑하며 전쟁을 두려워한다. 전쟁을 싫어하는 것이다.

우리는 황금률을 따르고 싶어 한다(황금률은 마태복음 7장 12절의 "남에게 대접을 받고자 하는 대로, 너희도 남을 대접하여라."에 따르는 행동 규범을 말함. — 옮긴이).

전쟁은 말할 것도 없이 무장한 군인들 때문에 생겨난다. 대규모의 상비군을 유지하는 나라는 조만간 전쟁을 일으키기 마련이다. 싸움을 잘한다고 자랑스럽게 떠들어대는 자는 언젠가는 그보다 싸움을 더 잘한다고 자부하는 사람을 만나게 되고, 그러면 둘 사이에서 싸움이 일어난다.

독일과 프랑스의 관계는 누가 더 잘 싸우는지 알아보려는 욕구 외에 문제될 게 아무것도 없다. 두 나라는 여러 차례 싸움을 벌였고, 앞으로도 싸움을 벌일 것이다. 사람들이 싸우길 원하기 때문이 아니라 통치 계급이 국민의 두려움을 분노로 바꾸고 사람들에게 가정을 지키기 위해서는 싸워야 한다는 생각을 주입하기 때문이다.

따라서 그리스도의 가르침을 따르려는 사람들은 그렇게 해서는 안 되며 세금을 내서도 안 되고 정부에게 속아 마음속에 분노를 길러서도 안 된다.

그리스도는 겸손, 유순함, 적에 대한 용서를 가르쳤고, 살인은 옳지 못한 일이라고 얘기했다. 성서에서는 맹세하지 말라고 가르친다. 하지만 통치 계급은 스스로 믿지도 않는 성서를 두고 우리에게 맹세하도록 강요한다.

질문은 요컨대 이렇다. 푸른 군복에 값비싼 장신구들을 달고 뽐내는 탐욕가들로부터 벗어나려면 어떻게 해야 하는가? 그들은 열심히 일하지도 않으면서 우리가 생산한 곡식을 먹고 우리는 그들을 위해 땅을 파고 갈고 있다.

싸워야 할까?

아니다. 그렇지 않다. 우리는 문제를 피로 해결할 수 있다고 생각하지 않는다. 게다가 그들은 총과 돈이 있으며, 우리보다 오래 버틸 수 있다.

하지만 명령에 따라 우리에게 총을 쏠 이 군대는 어떤 사람들로 이루어져 있는가?

그렇다. 우리의 이웃과 형제들이다. 그들은 속임수에 놀아나 적으로부터 나라를 지키면서 하느님의 뜻을 따르고 있는 것이라고 믿는다. 사실을 말하자면, 우리나라에는 통치 계급 말고는 어떤 적도 없다. 우리가 복종하고 순순히 세금을 내도록 이 통치 계급은 우리의 이익을 보살피고 있는 척하는 것이다.

이런 식으로 그들은 우리의 자원을 빼앗아가고, 우리의 진정한 형제들이 우리에게 총부리를 겨누게 만들어 우리는 복종하지 않을 수 없게 된다. 우선 세금을 내지 않으면, 우리는 아내에게 전보조차 보낼 수 없고, 친구에게 속달 소포를 부치지도 못하며, 상점에 수표를 끊어줄 수도 없다. 우리가 낸 세금은 언제라도 우리를 죽이러 달려올 군대를 유지하는 데 쓰인다. 만약 세금을 내지 않으면, 그들이 우리를 잡아가둘 것은 분명하다.

유일한 위안거리는 교육이다. 살인은 옳지 못한 행위라는 것을 교

카이로에서 케이프타운까지 전신선을 연결시키는 세실로즈의 제국주의적 야망을 풍자한 캐리커처

육시켜야 한다. 황금률을 가르치고 또 가르쳐야 한다. 무력에 대한 맹목적 숭배에 따르지 말아야 하며 통치 계급의 지시를 묵묵히 거부해야 한다. 전쟁을 외치고 애국심에 호소하는 자들을 지지하지 말아야 한다. 우리가 일하는 것처럼 그들도 일을 하게 해야 한다. 우리는 그리스도를 믿는다. 하지만 그들은 그렇지 않다. 그리스도는 자신이 생각한 것을 말했다. 하지만 그들은 권력을 지닌 자들 — 통치 계급 — 이 기뻐할 만한 것을 말한다.

우리는 징병에 응하지 않을 것이다. 우리는 그들의 명령에 따라 총을 쏘지 않을 것이다. 우리는 온화하고 순한 사람들을 향해 총검을 들이대지 않을 것이다. 우리는 세실 로즈(19세기 말 남아프리카의 식민지 총독을 지낸 영국의 전형적인 제국주의자. — 옮긴이)가 뭐라 하든 자기 가정을 지키려는 양치기, 즉 농부를 향해 총격을 가하지는 않을 것이다. '늑대다! 늑대가 나타났다!' 라는 거짓 외침에 우리는 더 이상 속지 않는다. 우리는 할 수 없이 세금을 내야 했지만, 더 이상은 세금을 내지 않을 것이다. 우리는 교회 지정석의 임대료도, 십일조도 내지 않을 것이며, 때때로 마음속에 품고 있는 생각을 밖으로 표현할 것이다.

우리는 사람들을 교육시킬 것이다.

우리의 영향력은 소리 소문 없이 퍼져나갈 것이고, 징집당한 사람들은 내키지 않아 하며 총을 쏘는 것을 거부할 것이다. 우리는 사람들을 교육시켜 평화와 선의에 가득한 그리스도의 삶이 투쟁과 살육, 전쟁의 삶보다 낫다는 것을 깨닫게 할 것이다.

이 세상에 평화를! 평화는 군대를 없애고 사람들이 남에게 대접받고 싶은 대로 남을 대접할 때 이 세상에 찾아올 것이다."

미국의 한 시민은 그렇게 썼다. 그리고 곳곳에서 다양한 형태로 이런 목소리들이 들려오고 있다. 모든 정부가 애국심을 고취하기 위해 애쓰고 있지만, 사람들은 애국심이 기만임을 깨달아가고 있다.

## 8

하지만 사람들은 보통 이렇게 질문한다. "그렇다면 정부 대신에 뭐가 생긴단 말인가?"

아무것도 안 생긴다. 오랫동안 아무 쓸모도 없었으며 불필요하고 더욱이 유해한 조직은 사라질 것이다.

사람들은 다시 이렇게 말한다. "하지만 정부가 없다면, 사람들은 서로에게 폭력과 살인을 일삼을 것이다."

왜 그렇단 말인가? 폭력의 결과로 생겨난 조직이, 폭력을 행사하기 위해 세대를 넘어 이어져온 조직이, 이제는 아무 필요도 없어진 그런 조직이 사라진다고 해서 왜 사람들이 서로에게 폭력을 행하고 서로를 죽인단 말인가? 그와 반대로 폭력 기구가 폐지된 결과 사람들은 더 이상 서로에게 폭력과 살인을 저지르지 않으리라는 것이 훨씬 더 설득력 있는 주장이 될 것이다.

오늘날 어떤 사람들은 다른 사람들에게 살인과 폭력을 행하도록 특별한 훈련과 교육을 받고 있다. 스스로 폭력을 사용할 권리가 있다고 생각하는 사람들도 있고, 그 같은 목적으로 설립되어 있는 조직을 이용하는 사람들도 있다. 게다가 이런 형태의 폭력과 살인은 정당하고 가치 있는 행동으로 여겨지고 있는 실정이다.

하지만 사람들은 앞으로 이런 식으로 교육이나 훈련을 받지 않을 것이고, 아무도 다른 사람에게 폭력을 사용할 수 있는 권리를 얻지 못할 것이다. 폭력을 행사하는 기구도 없어질 것이고 — 오늘날의 사람들에게도 당연한 것이지만 — 폭력과 살인은 언제나 옳지 못한 행위로 여겨질 것이다. 누가 그것을 저지르든 말이다.

정부가 폐지된 뒤 폭력 행위가 지속된다고 하더라도 폭력은 지금보다 빈번하게 일어나지 않을 게 분명하다. 왜냐하면 현재는 폭력 행위를 저지르기 위해 마련된 기구가 존재하며 폭력과 살인을 정당하고 필요한 행위로 간주하고 있지만, 앞으로는 그렇지 않을 것이기 때문이다.

정부가 사라지면 오로지 우리가 과거로부터 물려받은 불필요한 조직만이, 폭력 행사의 권한을 소유하고 그 정당성을 내세우는 조직만이 없어질 것이다.

"하지만 법도 재산도 재판소도 경찰도 대중 교육도 함께 없어질 것이다." 정부에 의한 폭력과 다양한 사회 활동을 고의적으로 혼란시키려는 사람들은 그렇게 말한다.

폭력 행사를 위해 마련된 정부 조직을 폐지한다고 해서 합리적이고 정당한 조직이나 제도가 모두 사라지는 것은 아니다. 법이나 법원, 재산, 경찰, 금융 계약, 대중 교육 분야에서도 폭력에 기초하지 않은 조직이나 제도는 결코 사라지지 않는다. 이와 반대로 스스로의 생존을 위해 필요했던 정부의 야만적인 권력이 없어지면, 사회 조직은 폭력이 필요 없는 보다 공정하고 보다 합리적인 조직으로 성장해 갈 것이다. 법원, 공공 업무, 대중 교육은 사람들이 진정으로 원하는 형태로 변할 것이고, 이전 형태의 정부에 내재된 악폐와는 전혀 상관 없는 조직을 갖출 것이다. 오로지 대중의 자유로운 의사 표현을 막는 부도덕한 조직만이 사라져 없어질 것이다.

정부가 사라지면 혼란과 갈등이 있을지 모른다고 예상해보더라도 상황은 지금보다는 나을 것이다. 현재의 상황보다 더 나쁜 상황을 상상하기 힘들기 때문이다. 사람들은 파멸하고 있고, 파멸의 골은 더욱 깊어져가고 있다. 사람들은 너나할 것 없이 전쟁 노예로 변해 버렸고, 죽이러 혹은 죽으러 나가라는 명령을 기다리며 하루하루를 보내고 있다. 상황이 더 나쁘다면? 파멸한 사람들이 배고픔으로 죽어가야 한다면? 이런 일은 러시아, 이탈리아, 인도에서 이미 일어나고 있다. 남자처럼 여자도 군대에 가야 한다면? 트란스발 공화국에서는 이런 일이 벌써 벌어지고 있다.

그리하여 정부의 부재가 정말로 부정적인 의미에서 무정부 상태를, 이 단어가 내포하는 무질서한 측면을 뜻한다고 하더라도 — 사실은 결코 그렇지 않지만 — 무정부적 혼란은 정부가 사람들에게 야기한 오늘날의 상황보다 나쁠 수 없다.

## 9

사람들이여, 자신에 관해 생각해보라! 당신 자신의 육체적·정신적 행복을 위해, 형제와 자매를 위해, 잠깐 멈추고 당신이 지금 무슨 일을 하고 있는지 되돌아보라!

생각해보면, 당신의 적이 보어인이나 영국인, 프랑스인, 독일인, 핀란드인, 러시아인이 아니라는 것을 알 수 있을 것이다. 당신의 적이, 당신의 유일한 적이, 당신을 억압하고 불행하게 만드는 정부를 애국심으로 떠받드는 당신 자신이라는 것을 알 수 있을 것이다.

그들은 당신을 위험에서 보호하는 임무를 떠맡아 보호해주는 척하며 당신들 모두를 노예-병사로 만들었다. 당신들 모두는 피폐해져갔고, 현재 그 정도는 더욱 심해져가고 있다. 이쯤이면 언제 어느 순간에라도 단단하게 조여진 올가미가 날아와, 당신과 당신의 자식들은 당장 끔찍한 학살에 나서야 하는 일이 벌어질지 모른다.

그런 학살이 얼마나 끔찍할지 모르지만, 그런 충돌과 갈등이 어떻게 끝날지 모르지만, 앞으로도 똑같은 상황이 계속될 것이다. 똑같은 식으로, 훨씬 더 강력하게 정부는 당신과 당신의 자식을 무장시키고 피폐하게 만들고 타락하게 만들 것이다. 당신이 스스로를 돕지 않는다면, 아무도 당신을 도와 이런 일을 막거나 금지시킬 수 없다.

여기에는 한 가지 방법밖에 없다. 원뿔형의 폭력 구조와 관계를 끊는 일이다. 원뿔형의 폭력 구조에서는 꼭짓점 위로 기어 올라가 나머지 모든 사람들 위에 군림하는 데 성공한 사람들이 보다 잔인하고 비인간적인 방법으로 보다 굳건하게 권력을 유지할 수 있다. 니콜라이 1세나 비스마르크, 체임벌린, 세실 로즈 그리고 차르라는 이름으로 사람들을 지배하는 독재자들의 경우에서 우리는 이 사실을 잘 알 수 있다.

이 관계를 끊는 방법 역시 한 가지다. 정신을 마비 상태에 빠뜨리는 애국심을 떨쳐내는 것이다.

당신이 겪고 있는 모든 악은 당신 스스로가 황제, 왕, 의원, 총독, 관리, 자본가, 성직자, 작가, 예술가, 그리고 당신의 노동으로 살기 위해 애국심이라는 기만을 필요로 하는 자들, 당신을 속이는 자들의 말에 따르기 때문에 야기되었다는 것을 깨달아라!

당신이 프랑스인이든 러시아인이든 폴란드인이든 영국인이든 아일랜드인이든 보헤미아인이든 누구든, 당신의 진정한 이익 — 농업이든 공업이든 상업이든 예술이든 과학이든 어떤 영역이든 — 은 당신의 즐거움이나 기쁨과 마찬가지로 결코 다른 민족 또는 국가의 이익과 충돌할 수 없다는 것을 알아야 한다. 당신들 모두는 상호 협력, 용역의 교환, 폭넓은 형제애적 교류의 기쁨에 의해 그리고 재화뿐만 아니라 사고와 감정을 다른 나라의 국민들과 교환함으로써 하나로 연결되어 있는 것이다.

웨이하이(산둥반도 북쪽 끝에 있는 도시)나 뤼순 항이나 쿠바를 누가 — 당신의 나라이든 다른 나라이든 — 점령하는가 하는 문제는 당신과 아무런 상관도 없다는 것을 알라. 사실 당신의 국가가 영토를 점령할 때마다 당신은 해를 입게 된다. 당신에게 계속해서 온갖 압력을 가하여 당신이 강탈과 폭력에 동참하게 만들기 때문이다. 당신의 국가는 이런 강탈과 폭력을 통해 영토를 빼앗고 점유하는 것이다. 알자스가 독일 영토나 아니면 프랑스 영토가 된다고 해서, 아일랜드 혹은 폴란드가 해방된다거나 다른 나라에 예속된다고 해서 당신의 인생이 조금이라도 나아지는 것은 아니라는 사실을 알라. 누가 땅을 점유하든 당신은 원하는 곳에 살 수 있다. 당신이 알자스인이나 아일랜드인이나 폴란드인이어도 마찬가지다. 애국심에 호소하면 상황을 더욱 안 좋게 만들 뿐이라는 것 역시 알아야 한다. 당신의 민족이 예속을 당하게 된 것은 오로지 애국심의 충돌 때문에 생긴 일이기 때문이다. 한 나라에서 애국심을 드러낼 때마다 다른 나라에서도 똑같은 반응이 일어난다. 고난에서 구원은 애국심이라는 낡아빠진 개념과, 애국심에 의존하는 국가에 대한 복종에서 당신 스스로를 해방시킬 때, 그리고 당신이 보다 높은 개념, 즉 민족간의 형제애적 결합이라는 개념의 영역으로 대담하게 들어설 때 이루어질 수 있다는 것을 알라. 민족간의 형제애는 오래전부터 우리 주위에 뿌리내려 사방에서 당신의 각성을 요구하고 있다.

 사람들이 자신이 어떤 국가나 조국의 아들이 아니라 하느님의 아들이라는 것을 알고 따라서 누구의 노예나 적이 될 수 없다는 것을 알 때 정부라고 불리는 터무니없고, 불필요하고, 치명적인 구시대의 기구와, 여기서 비롯된 고난, 폭력, 굴욕, 범죄는 모두 사라질 것이다.(1900)

# 아나키즘에 관하여

아나키스트들은 모든 점에서 옳다. 기존 질서를 부정하고, 지금까지 권력 기관의 폭력보다 더 끔찍한 폭력은 없었다고 주장하는 점도 역시 옳다. 하지만 그들은 아나키즘이 혁명에 의해 확립될 수 있다고 생각한다는 점에서는 옳지 않다. 그들은 "아나키즘을 수립하자"라거나 "아나키즘이 자리를 잡을 것이다"라고 말한다. 그러나 아나키즘은 사람들이 국가 권력의 보호를 점점 더 원하지 않고 국가 권력의 행사를 점점 더 수치스럽게 생각하는 경우에만 확립될 수 있다.

"자본주의 기구는 노동자들의 수중에 들어갈 것이며, 더 이상 노동자들에 대한 탄압도 소득의 불균등한 분배도 없어질 것이다."

"하지만 누가 그런 일을 한단 말인가? 누가 그런 일을 맡아 한단 말인가?"

"그건 저절로 그렇게 될 것이다. 노동자들이 스스로 모든 일을 알아서 해나갈 것이다."

"하지만 자본주의 기구는 모든 실제적인 문제에서 권력을 손에 쥐고 다스리는 사람이 필요하기 때문에 만들어진 것이다. 어떤 일이 있는 경우에는 권력을 갖고 다스리는 자, 지배자가 있기 마련이다. 그리고 권력이 있는 곳에서는 권력의 남용 — 지금 당신이 맞서 싸우고 있는 것 — 을 찾아볼 수 있다."

어떻게 국가 없이, 법원이나 군대 없이 지낼 수 있는가 하는 질문에 대해 답을 할 수는 없다. 왜냐하면 이 질문은 제대로 된 질문이 아니기 때문이다. 문제는 국가를 오늘날의 방식이나 아니면 새로운 방식으로 건립하는 데 있지 않다. 나나 여러분 중 어느 누구도 질문에 답할 수 있는 입장이 아니다.

하지만 우리는 계속하여 눈앞에서 제기되는 문제에 직면하여 나는 어떻게 행동할 것인가 하는 질문에 답해야 할 것이다. 나는 양심을 저버리고 주위에서 일어나는 일들을 받아들여야 하는가? 잘못을 저지른 사람을 교수형 시키고 병사들에게 살인을 지시하고 아편과 술로 사람들을 타락에 빠뜨리는 정부에 동조해야 하는 걸까? 아니면 나는 양심에 따라 행동해야 하는 걸까? 즉 내 이성에 반대되는 행동을 일삼는 정부에 참여하지 말아야 할까?

그래서 어떤 일이 생길지, 어떤 정부가 생겨날지, 이 모든 문제에 대해 나는 아무것도 모른다. 나는 사실 알고 싶지도 않고 알 수도 없다. 내가 아는 것이라곤 내 마음속에 자리하고 있는 지혜와 사랑 혹은 지혜로운 사랑의 고결한 지시에 따르면 어떤 나쁜 일도 벌어지지 않게 되리라는 것이다. 그것은 본능을 따르는 한 벌들에게 어떤 나쁜 일도 일어나지 않는 것과 다를 바 없다. 하지만 다시 말하지만, 나는 이런 문제를 판단하고 싶지도 않고 판단할 능력도 없다.

그리스도의 가르침의 힘은 바로 여기에 있다. 그리스도가 신이나 성인이어서가 아니라 그의 가르침이 논박할 수 없는 것이기 때문이다. 그의 가르침의 장점은 문제를 영원한 의혹과 억측의 영역에서 확실성의 지반 위로 옮겨놓았다는 데 있다. "당신은 인간이다. 이성적이고 다정한 존재다. 당신은 오늘 아니면 내일 당신이 죽어 사라지리라는 것을 안다. 만약 신이 있다면 당신은 신에게로 갈 것이다. 신은 당신에게 당신의 행동에 관해 설명을 요구할 것이다. 당신이 그의 법에 따라 행동했는지, 아니면 적어도 당신의 마음속에 있는 더 높은 본성에 따라 행동했는지 알고 싶어 할 것이다. 신이 없다 해도, 당신은 이성과 사랑을 가장 고결한 본성으로 여겨 이성과 사랑에 따를 것이며, 이를 위해 당신의 다른 성향이나 기질들을 버릴 것이다. 이성과 사랑을 버리고 당신의 동물적 본성을 따르지는 않을 것이다. 생필품을 걱정하거나 누군가 폐를 끼칠까 혹은 물질적 곤란을 당하지 않을까 노심초사하지는 않을 것이다."

다시 말하지만, 문제는 어떤 체제가 더 안전하고 더 낫나 하는 것 ― 총, 대포, 교수대를 방어 수단으로 삼는 체제인가 아니면 그만한 방어 수단이 없는 체제인가 하는 것 ― 이 아니다. 우리에게는 단 하나의 질문, 피할 수 없는 단 하나의 질문이 있을 뿐이다. "당신은 이성적이고 선량한 존재이지만, 이 세상에 잠깐 동안 살다가 언제든 사라지고 말 것이다. 그런데도 잘못을 한 사람이나 다른 민족의 사람들을 죽이는 행위에 가담할 생각인가? 당신은 이른바 야만인이라는 종족 전체를 말살하는 행위에 참여할 생각인가? 이익 때문에 일부러 아편이나 술로 사람들을 타락시키는 행위에 참여할 생각인가? 이런 모든 행위에 참여하고 이런 행위를 허락한 사람들에 동조할 생각인가? 아니면 그러지 않을 생각인가?"

이런 질문을 받는 사람들에게 대답은 한 가지밖에 있을 수 없다. 하지만 그러고 나면 어떤 세상이 될까에 대해서는 나는 모른다. 나에게는 알 수 있는 기회가 주어지지 않았다. 내가 틀림없이 알고 있는 것은 무엇을 해야 하는가라는 것뿐이다. 만약 누가 "어떤 일이 일어날까?"라고 묻는다면, 나는 분명 선의로 가득한 세상이 올 것이라고 대답할 것이다. 왜냐하면 내가 이성과 사랑이 가리키는 방식으로 행동한다면 그것은 내가 알고 있는 가장 고귀한 법에 따라 행동하는 것이기 때문이다.

진정한 형제애에 눈을 떴다고 하더라도 대다수 사람들은 현재 권력자들의 기만과 교활한 책략 아래 짓눌려 있다. 이 권력의 찬탈자들은 사람들이 스스로 삶을 황폐화시키도록 몰아가고 있다. 이런 상황은 정말로 끔찍하고 아무런 희망도 없는 것처럼 보인다.

단 두 가지 방법이 제시되고 있는데, 사실 둘 다 끝난 얘기다. 하나는 폭력을 폭력으로, 테러리즘으로, 다이너마이트와 총검으로 무찌르는 방법이다. 허무주의자들과 아나키스트들이 국민에 대한 정부의 음모를 분쇄하기 위해 외부에서 이런 시도들을 해왔다. 다른 한 가지 방법은 점진적으로 국민을 옭아매고 있는 그물을 벗기고 그들을 해방시키기 위해 정부에 동조·양보·참여하는 것이다. 하지만 이 두 가지 방법 모두 실효성이 없다.

경험이 보여주듯이 다이너마이트와 총검은 반발을 일으키고, 우리에게 가장 귀중한 힘, 우리가 마음대로 할 수 있는 유일한 힘, 즉 여론의 힘을 약화시킬 뿐이다.

다른 또 하나의 방법 역시 무용하다. 정부는 이미 개혁을 원하는 사람들의 참여를 어느 정도나 허용해야 하는지 배워 알고 있다. 정부는 해가 되지 않는 수준, 본질적이지 않은 부분의 개혁만을 수락한다. 정부는 자신에게 해가 되는 문제에 관한 한, 자신의 생존에 관련된 문제인 한 매우 민감하다. 정부는 견해가 다른 자들, 개혁을 원하는 자들을 인정하여 그들의 요구를 충족시켜준다. 이것은 정부를 위해서도 이로운 일이다. 만약 이들이 정부 밖에 남아서 반란을 일으킨다면, 이들은 정부에게 위험한 존재가 될 것이다. 따라서 정부는 이들을 아무런 해가 되지 않는 존재로 바꾸어놓아야 하고, 양보를 통해 이들을 끌어들여야 한다. 배양된 미생물처럼 그들을 무해하게 만들어 정부의 목표, 즉 대중의 억압과 착취에 도움이 되게 해야 하는 것이다.

이 두 가지 방법 모두 결말이 난 얘기라면, 우리에게 또 어떤 방법이 남아 있단 말인가?

폭력을 사용하는 것은 헛된 일이다. 반발만을 낳기 때문이다. 정부 조직에 참여하는 것 역시 헛된 일이다. 정부의 하수인이나 될 뿐이다. 그러나 하나의 방법이 남아 있다. 정부에 순종하거나, 정부 조직에 참여하여 정부의 권력을 증대시키는 일은 하지 말고, 사고, 연설, 행동, 삶을 통해 정부와 싸우는 것이다.

단순히 이렇게만 하면 된다. 분명 좋은 결과를 낳을 수 있을 것이다.

그리고 이것이 하느님의 뜻이며 그리스도의 가르침이다.

단 하나의 영구적인 혁명만이 있을 뿐이다. 바로 도덕적인 혁명, "영혼"의 갱생이다.

이 혁명은 어떻게 일어날 것인가? 이 혁명이 인류에게 어떻게 일어날 것인가는 아무도 모른다. 하지만 모든 사람들이 자기 자신의 존재 가운데서 이 혁명을 분명히 느끼고 있다. 그럼에도 불구하고 우리 시대에 모든 사람들이 인류를 변화시킬 생각을 하고 있지만, 정작 아무도 자기 자신을 변화시킬 생각은 하지 않고 있다.(1900)

# 살인하지 말아라

찰스 1세, 루이 16세, 멕시코의 막시밀리안처럼 왕이나 황제가 재판 뒤에 처형당하거나 아니면 표트르 3세, 파벨 1세 혹은 수많은 술탄(회교국 군주), 샤(왕을 의미하는 페르시아어), 칸(몽골·터키 지방 군주의 호칭)처럼 왕이나 황제가 국정의 음모에 의해 살해당했을 때는 거의 아무런 얘기도 나오지 않는다. 하지만 프랑스의 앙리 4세, 알렉산드르 2세, 오스트리아의 황후 엘리자베트, 페르시아의 왕 나세르 알 딘 샤, 움베르토 1세처럼 재판이나 궁정의 음모 없이 살해당한 경우는, 왕이나 황제들 그리고 그들의 추종자들에게 커다란 충격과 분노를 일으킨다. 마치 이들은 살인에 참여하거나 살인으로 이득을 얻거나 살인을 선동한 적이 전혀 없다는 태도다. 하지만 사실 살해된 왕들 가운데 가장 온건한 왕(예컨대 알렉산드르 2세나 움베르토 1세)조차도 자국에서 수많은 사람을 처형한 것은 물론이고 전장에서 목숨을 잃은 수만 명의 살인에 가담하거나 연루되어 있거나 이를 부추겼다. 보다 잔인한 왕과 황제들은 수십만, 수백만 명의 목숨에 책임을 져야 할 것이다.

그리스도의 가르침은 "눈은 눈으로, 이는 이로"라는 율법을 물리쳤다. 하지만 언제나 이 율법을 고수하고 현재도 여전히 고수하고 있는 사람들, 이 율법을 어디에서나 끔찍할 만큼 엄격하게 들이대는 사람들, "눈은 눈으로, 이는 이로"라고 주장할 뿐 아니라 전쟁 시에 그러는 것처럼 냉정하게 수천 명의 학살을 지시하는 사람들은 똑같은 율법이 자신들에게도 적용된다고 해서 분노할 권리가 없다. 사실 그 정도를 따져보면, 왕이나 황제의 지시나 동의에 따라 죽음을 당한 십만 명, 아니면 심지어 100만 명당 한 명의 왕이나 황제가 죽음을 당했을 뿐이다. 왕이나 황제는 알렉산드르 2세나 움베르토 1세의 살해 사건에 분노할 게 아니라 그들로 인해 생겨나는 학살에 비해 왕이나 황제의 피살이 매우 드물다는 사실에 놀라야 할 것이다.

도취된 군중들은 눈앞에서 벌어지고 있는 일들을 보지만 정작 그 의미를 이해하지는 못한다. 그들은 왕, 황제, 대통령이 군대의 훈련에 지속적인 관심을 갖고 있는 것을 안다. 그들은 통치자들이 지시하는 군대의 행진, 열병, 기동 훈련을 보며 이를 자랑스러워한다. 그들은 군중을 이루어 그들의 형제가 바보들의 옷을 멋지게 차려입고, 드럼과 트럼펫 소리에 따라 똑같이 움직이며 살인 기계로 변한 모습을 본다. 하지만 그것이 대체 무엇을 의미하는지는 이해하지 못한다. 이런 훈련이나 연습의 의미는 매우 분명하고 단순하다. 그것은 살인 준비에 불과하다.

사람들의 정신을 마비시켜야 사람들을 살인 도구로 만들 수 있다. 사람들을 살인 도구로 만드는 일을 하고, 그런 일을 지시하며, 그런 일을 자랑스러워하는 자는 왕과 황제, 대통령이다. 개중 한 명이 살해당했을 때 놀람과 분노에 휩싸이는 자들은 — 살인 준비에 특히 몰두하고, 살인을 직업으로 삼고, 군복을 입고 옆구리에 살인 무기(칼)를 차고 다니는 — 이런 자들이다.

왕 — 예컨대 움베르토 1세 — 을 살해하는 것은 끔찍한 일이다. 살해 행위의 잔인함 때문이 아니라. 왕과 황제의 명령으로 자행된 일 — 성 바르톨로뮤의 학살이나 종교적 학살, 농민 반란의 가혹한 진압, 파리혁명 같은 과거의 사건들뿐만 아니라 현재 국가가 일삼는 처형, 독방 감금, 징계 부대, 교수, 참수, 총살, 전쟁 중의 학살까지 — 은 아나키스트에 의해 저질러진 살인보다 비교할 수 없을 만큼 잔인하다. 왕과 황제의 살해가 부당하기 때문에 끔찍한 것도 아니다. 알렉산드르 2세와 움베르토 1세가 죽을 이유가 없었다면, 플레브나에서 목숨을 잃은 수천 명의 러시아인들이나 에티오피아에서 숨진 이탈리아인들은 그럴 이유가 더더욱 없었을 것이다. 이런 살해 행위가 끔찍한 것은 그것이 잔인하거나 부당하기 때문이 아니라 살인을 저지른 사람들의 비이성과 무분별함 때문이다.

억압 받는 사람들의 고통 — 알렉산드르 2세나 프랑스 대통령 카르노, 움베르토 1세는 이에 대한 책임을 져야 한다고 여겨졌다 — 에 분개하여 개인적 감정 때문에 왕이나 황제를 죽였다면, 아니면 개인적 원한 때문에 그렇게 한 것이라면, 그들의 행동이 아무리 부도덕하다고 하더라도 적어도 납득할 수는 있을 것이다. 하지만 브레시(움베르토 1세를 암살한 아나키스트 — 옮긴이)를 보낸 건 우리가 아나키스트라고 부르는 일단의 사람들이었으며 그들은 현재도 또 다른 황제와 왕을 위협하고 있다. 인류의 삶의 조건을 향상시킬 수 있는 방법으로 사람을 죽이는 것보다 더 나은 방법이 있을 수 없다고 생각하는 그들을 우리는 어떻게 이해해야 하나? 왕이나 황제는 목을 자르면 거기서 새로운 목이 나오는 신화 속의 괴물과도 같아서 그들의 목을 쳐봐야 아무 소용이 없다는 것을 그들은 왜 모를까? 왕과 황제들은 오래전에 흡사 연발총 같은 하나의 체제를 마련해놓았다. 총알이 한 발 발사되면 그 즉시 다른 총알이 원래의 총알이 있던 자리를 채우는 것이다. "국왕은 죽었다! 새 국왕 만세!" 그러니 그들을 죽여서 무슨 소용이란 말인가?

왕이나 황제를 죽이는 것이 억압과 사람들의 생활을 파괴하는 전쟁에서 국민을 지키는 수단처럼 보일 수 있는 것은 오로지 피상적인 수준에서다.

국민에게 고난을 안겨주는 억압과 전쟁이 특정한 어떤 사람에 의해 일어나는 게 아니라는 사실을 이해하기 위해서는, 정부의 수반이 누구든 니콜라이든 알렉산드르든 프레데릭이든 빌헬름이든 나폴레옹이든 루이든 파머스턴이든 글래드스턴이든 매킨리이든 상관없이 비슷한 억압과 비슷한 전쟁이 계속될 것이라는 사실만 상기하면 된다. 국민의 불행을 가져온 원인은 어떤 특정한 개인이 아니라 어떤 특정한 사회 질서다. 사람들은 이런 사회 질서하에 단단히 묶여 소수 권력자들의 손아귀에 아니면 더욱 흔히 단 한 명의 권력자의 손아귀에 놓여 있게 된다. 한 명이 권력을 손아귀에 쥐고 있는 경우, 그는 수백만 명의 운명과 삶의 중재자로서 비정상적인 지위에 있기 때문에 이상한 성격으로 변한다. 그는 언제나 비정상적인 상태에 있고, 따라서 언제나 어느 정도 과대망상증에 시달리게 된다. 하지만 그의 예외적인 위치가 보통 사람들의 눈으로부터 이 사실을 감추어 준다.

권력을 손에 쥔 사람들이 아주 어린 시절부터 무덤에 들어갈 때까

성 바르톨로뮤의 학살 | 1572년 종교전쟁이 한창인 프랑스에서 8월 23일부터 성 바르톨로뮤의 축일인 24일 저녁까지 벌어진 가톨릭교도에 의한 위그노(칼뱅 계통의 신교도)의 학살 사건

지 무분별한 사치와 거짓의 대기, 아첨의 후광에 둘러싸여 있다는 사실은 차치하고도, 그들의 모든 교육과 직무가 하나의 주제에 집중되어 있다는 사실을 알아야 한다. 그 하나의 주제란 그간 살인이 어떻게 이루어져왔는지, 오늘날 살인을 하는 최상의 방법은 무엇인지, 미래에는 살인을 어떤 식으로 할지에 관한 것이다. 어릴 때부터 그들은 가능한 온갖 형태의 살인에 대해 배운다. 그들은 언제나 무기 ─ 검이나 군도 ─ 를 차고 다니며 다양한 군복을 입는다. 그들은 군대의 행진이나 사열, 기동 훈련을 참관하고 서로를 방문하고 서로에게 훈장을 수여하고 서로를 연대의 지휘권으로 임명한다. 아무도 그들에게 그들이 하는 일에 관해 솔직히 말하거나, 그들이 살인 준비에 여념이 없는 것이 혐오스러우며 더군다나 그런 일은 범죄에 다름 아니라는 사실을 말해주지 않는다.

오히려 그들은 이런 일로 대중의 인정과 열정적인 지지를 받는다. 그들이 밖으로 나올 때마다, 군대의 행진이나 사열 때마다, 사람들이 무리를 이루어 그들에게 열광적인 환호를 보낸다. 그들에게는 온 국민이 그들의 행동을 지지하고 승인하고 있는 것처럼 보인다. 그들의 귀에까지 전해지는 일부 언론, 온 국민의 정서 아니면 적어도 국민의 중요한 대표자들의 정서를 표현하고 있다고 하는 일부 언론은 그들의 모든 말과 행동을 맹종하며 찬양한다. 그것이 아무리 어리석고 악의적인 것이라고 하더라도 말이다. 남자든 여자든, 성직자든 평신도든 그들 주위의 사람들 ─ 인간의 존엄성을 소중히 생각하지 않는 모든 사람들 ─ 은 세련된 아첨으로 서로 경쟁을 벌이며, 어떤 일이라도 그들의 뜻에 찬성을 표하고, 그들에게 모든 것을 속인다.

그렇기 때문에 그들은 삶을 있는 그대로의 모습으로 볼 수가 없다. 이런 통치자들은 백 년을 살더라도 진정으로 독립적인 사람을 단 한 명도 못 만나고 진실을 들을 수조차 없다. 이런 사람들의 말이나 행동을 보거나 들으면, 이따금 깜짝 놀라게 된다. 하지만 그들의 지위에 있는 사람이라면 누구나 그렇게 말하거나 행동할 것이라는 사실을 알면 그들을 이해할 수 있다. 이성이 있는 사람이라면 그들의 위치에 서게 되었을 때 그런 위치에서 스스로 물러날 것이다. 그게 그가 할 수 있는 유일한 이성적 행동이다. 그 자리에 남아 있는 사람이라면 그들처럼 행동하고 말하게 될 것이다.

따라서 이런 죄에 대해 진실로 가장 큰 죄가 있는 사람은 알렉산드르도 움베르토도 빌헬름도 니콜라이도 체임벌린도 — 그들이 국민을 억압하고 전쟁을 일으키도록 명했다고 하더라도 — 아니다. 동포의 삶을 좌지우지하는 자리에 그들을 앉히고 그들을 떠받드는 자들이야말로 가장 큰 죄가 있는 사람들이다. 따라서 우리가 해야 할 일은 알렉산드르나 니콜라이나 빌헬름이나 움베르토를 죽이는 게 아니라 그들을 낳은 사회 구조에 대한 지지를 철회하는 일이다. 오늘날의 사회 질서를 유지하는 버팀목은 사소한 물질적 만족 때문에 자유와 명예를 파는 우리들의 이기심과 정신적 마비다.

사회 구조의 사다리 맨 아래에 있는 사람들은 — 부분적으로는 애국적이고 반(半)종교적인 교육에 의해 세뇌된 탓에 부분적으로는 개인적 이익을 챙기느라 — 그들 위에 군림하며 그들에게 물질적 혜택을 주는 사람들의 명령에 따라 자유와, 인간의 존엄성에 대한 의식을 내팽개친다. 사회 구조의 사다리에서 얼마간 높이 올라가 있는 사람들도 똑같은 식으로 ― 세뇌의 결과이기도 하지만 주로 이득을 쫓느라 ― 자유와 인간의 존엄성을 내버린다. 그들보다 조금 더 높은 곳에 있는 사람들도 마찬가지고, 이런 식으로 사다리 맨 꼭대기까지 계속된다. 사회 구조의 사다리 맨 꼭대기에 있는 사람들은 더 이상 얻을 게 없다. 그들에게 행위의 유일한 동기는 권력에 대한 사랑과 허영이다. 보통 그들은 사람들의 생사를 마음대로 할 수 있는 권력과, 주위에서 볼 수 있는 끊임없는 굴종과 아첨 때문에 삐뚤어진 성격이 되고 악행을 되풀이하면서 자신들이 인류 번영의 공헌자라고 믿어 의심치 않는다.

이런 사람들을 다른 식으로 처신할 수 없게 만드는 것은 바로 물질적 이득 때문에 인간으로서의 존엄성을 버리는 사람들이다. 통치자들의 어리석고 사악한 행동에 화를 내는 것은 소용없는 일이다. 그런 사람들을 죽이는 것은 버릇없이 키워놓은 아이를 회초리로 때리는 것과 같다.

국민들을 억압에서 해방시키고, 헛된 전쟁을 막고, 또 악행을 일삼는 자들에게 분노하여 그런 자들을 죽이는 일을 피할 수 있는 방법은 매우 간단한 것처럼 보인다. 그것은 현재의 상황을 있는 그대로 파악하고, 모든 것을 올바른 이름으로 부르고, 군대가 살인 도구라는 것을 깨닫고, 징병과 군대의 운용 ― 왕, 황제, 대통령이 확신에 차서 매진하고 있는 바로 그 일 ― 은 살인을 위한 준비라는 것을 이해하는 것이다.

각각의 왕이나 황제, 대통령들이 아첨꾼들의 입발림과 달리 군대를 이끄는 일이 결코 명예롭거나 중대한 소임이 아니며 거꾸로 살인 준비라는 부끄러워할 만한 악행이라는 것을 깨닫는다면, 그리고 각각의 개인이, 병사를 고용하고 무장시키는 데 쓰이는 세금의 납부 그리고 무엇보다 병역 자체가 무관심으로 대할 문제가 아니라 그 자신이 살인 행위를 허용하고 또 여기에 참가하는 결과를 낳기 때문에 부끄러워할 악행이 된다는 것을 이해한다면, 우리의 분노를 사는 왕이나 황제, 대통령의 권력은, 그 자신들마저도 죽음의 위험에 빠뜨리는 그들의 권력은 저절로 소멸될 것이다.

따라서 알렉산드르나 카르노, 움베르토 같은 자들을 살해해서는 안 되고, 그들이 살인자라는 것을 그들에게 설명해야 하며, 특히 그들이 더 이상 사람들을 죽이도록 놔두지 않아야 할 것이다. 살인을 하라는 그들의 명령을 거부해야 한다.

사람들이 아직까지 이렇게 행동하지 않는다면, 그것은 오로지 정부가 살아남기 위해 부지런히 국민들을 정신적 마비 상태에 빠뜨리고 있기 때문이다. 따라서 사람들이 왕이나 또 다른 권력자들을 죽이지 못하도록 힘써 막아야 한다. 누군가를 죽이는 것 — 살인은 정신적 마비 상태를 확대할 뿐이다 — 이 아니라 사람들을 정신적 마비 상태에서 깨어나게 해야 하는 것이다.

이것이 내가 하고 싶었던 이야기다.(1900)

# 우리 시대의 노예제

**37시간 일하는 짐꾼들**

내가 아는 사람 중에는 모스크바-쿠르스크 철도에서 검량인으로 일하는 사람이 있다. 대화중에 그가 내게 화물을 옮기는 사람들은 36시간 일한다고 말했다.

그를 완벽히 신뢰하고 있었음에도 불구하고 나는 그 말을 믿기 힘들었다. 그가 잘못 알고 있거나 아니면 과장했거나 아니면 내가 잘못 들었을 거라 생각했다.

하지만 그 검량인은 그런 조건 아래서 작업이 너무도 정확하게 이루어지기 때문에 그 사실에는 의심의 여지가 없으며, 모스크바의 쿠르스크 역에는 그 같은 짐꾼이 250명이나 있다고 했다. 그들은 각각 5인으로 구성되는 조로 나뉘어져 성과급으로 일하며, 화물 1,000푸드(16.38톤) 당 1루블에서 1루블 15코페이카를 받는다고 했다.

그들은 아침에 나와 해가 지고 밤이 새도록 화차의 짐을 내리며, 아침 무렵 다시 짐을 내리기 시작하여 다음 날도 계속 일한다는 것이었다. 그러면 그들은 이틀 동안 하룻밤만을 잘 수 있었다.

그들이 하는 일이란 7내지 8, 심지어 10푸드(1푸드는 16.38킬로그램)에 달하는 짐짝을 내리거나 옮기는 것이다. 두 명의 일꾼이 다른 세 명의 등에다 짐짝을 올려놓고, 이들 세 명이 짐짝을 옮긴다. 그들은 이렇게 일해도 하루에 1루블에 못 미치는 돈을 받는다. 그들은 휴일도 없이 계속 일한다.

검량인의 설명이 너무도 자세하기 때문에 나는 의심할 수가 없었다. 그럼에도 나는 내 눈으로 직접 확인해야겠다고 마음먹고 화물역으로 갔다.

화물역에서 그 검량인을 발견하고는, 그가 한 말이 사실인지 눈으로 직접 보기 위해 왔다고 말했다. "다른 사람들에게 말해줘도 아무도 믿지 않더군요." 내가 말했다.

검량인은 아무런 대꾸도 하지 않고 창고 안의 누군가를 소리쳐 불렀다. "니키타, 이리 와봐!" 문에서 키가 크고 비쩍 마른 일꾼이 찢어진 상의를 입고 나타났다. "자네 언제부터 일을 시작했지?"

"언제냐구요? 어제 아침부터죠."

"어젯밤에는 어디 있었나?"

"짐을 내리고 있었죠. 당연하잖아요."

"그럼 밤새 일한 거요?" 내가 물었다.

"물론이죠. 우리는 밤새워 일해요."

"오늘은 언제 일을 시작했소?"

"아침에 시작했죠. 아침 말고 언제 시작하겠어요."

"일은 언제 끝납니까?"

"우리더러 가라 그러면 일이 끝나는 거죠."

같은 조의 나머지 일꾼 네 명이 우리에게 다가왔다. 그들이 입고 있는 상의는 하나같이 찢어진 채였고, 모두 외투를 입고 있지 않았다. 기온이 무려 영하 25도인데도 말이다.

나는 그들에게 작업 조건에 대해 물어보기 시작했다. 내가 36시간의 노동 시간 같은 평범하고 당연한 일에 관심을 보이자 그들은 놀라는 표정이었다.

짐꾼들은 모두 시골 출신이었다. 대부분 나와 동향으로 툴라 출신이었고, 일부는 오룔에서 일부는 베로네시에서 왔다. 그들은 모스크바에서 하숙을 했다. 몇몇 사람을 빼고는 대부분 가족이 없었다. 단신으로 여기 온 사람들은 수입을 집으로 송금했다.

그들은 계약을 맺고 숙식을 해결했다. 음식은 한 달에 10루블이었다. 그들은 매일 고기를 먹고, 단식은 지키지 않았다.

일에 드는 시간은 사실 36시간 이상이었다. 하숙집에서 오가는 시간이 있었기 때문이다. 게다가 정해진 시간보다 늦게까지 일에 묶여 있을 때도 많았다.

그들은 음식 값을 지불하고 나면 이렇게 37시간 쉴 새 없이 일하며 한 달에 25루블을 번다.

왜 이런 죄수 같은 일을 하냐고 내가 묻자 그들은 "그럼 뭘 한단 말입니까?"라고 되물었다.

"하지만 왜 36시간을 쉴 새 없이 일하는 겁니까? 작업을 교대제로 할 수는 없나요?"

"우리는 시키는 대로 하는 것뿐이에요."

"그래요. 하지만 왜 그저 시키는 대로 하냐 이겁니다."

"먹고 살아야 하기 때문이죠. 보나마나 '싫으면 그만둬.'라고 할 거라구요. 작업에 한 시간이라도 늦으면 당신에게 허가증을 집어던지며 나가라고 하죠. 당장 일할 수 있는 사람이 10명은 된다구요."

일꾼들은 모두 젊었다. 단 한 사람만이 나이가 꽤 들어 보였다. 마흔가량 되어 보였다. 모두들 얼굴이 야위었고, 지쳐 보였으며, 마치 술을 마신 것처럼 눈이 풀려 있었다. 나와 처음으로 대화를 나누었던 짐꾼은 지친 표정이 특히 역력했다. 나는 그에게 오늘 술을 마셨는지 물어보았다.

"저는 술 안 마셔요." 그가 단호한 어조로 대답했다. 정말로 술을 마시지 않는 사람 같았다.

"담배도 피지 않구요." 그가 덧붙였다.

"술 마시는 사람들은 없습니까?" 내가 물었다.

"아니오, 있어요."

"이건 쉬운 일이 아니에요. 그나마 술을 마시면 힘이 나죠." 나이 든 짐꾼이 말했다.

그 남자는 그날 술을 마셨다고 했지만 나는 전혀 알아채지 못했다.

짐꾼들과 좀 더 얘기를 나눈 뒤에는 작업을 지켜보았다.

나는 길게 늘어서 있는 온갖 화물을 지나 일꾼들이 화차를 천천히 미는 현장으로 다가갔다. 내가 그 뒤에 안 사실이지만, 일꾼들은 직접 화차를 옮기고 플랫폼의 눈을 치워야 하지만, 이 일에 대해서는 임금을 받지 못했다. "지불 조건"에 그렇게 정해져 있기 때문이라고 했다. 거기 있는 일꾼들은 나와 얘기를 나누었던 사람들만큼 추레했다. 일꾼들이 화차를 제 위치로 옮겨놓은 뒤, 나는 그들에게 가 언제 일을 시작했는지 그리고 언제 식사를 했는지 물어보았다.

그들은 7시에 일을 시작했으며 막 식사를 마쳤다고 했다. 일 때문에 제 시간에 식사를 하지 못했던 것이다. "그러면 언제 일을 마칩니까?"

"어떤 때는 10시가 되어야 하죠." 한 일꾼이 마치 그들의 체력을 자랑이라도 하듯 대답했다. 내가 그들의 일에 관심을 보이자, 일꾼들이 나를 검사관으로 착각하고 내 주위로 몰려들었다. 몇 명이 다짜고짜 그들이 가장 큰 불만을 갖고 있는 문제에 대해 얘기했다. 그것은 때때로 몸을 녹이거나 주간 노동 시간과 야간 노동 시간의 중간에 한 시간가량 잠을 잘 수 있는 숙소가 너무 비좁다는 문제였다. 그들 모두가 이 문제에 대해 불만을 표시했다.

"아마 사람들이 100명은 될 거예요. 몸을 누일 데가 없어요. 침상 아래도 사람들이 다 찬다구요." 불만 섞인 목소리가 들려왔다. "직접 한번 보세요. 여기서 가까운 데에 있으니까."

방은 확실히 그다지 크지 않았다. 약 10미터 너비의 방에는 40명가량이 누울 수 있는 침상이 놓여 있었다.

몇 명의 일꾼이 나와 함께 방으로 들어와 앞 다투어 공간이 부족하다며 불평불만을 늘어놓았다.

"침상 아래 누울 만한 자리도 없다니까요." 그들이 말했다.

이 사람들은 영하 25도의 추위에 외투도 입지 않고 36시간 동안 등에 130킬로그램가량의 짐을 지고 옮기는 것이다. 식사도 제때에 하지 못하고, 십장이 지시하는 시간에 해야 하며, 마차를 끄는 말보다 열악한 환경에서 산다. 그런데도 이들이 고작 몸을 녹일 만한 방의 공간이 부족하다고 불평하는 것을 보면 이상하기만 했다. 하지만 그것이 처음에는 이상해 보였다고 해도, 나는 그들의 환경을 좀 더 깊이 들여다보면서 그들이 점점 더 약해지고 무너져 가는 것임을 깨닫게 되었다. 잠은 부족하고 몸은 꽁꽁 얼었는데도, 쉬면서 몸을 녹이는 대신 침상 아래의 더러운 바닥에서 탁하고 답답한 공기를 마시며 잠을 자야 하는 것이다.

아마도 그들은 쉬면서 잠을 청하는 이 비참한 시간에 그들의 삶을 침식해가고 있는 이 36시간의 작업에 대해 생각하며 끔찍한 공포를 느낄 것이다. 그리고 그 때문에 그들은 방이 비좁다는 그다지 중요해 보이지 않는 문제로 관심의 방향을 돌리는 것이리라.

일꾼들이 일하는 것을 보고, 몇 사람과 더 대화를 나누어보고, 그들 모두로부터 똑같은 얘기를 듣고 나서 나는 그 검량인이 한 말이 틀림없는 사실임을 확인한 뒤 집으로 돌아왔다.

스스로를 자유인으로 여기는 사람들이 겨우겨우 생계를 유지하기 위해 아무리 잔혹한 노예 주인이라도 시키지 않았을 일들을 하고 있는 것은 이처럼 사실이었다. 노예 주인은 말할 것도 없고 마차 주인조차도 자기 말에게 그런 일을 시키지는 않을 것이다. 왜냐하면 말은 비싸기 때문이다. 힘든 일을 시켜 값비싼 동물의 생명을 단축하는 것은 비경제적인 일이리라.

**사람들이 죽든 말든 상관하지 않는 사회의 무관심**

사람에게 잠도 자지 않고 일을 하도록 시키는 것은 잔인한 일일뿐더러 비경제적인 일이기도 하다. 그런데도 인간의 목숨을 그렇게 비경제적으로 소모하는 일이 우리 주위에서 끊임없이 벌어지고 있다.

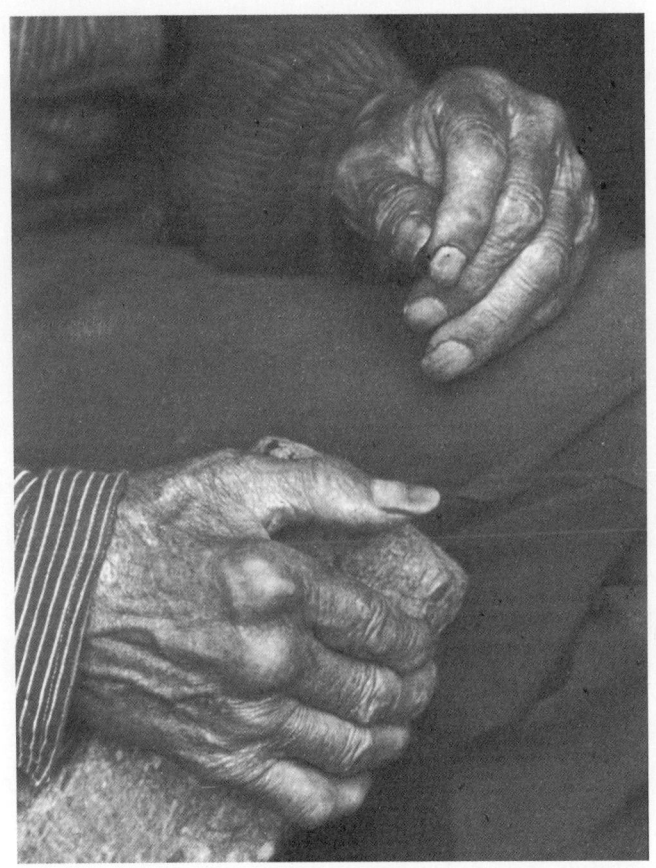

노동자의 손 | 도리스 울만(Doris ulmann, 1882~1934)

내가 사는 집의 맞은편에는 최신 설비를 갖춘 견사 공장이 있다. 약 3,700명의 사람이 거기서 살며 일한다. 나는 지금 내 방에 누워 있으면서 기계들이 내는 끊임없는 소음을 듣고 있다. 나는 거기 가보았던 탓에 거기서 어떤 일이 벌어지는지 잘 알고 있다. 3,000명의 여자가 하루 12시간씩 고막을 뚫을 듯한 굉음 속에서 직기 앞에 서 있다. 견사를 감고 풀고 엮어 견직물을 만든다. 시골에서 막 상경한 사람을 빼면 모든 여자들이 병약한 안색이다. 그들 대부분은 부도덕하고 무절제한 삶을 살고 있다. 거의 모두가, 미혼이든 기혼이든 아이를 낳으면 곧바로 고향 마을이나 고아원으로 보낸다. 고아원에서는 이런 아이들의 80퍼센트가 사망한다. 일자리를 잃을지 모른다는 두려움 때문에 산모들은 아이를 낳고 나서 하루나 사흘 뒤 일을 다시 시작한다.

내가 아는 한 20년간 수만 명의 젊고 건강한 여자들, 산모들이 자신의 목숨과 아이들의 목숨을 잃었다. 현재도 마찬가지다. 그게 모두 벨벳과 견직물을 생산하기 위해서다.

나는 어제 한 거지를 만났다. 그는 목발을 짚고 다녔는데, 몸은 건장했지만 불구였다. 손수레를 끄는 인부였던 그는 그만 미끄러져 내상을 입었다. 그는 가지고 있던 모든 돈을 어떤 농촌의 여성 치료사와 의사에게 다 날린 뒤 현재 8년째 집 없이 떠돌며 빵을 구걸하고 있었다. 그의 불만은 하느님이 왜 자신의 목숨을 가져가지 않는가 하는 것이었다.

이런 불행을 겪고 있는 사람들은 얼마나 많은가? 우리는 이들의 존재에 관해 전혀 모르고 있거나 아니면 안다고 하더라도 어쩔 수 없다고 생각하며 거의 눈길을 보내지 않고 있다.

나는 툴라의 주물 공장에서 용광로 작업을 하는 사람들도 알고 있다. 그들은 2주마다 일요일 하루를 쉬려면 24시간을 일해야 한다. 즉 종일 일한 뒤 다시 밤에도 일해야 하는 것이다. 나는 이런 사람들을 만나본 적이 있다. 그들은 모두 기운을 얻기 위해 보드카를 마셨다. 화물역의 짐꾼들처럼 그들도 생명의 이자가 아니라 원금을 빼 쓰고 있는 것이 분명한 실정이다.

거울 유리·카드·성냥·설탕·담배·유리 공장에서, 혹은 광산에서 아니면 쓰레기 더미에서, 이런 유해한 작업 환경에서 일하는 사람들은 어느 정도나 생명을 소모하는 것일까?

영국의 통계자료를 보면, 상류층의 평균 수명은 55년이고, 해로운 환경에서 일하는 노동 계급의 평균 수명은 29년이다.

이 사실을 안다면 우리는 또 한 가지 사실을 깨닫지 않을 수 없다. 우리가 인간의 생명을 대가로 한 노동으로 살아가고 있는 것이라면, 우리가 짐승이 아닌 이상 한순간이라도 마음의 평화를 찾을 수 없으리라는 사실이 그것이다. 하지만 실상 우리들, 즉 부자들, 자유주의자들, 인도주의자들, 사람의 고통뿐만 아니라 동물의 고통에도 매우 민감한 사람들은 그런 노동으로 덕을 보고 있으며, 게다가 더욱 더 부자가 되고 싶어 한다. 즉 그런 노동으로 더 큰 덕을 보고 싶어 하는 것이다. 그러고도 우리는 완전히 평온한 마음으로 지내고 있지 않은가.

예컨대 우리는 화물역의 인부들이 열악한 환경에서 36시간 일한다는 사실을 알고 봉급을 많이 받는 검사관을 즉시 그곳에 파견해

12시간이 넘는 노동을 금지시킬 수 있다 — 하지만 그렇게 되면 일꾼들은 아무리 열심히 일하더라도 원래 수입의 3분의 2 이상을 벌 수 없게 된다. 그리고 우리는 철도 회사에 압력을 가해 노동자들을 위해 크고 안락한 숙소를 짓게 할 수도 있을 것이다. 그러고 나면 우리는 전혀 양심의 가책 없이 계속하여 그 철도로 화물을 보내거나 받고, 계속하여 세준 집이나 땅에서 임대료나 지대를 받을 것이다. 우리는 가족과 멀리 떨어져 견사 공장에서 일하는 여성들이 자신의 삶과 아이들의 삶을 망쳐가고 있다는 얘기도 듣는다. 풀 먹인 셔츠를 다림질하는 세탁부와, 책과 신문을 인쇄하는 식자공의 절반 이상이 결핵에 걸렸다는 얘기도 듣는다. 그러면, "우리는 그렇게 되어서 매우 유감이다, 하지만 달리 어쩔 도리가 없지 않은가" 하고 말한다. 이어 우리는 전혀 마음의 동요 없이 견직물을 사고, 풀 먹인 셔츠를 입고, 아침 신문을 읽는다. 우리는 가게 점원의 근무 시간에 대해 신경을 쓰고, 아이들이 학교에서 보내는 시간에 대해 더 많은 신경을 쓰며, 마부에게 너무 많은 짐을 실어 말이 혹사당하지 않게 하라고 지시하기도 하고, 더욱이 도살장에서 도살할 때 가축들이 가능한 한 고통을 덜 받게 하도록 조치한다. 하지만 우리 주위에서 천천히 그리고 대개 고통스럽게 죽어가고 있는 수백만 명의 노동자들에 관한 한, 그들의 노동 생산물로 우리가 편의와 쾌락을 얻는 것임에도 불구하고 우리는 두 눈을 굳게 감고 있다.

## 과학을 통한 기존 체제의 정당화

사람들은 옳지 못한 행동을 할 때면 언제나 그들의 옳지 못한 행동이 나쁜 행동이 아니며 누구도 어쩔 수 없는 불변의 법칙에서 비롯된 것임을 보여주기 위해 이에 맞는 삶의 철학을 창조한다. 우리 사회가 노동자들의 불행에 두 눈을 굳게 감고 있는 것도 이 때문이다. 전에는 이런 인생관을, 헤아릴 수 없지만 변하지 않는 신의 뜻에 따라 어떤 사람에게는 미천한 신분과 고된 일이, 또 다른 사람에게는 높은 지위와 삶의 온갖 쾌락이 예정되어 있다는 논리에서 찾아볼 수 있었다.

이 같은 주제로 엄청난 양의 책이 쓰어졌고, 셀 수 없이 많은 설교가 이루어졌다. 이 주제는 가능한 모든 측면에서 정당화되었다. 하느님이 서로 다른 종류의 사람들, 즉 주인과 노예를 창조했으며, 따라서 각자 주어진 위치에 만족해야 한다는 설명이 제시되었다. 나아가 내세에는 노예에게 더 나은 지위가 주어질 것이라고 했다. 그 뒤에는 노예는 노예며 계속 노예로 남아야 하지만 주인이 자비롭다면 노예의 환경도 나쁜 게 아니라는 설명이 주어졌다. 노예 해방 뒤에는 부富는 하느님이 선행에 쓸 수 있도록 몇몇 사람들에게 위탁한 것이라는 설명이 등장했다. 이 설명대로라면 어떤 사람이 부유하고 어떤 사람이 가난하다고 해서 전혀 해가 될 게 없다.

이런 설명들은 한동안 부유한 자나 가난한 자 모두를(특히 부유한 자를) 만족시켰다. 하지만 시간이 지나면서 이런 설명들이 특히 자신의 처지를 깨달은 가난한 사람들에게 불만족스럽게 느껴지는 때가 찾아왔다. 새로운 설명이 필요했다. 그리고 바로 적절한 때에 새로운 설명이 나타났다. 이 설명은 과학의 형태로, 바로 정치 경제학이라는 이름으로 등장했다. 정치 경제학은 분업과 노동 생산물의 분배를 지배하는 법칙을 발견했다고 선언했다. 정치 경제학에 의하면, 이 법칙은 분업과 분업을 통한 생산물의 향유는 수요와 공급에, 자본, 임차료, 임금, 가치, 이윤에, 즉 일반적으로 말해서 인간의 경제 활동을 지배하는 불변의 법칙에 따르는 것이었다.

이전의 주제에 관해 수많은 전문서와 설교가 쏟아졌던 것처럼 이 주제에 관해서도 곧 수많은 책과 팸플릿이 씌어지고 수많은 강연이 이루어졌다. 그리고 여전히 산더미 같은 책과 팸플릿이 씌어지고 있으며, 신학 전문서나 성직자들의 설교처럼 모호하고 알아듣기 힘든 강연들이 계속되고 있다. 이런 것들 역시 신학 전문서처럼 기존의 사회 질서를 설명한다는 정해진 목적을 좇고 있다. 이에 따라 어떤 사람들의 경우 일도 하지 않고 마음 편히 다른 사람의 노동으로 살아가는 것이 정당화되고 있다.

하지만 이 유사 과학적 탐구에서 일반적인 사물의 질서를 보여주기 위해 고려된 것은 역사를 통해 전 세계의 사람들이 살아온 조건이 아니라 어떤 작은 나라에 사는 사람들의 조건, 즉 지극히 예외적인 경우로서 18세기 말과 19세기 초의 영국에 국한된다는 사실을 알아두어야 한다. 이 사실은 조사자들이 도달한 결론을 유효한 것으로 받아들이는 데 조금도 방해가 되지 못했다. 그러나 임차료, 잉여 가치, 이윤 따위의 의미에 대해 의견이 제각각인 정치 경제학자들 사이에서 논란과 불일치가 계속되자 이제는 이런 주장들은 더 이상 받아들여지지 않고 있다. 오늘날에 와서는 사람들간의 관계가 사람들이 옳거나 틀리다고 생각하는 것이 아니라, 유리한 지위를 차지한 사람들에게 무엇이 유리한가에 따라 결정된다고 하는 정치 경제학의 기본적 입장만이 모든 사람들에게 인정을 받고 있는 형편이다.

한 사회에 수많은 도둑과 강도가 나타나 노동자들한테 노동의 열매를 빼앗아간다면, 이런 일은 도둑과 강도가 나쁜 짓을 하기 때문이 아니라 그것이 필연적인 경제 법칙이기 때문에 일어나는 것임이 틀림없는 사실로 받아들여지고 있다. 이 경제 법칙은 과학이 지시하는 진화적 과정에 의해서만 천천히 변화될 수 있다. 따라서 과학의 인도에 따라 강도, 도둑, 장물애비는 도둑질이나 강도질로 얻은 물건으로 계속 재미를 볼 수 있을 것이다.

우리 세계의 사람들 대부분이 과거의 신학적 설명만큼이나 이런 과학적 설명에 대해 자세히 알지 못한다고 하더라도 그들 모두는 어떤 설명이 존재한다는 것을 알고 있다. 그리고 학자들, 현명한 사람들이 기존하는 사물의 질서야말로 당연한 것임을 증명했으므로 우리는 오늘날의 질서 안에서 어떤 변화의 노력 없이 평화롭게 살아가도 된다고 생각하는 것이다.

이상이 우리 사회의 선량한 사람들이 동물의 생활 조건은 그토록 신경 쓰면서 동료와 형제의 비참한 삶은 두 눈을 감고 어떻게 그토록 평온하게 지낼 수 있는지 설명할 수 있는 유일한 방법이다.

## 모든 농민들이 공장에 들어가야 한다는 경제학의 주장

어떤 사람들이 다른 사람을 소유하는 것이 신의 뜻이라는 논리는 오랫동안 사람들을 만족시켰다. 하지만 잔혹 행위를 정당화하는 이 논리는 그에 대한 반발로 똑같은 잔혹 행위를 낳았다. 이 때문에 이 논리의 진실성에 의혹이 제기되었다.

그리하여 지금은 필연적인 법칙에 따라 경제적 진화가 이루어지고 있다는 이론이 등장했다. 이 이론에 따르면, 어떤 사람들은 자본을 모으고 어떤 사람들은 평생 노동을 하여 이런 자본을 증가시킨다. 하지만 한편으로 노동자들은 예정된 생산 수단의 공유화를 준비한다. 이 이론으로 인해 일부 사람들은 다른 사람들에게 더욱 잔인한 행동을 하게 되었지만, 과학에 눈이 멀지 않은 보통 사람들은 다시 의혹을 품게 되었다.

예컨대 36시간의 연속된 노동으로 자기 삶을 파괴하는 짐꾼들이나 공장의 여성들, 아니면 세탁부, 식자공, 아니면 견디기 어려운 비정상적인 조건에서 노예처럼 고되게 일해야 하는 사람들을 보면 우리는 당연히 이렇게 물을 것이다. 무엇 때문에 이들은 이런 상태가 되었는가? 어떻게 이들을 이런 상태에서 구원할 수 있을까? 과학은 이렇게 대답한다. 이 사람들은, 철도가 이 회사 소유이기 때문에, 견사 공장은 저 신사의 소유이기 때문에, 주물 공장이나 이런저런 공장, 인쇄소, 세탁소가 자본가의 소유이기 때문에 이런 나락에 떨어진 것이라고. 또 이런 상태는 사람들이 노조나 협동조합을 결성하거나 파업을 조직하거나 정부에 참여하게 되면 바뀔 수 있을 것이라고 말한다. 그러면 우선 노동자들의 노동 시간이 단축되고 임금이 올라

갈 것이고, 마지막에 가서는 모든 생산 수단이 그들의 손에 들어갈 것이라고 한다. 그러면 만사가 해결될 것이다! 그때까지 모든 것이 정해진 대로 진행될 것이며, 따라서 무엇 하나 바꿀 필요가 없는 것이다!

이런 대답은 배우지 못한 사람들, 특히 우리의 러시아 민중에게는 매우 놀랍게 여겨질 것이다. 우선 화물역의 짐꾼이나 공장 여성들, 아니면 유해한 작업 환경에서 중노동으로 고생하는 수백만 명의 노동자들에게 자본가들의 생산 수단 소유는 아무런 설명이 되지 못한다. 현재 철도에서 일하는 사람은 농업 생산 수단을 자본가들에게 빼앗긴 게 아니다. 그들에게는 땅과 말, 쟁기, 써레, 그리고 밭을 경작하는 데 필요한 모든 도구가 있다. 공장에서 일하는 여성들 역시 생산 수단을 빼앗겨 어쩔 수 없이 공장 일을 하게 된 게 아니다. 그 반대로 그들은 (대부분 가족 어른들의 바람과 달리) 그들의 일손을 필요로 하는, 생산 수단이 갖추어진 집을 스스로 떠나온 것이다.

러시아나 다른 국가에 있는 수백만 명의 노동자들은 똑같은 상황에 놓여 있다. 따라서 노동자들이 겪는 비참한 생활 조건의 원인은 자본가들의 생산 수단 강점에서 찾을 수 없다. 원인은 우선 그들을 시골에서 끌어낸 어떤 것에 있는 게 틀림없다. 두 번째로 노동자들의 해방은 심지어 과학이 노동자들에게 자유를 약속하고 있는 먼 미래가 된다고 하더라도, 노동 시간을 단축하거나 임금을 올리거나 생산 수단을 공유화함으로써 이루어질 수는 없을 것이다.

이 모든 것은 그들의 생활 조건을 개선시키지 못한다. 노동자들의 비참한 상황은, 철도에서든, 견사 공장에서든, 아니면 다른 어떤 공장이나 작업장에서든, 작업 시간이 기냐 짧으냐에 좌우되지 않는다 (농민들은 이따금 하루에 18시간씩 일하고, 36시간을 쉬지 않고 일해야 할 때도 자신들의 삶을 행복한 삶으로 여긴다). 그것은 낮은 임금에 따른 것도 아니며, 철도나 공장이 그들의 소유가 아니기 때문도 아니다. 그것은 유해하고 비정상적이며 때론 목숨을 잃을 수도 있는 위험한 환경에서 일하고, 도시의 하숙집에서 생활하며, 유혹과 부도덕이 넘쳐나는 삶을 살며, 다른 사람의 지시에 따르는 강제 노동을 해야 하기 때문이다.

최근에 실제로 노동 시간이 단축되고, 임금이 상승했다. 하지만 노동 시간의 단축과 임금 상승은 노동자들의 생활 조건을 개선시키지 못했다. 사치스런 습관 — 금줄이 달린 시계, 실크 손수건, 담배, 보드카, 쇠고기와 맥주 — 이 아니라 행복과 건강, 무엇보다 그들의 자유를 생각해보면 말이다.

내가 가본 견사 공장에서는, 20년 전에는 주로 남성들이 하루 14시간씩 일해 한 달에 평균 15루블을 벌고 그 대부분을 고향의 가족에게 송금했다. 하지만 이제는 거의 모든 일을 여성들이 하고 있다. 그들은 11시간씩 일하며, 그중 일부는 한 달에 25루블을 버는 여자들도 있다(평균 15루블 이상). 하지만 대부분의 여공들은 집에다 돈을 부치지 않고, 옷이나 술, 나쁜 행실에 죄다 써버린다. 노동 시간의 단축은 술집에서 보내는 시간을 늘려놓았을 뿐이다.

정도의 차이는 있지만, 똑같은 일들이 모든 공장이나 작업장에서 벌어지고 있다. 노동 시간 단축과 임금 인상에도 불구하고 어느 곳을 살펴봐도 직공의 건강은 시골 노동자보다 더 나쁘다. 평균 수명은 더 짧고, 도덕적으로 타락했다. 도덕성을 기를 수 있는 조건들, 즉 가족으로부터, 자유롭고 건강하며 다양성을 주고 창의성을 요구하는 농사일로부터 멀어졌을 때, 그런 일이 벌어지는 법이다.

일부 경제학자들이 단언하듯이, 이전 공장 노동자들의 조건과 비교해보면, 노동 시간 단축과 임금 인상, 공장의 위생 환경 개선으로, 노동자들의 건강과 도덕성도 개선되고 있는 것이 사실일지 모른다. 최근 일부 지역의 경우, 공장 일꾼의 생활 조건이 외형상으로는 농촌 인구보다 낫다고 말할 수 있을지도 모른다. 하지만 이것은 과학의 주장에 영향 받은 정부와 사회가 농촌 인구의 희생을 대가로 공장 노동자들의 생활 조건을 향상시키기 위해 갖은 애를 다 썼기 때문이다.

일부 지역에서 공장 노동자들의 생활 조건이, 단순히 외형상이라고 해도 농촌 인구보다 낫다면, 그것은 최상의 외적 조건 속에서도 온갖 제한으로 인해 삶이 비참한 것이 될 수 있다는 사실을 보여줄 뿐이다. 그토록 비정상적이고 나쁜 환경은 없기 때문에 사람들은 수 세대 동안 그런 환경에서 산다고 하더라도 제대로 적응하지 못할 것이다.

공장 일꾼, 나아가 일반적인 도시 노동자들이 감수하는 비참한 환경은 오랜 노동 시간과 적은 보수가 아니라, 자연과 접촉하는 정상적인 환경을 빼앗기고, 자유를 빼앗기고, 다른 사람의 지시에 따라 강제적이고 단조로운 작업을 할 수밖에 없는 상황을 말한다.

따라서 왜 공장 일꾼과 도시 노동자들이 비참한 환경에 있는가, 어떻게 하면 환경을 개선할 수 있는가 하는 질문에 대한 답으로, 그것이 자본가들이 생산 수단을 소유하고 있기 때문이며 노동 시간을 단축하고 임금을 인상하고 생산 수단을 공유화하면 노동자들의 조건이 개선되리라고 말하는 것은 소용없다.

이런 질문에 대답하기 위해서는 먼저 무엇 때문에 노동자들이 자연과 접촉하는 삶의 정상적인 조건을 빼앗겼는지, 왜 그들이 공장의 노역에 끌려들어갔는지 밝히고, 왜 노동자들이 자유로운 농촌 생활을 버리고 공장의 노예로 전락하게 되었는지 설명해야 할 것이다.

따라서 왜 도시 노동자들이 비참한 조건에 있는지 말하려면 우선 이런 질문에 답해야 한다. 어떤 이유로 그들은 조상 대대로 살아오던, 러시아에서는 여전히 대부분의 사람들이 살고 있는 시골을 떠나왔는가? 무엇이 그들을 그들의 의사를 거스르며 공장과 작업장으로 밀어넣었는가?

영국, 벨기에, 독일에서처럼 수 세대 동안 공장 일을 하며 살아온 노동자들이 있다고 하더라도, 그들이 그렇게 사는 것은 그들의 자유로운 의사에 의해서가 아니라, 그들의 아버지, 조부, 증조부가 어떤 식으로든 사랑하는 농촌 생활을 고된 도시 노동자 혹은 공장 노동자의 삶과 맞바꿀 수밖에 없었기 때문이다. 마르크스의 말에 따르면, 무엇보다 시골 사람들은 폭력에 의해 땅을 강탈당하여 정처 없는 유랑 생활을 하게 된다. 그러고 나서 가혹한 법률에 의해 집게로, 벌겋게 달군 인두로 괴롭힘을 당하고 호되게 맞아 노동자로 살아가는 환경을 받아들이고 만다. 따라서 노동자들을 비참한 조건에서 어떻게 해방시키는가라는 문제는 농민들을 바람직한 환경에서 나쁜 환경으로 빠져들게 만드는 원인을 어떻게 없앨 것인가 하는 문제로 자연스

어린 광부 | 루이스 하인Lewis hine, 1874~1940

럽게 귀결된다.

경제학은, 농민들을 시골에서 몰아내는 원인에 주의를 기울이지도 않고 어떻게 이런 원인을 제거할 것인가 하는 문제에 관심을 쏟지도 않으며, 오로지 기존의 공장과 작업장에서 노동자의 조건을 개선하는 데만 골몰하고 있다. 이런 공장과 작업장의 노동이 이미 공장 일을 하고 있는 노동자들을 위해 어떤 일이 있어도 유지되어야 하며, 아직 시골을 떠나지 않았거나 농촌 생활을 포기하지 않은 사람들에게도 제공되어야 하는 불변의 조건으로 가정하고 있기 때문이다.

게다가 경제학은, 모든 농민들이 필연적으로 도시의 공장 일꾼이 되어야 한다고 믿고 있다. 하지만 세상의 모든 현자와 시인들은 인간 행복의 이상을 언제나 농촌 생활의 조건 안에서 찾고 있다. 또 생활 습관이 왜곡되지 않은 노동자들의 경우 무엇보다 농업 노동을 선호하고 있으며, 공장 일이 언제나 유해하고 단조로운 반면 농업은 건강하고 다양성을 제공하는 일이다. 농업은 자유롭고 농민들은 자기 마음대로 일하거나 쉴 수 있는 반면 공장 일은 공장이 노동자들의 소유라고 하더라도 언제나 기계 작동에 따라 일할 수밖에 없다. 게다가 공장 일은 부차적인 반면 농사일은 일차적이다. 농업이 없으면, 공장은 존재할 수 없다. 사정이 이런데도 불구하고, 경제학은 시골 사람들이 시골에서 도시로 이주한다고 해도 그들에게 전혀 해가 되지 않으며, 오히려 그들은 이를 바라고 그렇게 하고 싶어 애쓴다고 주장한다.

## 박식한 경제학자들이 거짓을 주장하는 이유

경제학자들은 인류의 안녕이 근본적으로 인간의 감정과는 상반되는 공장의 단조로운 강제 노동에 있다고 주장하는데, 이 주장은 분명히 옳지 않다. 예전의 신학자들이 노예와 주인은 서로 다른 부류의 피조물이고, 현세에 존재하는 그들의 불평등한 지위는 내세에서 보상 받을 것이라고 명백히 잘못된 주장을 했던 것처럼 경제학자들은 명백히 잘못된 주장을 펼치고 있는 것이다.

이런 잘못된 주장이 나온 것은 학문의 법칙들을 만들어온 자들이 부유한 계급에 속하고, 그들에게 유리한 삶의 조건에 너무 익숙해져 있기 때문이다. 그들은 사회가 다른 조건하에서 존재할 수 있다는 생각을 인정할 수 없다. 부유한 계급에게 익숙한 삶의 조건은 그들에게 쾌락과 안락을 주는 다양한 상품의 대량 생산이다. 이런 상품들은 현재 체계화되어 있는 공장과 작업장의 생산 설비 덕분에 얻을 수 있다. 따라서 노동 조건의 개선에 관해 논의할 때 부유 계급에 속하는 학자들은 이런 개선이 공장 생산 체제와 상품 생산에 해를 입혀서는 안 된다는 견해를 보여준다.

가장 진보적인 경제학자들, 즉 노동자들이 생산 수단을 완전히 관리해야 한다고 주장하는 사회주의 경제학자들조차 동일하거나 거의 동일한 상품들이 현재 생산되는 방식대로 현재와 같은 공장에서 현재와 같은 분업 체제 아래 미래에도 여전히 생산되리라 예상하고 있다.

차이라면, 미래에는 그들뿐만 아니라 모든 사람들이 그들이 현재 누리고 있는 물질적 이익을 향유하리라는 것이다. 그들은 생산 수단의 공유화로 그들 역시 — 학자들 그리고 일반적으로 말해 부유 계급도 — 관리자나 설계자, 과학자, 예술가로 일을 하게 될 것이라고 어설프게 짐작하고 있다. 하지만 누가 마스크를 쓰고 백연白鉛을 만들 것인가, 화부火夫는 누가 할 것인가, 누가 광부가 되고, 누가 하수구 청소를 할 것인가 하는 문제에 관해서는 그들은 침묵하거나 아니면 미래에는 모든 일이 놀랍도록 개선되어 하수구 청소도 땅 속에서 하는 일도 즐거운 일이 될 것이라고 예언한다. 그들은 에드워드 벨라미(19세기 말 활동한 미국의 작가이자 사회 개혁가)의 유토피아적 저서나 아니면 다른 과학적 저술에서 미래의 경제적 조건을 이런 식으로 기술하고 있다.

그들의 이론에 따르면, 노동자들은 모두 노조나 협동조합에 가입하고, 연대나 파업이나 의회 진출로 유대를 강화하고, 마침내 모든 생산 수단을 소유하게 될 것이다. 토지도 마찬가지다. 그들은 잘 먹고 잘 입으며, 휴일에는 여가를 즐기게 될 것이다. 그들은 식물과 가축들이 있는 자유로운 시골의 삶보다는 높다란 벽돌 건물들이 있고 굴뚝에서는 매연이 뿜어져 나오는 도시 생활을, 생기 있고 건강하며 자유로운 농업 노동보다는 단조롭고 꽉 짜인 공장 일을 더 좋아하게 될 것이다.

이런 예측은 노동자들이 이 세상에서 고되게 일한 뒤 천국에서 보상을 받을 것이라는 신학자들의 예측만큼이나 믿을 수 없는 얘기지만, 우리 사회의 교양 있고 학식이 풍부한 사람들은 이 이상한 가르침을 믿고 있다. 과거에 현명하고 교육 받은 사람들이 노동자들을 위한 내세의 천국을 믿었던 것과 다를 바 없는 일이다. 박식한 사람

자본주의 체제를 풍자한 그림 | 맨 하층 계급인 노동자와 농민이 있고 중산층, 군인, 성직자, 황제로 이루어진 초기 자본주의 피라미드 구조

들과 그들의 제자들, 부유한 자들은 이를 믿어야 하기 때문에 믿는다. 그들 앞에 놓인 딜레마를 보자. 그들은 철도에서부터 성냥, 담배까지 그들이 삶에서 애용하는 모든 것들이 많은 형제 동포의 삶을 대가로 한 것임을 보고, 함께 일하지 않고 단지 그런 물건들을 사용하는 자신들이 몹시 부정직한 사람임을 깨닫거나, 아니면 그들은 모든 일들이 일반의 이익을 위해 경제학의 필연적인 법칙에 따라 일어난다고 믿어야 한다. 여기에 박식하거나 현명하거나 많은 교육을 받았지만 계몽되지 않은 사람들이 분명한 거짓을 적극적으로 그리고 끈질기게 믿어야 하는 내적·심리적 원인이 있다. 이에 따르자면, 노동자들은 그들 스스로의 행복을 찾아 자연과 함께하는 즐겁고 건강한 삶을 버리고 공장과 작업장에서 자신의 영혼과 육체를 파멸에 이르게 한다.

**사회주의 이상의 파탄**

하지만 시골에 살면서 자유롭게 일하는 것보다 도시에 살면서 공장에서 압박감 속에서 기계를 돌리는 게 더 낫다는 주장을 받아들인다고 해도, 학자들이 말하는 경제적 진보의 이상 자체에 해결할 수 없는 모순이 존재한다. 그들의 이상이란 모든 생산 수단의 주인이 된 노동자들이 현재 부자들이 독차지하고 있는 쾌락과 편의를 마음껏 누리는 것이다. 이에 따르자면, 그들은 좋은 옷을 입고, 좋은 집에서 살며, 맛있는 음식을 먹을 것이고, 가로등으로 밝힌 아스팔트 거리를 활보하고, 콘서트나 극장에 가고, 신문과 책을 읽고, 자동차를 타고 다닐 것이다. 하지만 사람들이 어떤 상품을 소비하기 위해서는 해당하는 상품의 생산이 이루어져야 한다. 그러므로 우선 각각의 노동자들이 얼마만큼의 시간 동안 일해야 하는지 결정되어야 한다. 이것은 어떻게 결정하는가?

통계 자료는 매우 불완전한 형태라 하더라도 자본과 수요에 속박당한 사회에서 사람들이 무엇을 원하는지를 보여주기도 한다. 하지만 생산 수단이 사회 자체에 속하고 사람들이 자유롭게 살아가는 사회에서 사람들의 요구를 충족시키기 위해 어떤 물품이 얼마만큼 필요한지 보여주는 통계 자료는 없다.

그런 사회의 요구는 한정될 수 없고 늘 충족 가능성의 한계를 초과하기 마련이다. 모든 사람들이 지금 부자들이 소유하고 있는 모든 것을 갖고 싶어 할 것이다. 따라서 그런 사회가 요구하는 상품들의 양이 어느 정도가 될지는 예측하기가 불가능하다.

게다가 어떻게 사람들을 설득하여, 어떤 사람은 필요하다고 여기고 또 어떤 사람은 불필요하다고 심지어 유해하다고 생각하는 여러 상품들을 생산할 텐가?

사회의 요구를 충족시키기 위해 모든 사람들이 예컨대 하루에 6시간 일해야 할 경우, 누가 자유로운 사회에서 어떤 사람에게 정해진 6시간의 노동을 강요할 수 있을까? 더군다나 그가 일해야 하는 시간 중 일부가 그가 필요 없다고 심지어 유해하다고 여기는 상품의 생산에 투입되는 경우라면?

현재의 조건에서 기계 덕분에, 특히 극도의 정밀함과 숙련된 기술로 이루어지는 분업 덕분에 대단히 다양한 상품이 대규모로 생산되고 있다는 것은 부정할 수 없는 사실이다. 이런 상품들은 제조업자들에게는 이윤을, 우리에게는 쾌락과 편의를 가져다준다. 크루프 사가 현재의 분업 덕분에 매우 신속하고 정교하게 멋진 대포들을 생산하는 것은 틀림없는 사실이다. 갑이라는 회사는 매우 신속하고 정교하게 견직물을 생산한다. 을은 방향제를, 얼굴 피부를 보호하는 분粉을, 아니면 광택이 나는 카드들을 생산한다. 병은 최상의 향을 뿜내는 위스키를 생산한다. 이런 상품을 원하는 소비자들이나, 대포, 방향제, 위스키 등을 생산하는 제조업자들 모두에게 이 모든 상황은 틀림없이 매우 유익하다. 하지만 대포, 방향제, 위스키는 중국의 시장을 지배하고 싶거나, 술에 취하고 싶거나, 미용에 관심이 있는 사람들이 원하는 것이다. 분명히 이런 상품의 생산을 유해하다고 생각하는 사람들 역시 있을 것이다. 이런 상품 외에 전시회나 학회, 맥주, 고기가 불필요하며 심지어 유해하다고 생각하는 사람들 또한 생길 것이다. 이런 사람들을 그 같은 상품의 생산에 참여하도록 할 수 있는 방법이 정말 있을까?

특정한 상품 생산에 모두가 동의하게 만들 수 있는 수단이 있다고 하더라도(사실 강압 외에는 그런 수단이 있을 수 없지만), 자유로운 사회에서 자본주의적 생산이나 경쟁, 수요·공급의 법칙 없이 어떤 상품을 다른 상품보다 먼저 생산해야 하는지 결정할 수 있는가? 먼저 시베리아 철도를 부설하고 뤼순 항의 방어 시설을 강화한 다음 농촌 지역에서 도로를 깔아야 하는가 아니면 그 역순으로 해야 하는가? 어떤 일을 먼저 해야 하는가? 전등인가 아니면 관개 시설인가? 자유로운 노동자들끼리 해결할 수 없는 또 다른 문제도 있다. 어떤 사람이 어떤 일을 해야 하는가? 분명 누구나 화부 일이나 오물 청소보다 건초 작업이나 그림 그리는 일을 더 좋아할 것이다. 일을 배정하면서 어떻게 모든 사람들의 동의를 얻을 것인가?

통계 자료는 이런 질문에 대답하지 못한다. 해결책은 오로지 이론적인 것일 뿐이다. 예컨대 어떤 사람들에게 이 모든 문제를 다룰 권한이 주어지리라는 대답이 있을 수 있다. 어떤 사람이 이런 문제를 결정짓고, 다른 사람들은 그들의 지시를 따른다는 것이다.

생산을 배분하고 지시하는 문제와 작업을 선정하는 문제 외에도 생산 수단이 공유화되었을 때 사회주의 사회에 노동의 분업을 어떤 수준까지 진전시킬 수 있는가 하는 또 다른 중요한 문제가 있다. 현재의 분업은 노동자들의 필요에 의해 제한된다. 노동자는 다른 식으로는 살아갈 방도가 없기 때문에 일생을 땅 속에서 보내거나 한 상품의 사소한 부품 하나를 만들며 평생을 보내거나 하루 종일 기계들의 굉음 한가운데서 손을 아래위로 움직이는 동작만 반복하는 데 동의하는 것이다. 하지만 생산 수단을 소유하고 빈곤으로 괴로워하지 않는 노동자들을 현재 사람들이 일하는 것처럼 정신을 마비시키고 영혼을 파괴시키는 그런 노동 조건으로 끌어들이는 것은 강요에 의하지 않고는 불가능하다. 분업은 분명 사람들에게 매우 유익하고 자연스러운 생산 방식이다. 우리 사회에서는 분업이 이미 도를 크게 넘어선 상태지만, 사람들이 자유롭다면 분업은 매우 제한된 수준으로나 가능할 것이다.

어떤 농부가 제화공이고 그의 아내는 베를 짜고 다른 농부는 밭을 갈고 또 다른 사람은 대장장이 일을 한다고 하자. 각각의 일에서 특별한 기술을 연마한 그들 모두가 나중에 생산한 재화를 교환한다면, 그런 분업은 모두에게 유리하고 자유로운 사람들은 당연히 이런 식으로 작업을 분담할 것이다. 하지만 노동자가 한 상품의 100분의 1에 해당하는 부품을 되풀이해 만들고 화부가 섭씨 60도의 온도에서 유해 가스를 마시며 일하는 분업은 좋다고 할 수 없다. 이런 식으로 특정한 상품을 생산할 수 있다고 하더라도, 가장 귀중한 것 — 인간의 생명 — 이 파괴되기 때문이다. 따라서 현재의 이런 분업은 강압이 있는 곳에서만 계속될 수 있다. 도드베르투스(독일의 과학적 사회주의자)는 사회적 분업이 인류를 단결시킨다고 말했다. 그것은 사실이다. 하지만 자유로운 분업, 사람들이 자유롭게 참여하는 분업만이 인류를 단결시킨다.

사람들이 도로를 건설하기로 하여 한 사람이 땅을 파고 다른 사람이 돌을 가져오고 또 다른 사람이 돌을 적당한 크기로 깨면, 이런 종류의 분업은 사람들을 단결시킨다.

하지만 노동자들의 바람과는 상관없이, 혹은 이따금 이에 거슬러서 전략적 철도나 에펠탑을 건설하거나 아니면 파리 박람회 개최를 준비해야 한다면, 한 노동자는 철을 제련하고 다른 노동자는 석탄을 캐며 또 다른 노동자는 주물을 제작하고, 또 다른 노동자는 나무를 베고, 또 다른 노동자는 톱질을 해 목재를 만들어야 한다면, 무엇을 위해 작업하고 있는지 모른 채 그들이 이 모든 일들을 한다면, 이런 분업은 사람들을 단결시키는 게 아니라 오히려 분열시킬 것이다.

따라서 생산 수단이 공유화되어 사람들이 자유로워진다면, 그들은 분업의 유익한 결과가 그로 인한 해악보다 큰 경우에 한해 분업을 받아들일 것이다. 그리고 당연히 누구나 자신의 활동이 확장되고 다양화되는 것을 바라기 때문에, 현재 상태의 분업은 자유로운 사회에서는 이루어질 수 없을 것이 분명하다.

생산 수단이 공유화된 뒤에도 강제적인 분업에 의해 현재 생산되는 것처럼 다양한 상품이 생산된다고 가정하는 것은 농노 해방 후에도 농노의 노동에 의존하는 개인 악단, 개인 극장, 농노들이 만든 양탄자와 레이스가 사라지지 않을 것이라고 상상하는 것과 똑같다. 따라서 사회주의 이상이 실현되면 모든 사람이 자유로워지는 동시에 현재 부유한 계급들이 누리는 모든 것을 원하는 대로 갖게 되리라는 가정에는 분명한 자기 모순이 내재되어 있다.

## 문화냐 자유냐

농노제가 존재했을 때 일어난 일들이 오늘날에도 그대로 재현되고 있다. 농노 소유주와 유한 계급의 대부분은, 설령 그들이 농노의 지위가 만족스럽지 못한 것임을 인정한다고 하더라도 그들의 이익에 본질적인 변화를 야기할 조치들을 제시하지는 않았다. 이제 노동자들의 지위가 총체적으로 만족스럽지 못한 것임을 인정하는 부유 계급 역시 그들의 이익에 영향을 주지 않는 조치들만을 제안하고 있다. 선량한 농노 소유주들이 "아버지의 권위"에 대해 얘기하고 또 고골리는 농노 소유주들을 향해 농노들에게 자비를 베풀고 그들을 잘 돌보라고 말했지만, 그들은 농노 해방을 유해하고 위험한 생각이라며 수용하지 않았다. 이와 똑같이 부유 계급의 대부분은 고용주들에게 공장 노동자들의 복지를 살피라고 충고하지만, 노동자들을 해방시킬 경제 구조의 변화에 대한 생각은 허용하지 않고 있다.

당시 진보적인 자유주의자들이 농노제를 바꿀 수 없는 제도로 파악하면서도 정부에게 농노 소유주의 권한 제한을 요구하고 농노들의 소요에 동정적이었던 것처럼, 오늘날의 자유주의자들은 기존의 질서를 변화하지 않는 제도로 간주하면서도 정부에게 자본가와 제조업자들의 권한 제한을 요구하고 있으며, 노조 활동이나 파업 등, 일반적으로 말해 노동자들의 운동에 동정적이다. 당시 가장 진보적인 사람들이 농노의 해방을 요구했지만 농노들을 개인 지주의 손아귀에 남겨두거나 아니면 그들을 지대地代로 옭아매는 계획을 세운 것처럼, 현재 가장 진보적이라고 하는 사람들 역시 자본가의 권력으로부터 노동자들을 해방시키고 생산 수단을 공유화해야 한다고 주장하지만, 노동자들을 현재의 생산 분담과 분업 체제 아래 묶어두려 하고 있다. 그들은 이런 체제가 변하지 않고 그대로 남아 있어야 한다고 생각하는 것이다.

깨어 있고 진보적이라고 자처하는 부유 계급의 모든 자들이 (상세하고 면밀히 살펴보지는 않고) 받아들이고 있는 경제학의 가르침은 피상적인 시각에서는 자유주의적인 것으로, 나아가 급진적인 것으로 보인다. 여기서는 사회의 부유 계급에 대한 공격까지 찾아볼 수 있다. 하지만 본질적으로 이런 경제학의 가르침은 대단히 보수적이고 조야하며 몰인정하다. 학자와 부유 계급은 어떤 대가를 치르더라도 그들이 향유하는 상품의 대량 생산을 가능케 하는 현재의 생산·유통 체계와 분업을 유지하기를 바란다. 기존의 경제 질서는 학자와 그 뒤를 따르는 모든 부유 계급들에 의해 문화라고 불린다. 그들은 이런 문화에서, 또 철도와 전보, 전화, 사진, X선, 병원, 전시회, 그리고 특히 온갖 편의 시설에서 신성 불가침한 무엇인가를 보고 있고, 그렇기 때문에 그 모든 것을 파괴할 수 있거나 아니면 그 일부라도 위태롭게 만드는 변화는 생각조차 허용하지 않으려 한다. 경제학의 가르침에 따르면, 모든 것은 변할 수 있다. 단 문화라고 불리는 것만은 예외다. 문화가 노동자들이 일을 할 때만 존재할 수 있다는 사실은 명백해졌다. 그러나 학자들은 문화가 가장 큰 은총임을 너무도 확신하는 탓에, 대담하게 순수주의자들이 한 말 "정의를 행하라. 세계가 사라질지라도."를 뒤집어 "문화를 보존하라. 정의가 사라질지라도."라고 말할 지경이다. 그들은 말에 그치지 않고 행동에 나서기까지 한다. 실제나 이론에서나 모든 것이 변할 수 있다. 문화는 빼고, 공장과 작업장에서 계속되는 일들은 빼고, 특히 상점에 팔고 있는 상품들은 빼고.

하지만 나는 형제애와 이웃에 대한 사랑이라는 그리스도의 법을 믿는 사람들은 그와 반대로 얘기해야 한다고 생각한다.

전등과 전화, 전시회는 매우 멋지고, 콘서트와 공연이 열리는 공원, 담배와 성냥, 치열 교정기와 자동차도 마찬가지다. 하지만 이런 것들은 모두 지옥에로 휩쓸려 들어갈 것이다. 철도나 세계의 수많은 공장에서 만들어진 옷들도 똑같다. 만약 이런 상품들을 생산하기 위해 99퍼센트의 사람들이 노예 상태로 남아 공장에서 수천 명씩 죽어가야 한다면 말이다. 런던이나 페테르부르크를 전등으로 밝히기 위해 아니면 전시관을 만들기 위해 아니면 아름다운 그림을 걸어놓거나 아름다운 옷을 신속하게 대량 생산하기 위해 몇 명이라도 죽거나 건강을 해치거나 수명이 단축된다면 — 통계 자료는 우리에게 실제로 얼마나 많은 사람들이 죽어가고 있는가 보여준다 — 런던이나 페테르부르크를 가스나 기름으로 밝히는 게 나을 것이다. 전시회나 그림이나 어떤 물건도 없는 게 나을 것이다. 노예제와 그로 인한 인간 생명의 파괴는 사라져야 한다. 진정으로 계몽된 사람들을 위한 모토는 "문화를 보존하라. 정의가 사라질지라도."가 아니라 "정의를 행하라. 세계가 사라질지라도."가 되어야 한다.

하지만 문화, 유용한 문화는 파괴되지 않을 것이다. 우리가 땅을 막대기로 갈거나 횃불로 어둠을 밝히는 시대로 되돌아갈 필요는 없다. 인류가, 비록 노예 상태에 있다고 하더라도 기술적 문제에서 오늘날과 같은 위대한 진보를 이룬 것은 결코 무의미한 것이 아니다. 우리가 우리의 편의와 안락을 위해 형제와 동포의 삶을 희생시켜서는 안 된다는 사실을 이해한다면, 사람의 생명을 해치지 않고 기술적 진보를 활용하는 일이, 형제와 동포들을 더 이상 노예 상태에 붙잡아두는 일 없이 자연을 관리하는 온갖 방법을 통해 삶을 풍요로운 혜택으로 가득 채우는 일이 가능할 것이다.

**우리들 가운데 존재하는 노예제**
멀리 떨어진 시골에서 우리의 역사나 법률에 대해 전혀 모르는 어떤 사람이 우리가 사는 도시에 왔다고 상상해보자. 그에게 우리가 사는 모습을 다양하게 보여주고 나서 여기서 사는 사람들한테 무슨 커다

19세기 미국노예 | 오늘날의 노예는 살기 위해 공장이나 작업장 소유주에게 스스로를 팔 수밖에 없는 노동자들에 국한되지 않는다. 거의 모든 농업 노동자들 역시 노예다. 그들은 다른 사람의 밭에서 다른 사람의 옥수수를 기르고, 다른 사람의 헛간에 곡식을 쌓는다. 자기 밭에서 경작을 하더라도 그것은 은행가들에게 완전히 변제할 수 없는 빚의 이자를 갚기 위한 것이다.

란 차이점을 발견했느냐고 물었다고 하자. 그 사람은 이렇게 대답할 것이다. 어떤 사람 — 소수 — 은 손이 희고 깨끗하며, 영양 상태가 좋고, 좋은 옷을 입고, 좋은 곳에서 산다. 일은 거의 하지 않거나 전혀 하지 않으며, 놀기만 한다. 그들은 다른 사람들이 끊임없는 중노동으로 얻은 결실을 놀면서 다 써버린다. 다른 사람들은 더럽고, 입고 있는 옷이 형편없으며, 사는 곳과 먹는 것도 형편없기는 마찬가지다. 그들은 딱딱하고 더러운 손으로 아침부터 밤까지 끊임없이 일하며, 밤을 샐 때도 있다. 그들은 일하지 않고 오로지 놀기만 하는 사람들을 위해 그렇게 열심히 일하는 것이다.

이전의 노예·주인 사이와 달리 오늘날 노예와 노예 소유주 사이에서는 둘을 구분하는 명확한 선을 긋기 어렵다고 하더라도, 또 오늘날의 노예들 가운데는 잠시 노예였다가 곧 노예 소유주가 되는 사람이 있고, 노예인 동시에 노예 주인인 사람이 있다고 하더라도, 두 계급의 경계가 모호하다고 하더라도 오늘날의 사람들이 노예와 노예 주인으로 구분된다는 사실을 뒤집지는 못한다. 그것은 황혼이나 여명이 있다고 하더라도 24시간이 밤과 낮으로 나뉘는 것만큼이나 분명한 사실이다.

오늘날의 노예 주인에게 오물을 치우게 할 존이라는 노예가 없다 하더라도 그에게는 수백 명의 존이 필요로 하는 5실링이 있다. 따라서 오늘날의 노예 주인은 수백 명의 존 가운데 누구든 한 명을 선택하여 그에게 특별히 오물 속으로 기어들어갈 수 있는 은전을 베풀 수 있는 것이다.

오늘날의 노예는 살기 위해 공장이나 작업장 소유주에게 스스로를 팔 수밖에 없는 노동자들에 국한되지 않는다. 거의 모든 농업 노동자들 역시 노예다. 그들은 다른 사람의 밭에서 다른 사람의 옥수수를 기르고, 다른 사람의 헛간에 곡식을 쌓는다. 자기 밭에서 경작을 하더라도 그것은 은행가들에게 완전히 변제할 수 없는 빚의 이자를 갚기 위한 것이다. 헤아릴 수 없이 많은 하인, 요리사, 가정부, 짐꾼, 마부, 욕실 관리인, 시종 등도 모두 노예다. 그들은 인간에게는 너무도 비정상적이고 그들 역시 싫어하는 의무를 평생 동안 수행해야 한다.

노예제는 우리들 가운데서 분명하게 살아 있다. 단지 우리들이 느끼지 못하는 것뿐이다. 18세기 말 유럽에서 농노제를 노예제로 깨닫지 못했던 것과 다를 바 없다.

당시의 사람들은 영주를 위해 땅을 경작하고 영주의 명령에 복종하는 농노의 지위를 당연하고 필연적인 삶의 경제적 조건으로 간주했고, 그것을 노예제라 부르지 않았다.

지금도 마찬가지다. 오늘날의 사람들은 노동자의 지위를 당연하고 필연적인 경제적 조건으로 여기고, 이것을 노예제라고 부르지 않는다.

18세기 말부터 유럽 사람들은 당연하고 필연적이라 여기던 삶의 경제적 형태를, 즉 영주에 의해 좌지우지되는 농민의 위치를 점차 옳지 않고 부당하며 부도덕한 것으로 인식하며 변화를 요구하기 시작했다. 이와 비슷하게 오늘날에는 사람들이 이전에는 올바르며 정당하다고 생각되었던 노동자들의 지위를, 일반적으로 말해 노동 계급의 지위를 부당하다고 여기며 변화를 요구하고 있다.

우리 시대의 노예제에 관한 문제는 18세기 말 유럽에서 농노제가, 그리고 19세기 중반 러시아의 농노제와 미국의 노예제가 사회적 문제로 부각되었던 것과 비슷한 단계를 밟아가고 있다.

우리 시대에 볼 수 있는 노동자들의 노예 상태는 단지 사회의 진보적인 인사들에 의해 인식되기 시작했을 뿐이다. 우리들 가운데 대다수는 아직 노예제의 존재를 인정하지 않고 있다.

이 문제에서 사람들에게 스스로의 지위에 대한 오해를 불러일으키는 한 가지는, 러시아나 미국에서 최근에 노예제가 폐지되었다는 사실이다. 하지만 실제로 러시아 농노제와 미국 노예 제도의 폐지는 쓸모없게 된 낡은 노예제 형태가 폐지되고, 그 대신 보다 굳건한 노예제 형태가 등장하여 더 많은 사람들을 속박하게 된 사건에 불과하다. 러시아 농노제와 미국 노예 제도의 폐지는 크리미아의 타타르인들이 붙잡힌 포로들에게 조치한 일과 똑같다고 할 수 있다. 그들은 포로들의 발바닥 살을 잘라내 잘게 자른 억센 털을 상처에 뿌린 뒤 사슬과 족쇄로부터 풀어주었다. 러시아 농노제와 미국 노예 제도의 폐지는 낡은 형태의 노예제를 사라지게 한 조치임에도 불구하고 노예제의 본질적인 부분을 없애버리지 못했고, 오히려 이를 통해 새로운 형태의 노예제가 완성되었다. 타타르의 포로들이 쇠사슬이나 족쇄에서 풀려났지만 억센 털이 발바닥에 통증을 일으키기 때문에 도망치지 못하고 일만 할 수밖에 없었던 것과 다를 바 없다. 미국 북부인들은 대담하게도 노예제 폐지를 요구했다. 그들이 보기에는 화폐적 노예제가 이미 세력을 얻어 사람들을 구속하고 있었기 때문이다. 남부인들은 새로운 노예제의 명백한 신호를 깨닫지 못했고, 따라서 낡은 형태의 노예제를 폐지하는 데 동의하지 않았던 것이다.

러시아에서는 농노제가 폐지되자 농민들에게 토지가 주어졌다. 하지만 농민들은 토지 소유를 대가로 많은 배상금을 지불해야 했기 때문에, 이런 부담이 토지 노예제를 대신했다. 유럽에서는 사람들이 땅을 잃고, 농업을 버리고, 자본가들에게 의지하게 된 후에야 그들을 속박하던 세금이 폐지되기 시작했다. 그 무렵 영국에서는 옥수수에 부과되던 조세가 철폐되었다. 그리고 독일과 다른 여러 나라에서도 이제 노동자들에게 부과되던 세금이 폐지되고 부자들에게 세금이 부과되기 시작했다. 그건 대부분의 사람들이 이미 자본가들의 수중에 들어가 있기 때문이었다. 어떤 형태의 노예제는 다른 형태의 노예제가 그것을 대신하기 전까지 폐지되지 않는 법이다. 노예제는 몇 가지 형태가 있고, 어떤 하나의 형태 아니면 다른 하나의 형태(어떤 때는 여러 형태)가 사람들을 노예 상태에 붙잡아둔다. 이런 식으로 소수의 사람들이 다수의 노동과 생명에 대한 전권을 휘두르게 된다. 사람들이 비참한 조건에서 살아가는 가장 큰 이유는 이런 노예화 때문이다. 따라서 노동자들의 지위를 향상시키기 위해서는, 우선 노예제가, 다수를 소수의 지배 아래 묶어두는 노예제가 현재도 존재한다는 사실을 인정해야 한다. 은유적이거나 형이상학적 의미에서가 아니라 실제적이고 명백한 의미에서 말이다. 두 번째, 이런 사실을 인정한 뒤 일부의 사람이 다수의 사람을 노예화하는 원인을 찾아야 한다. 세 번째, 이런 원인을 찾았다면 그것을 없애야 한다.

## 노예제란 무엇인가?

오늘날의 노예제는 어떤 식으로 이루어져 있는가? 어떤 사람이 다른 사람의 노예가 되는 원인은 무엇인가? 러시아와 유럽, 미국의 모든 노동자들 — 그들이 도시에 있든, 촌락에 있든, 공장에서 일하든 아니면 다른 어떤 환경에서 고용되어 일하든 — 에게 어떤 이유로 지금처럼 살아가게 되었는지 물어본다면 그들은 한결같이 어쩌다보니 그런 삶에 끌려 들어왔다고 대답할 것이다. 부쳐 먹을 땅이 없다든가(러시아의 모든 노동자와 유럽인의 상당수는 그렇게 대답할 것이다), 직접세든 간접세든 그들에게 부과된 세금을 내기 위해서는 노동을 팔 수밖에 없다든가, 아니면 사치스런 생활 습관에 빠져들어 노동과 자유를 팔지 않는 한 만족스런 삶을 살 수 없기 때문이라고 할 것이다.

최초의 두 가지 이유, 즉 땅이 없다는 것과 세금을 내야 한다는 것은 사람들을 강제 노동의 처지로 몰아넣는다. 반면 세 번째는 커져버린 욕구와 충동에 사람들이 이끌려 거기서 벗어나지 못하는 것이다.

헨리 조지(1839~97년. 미국의 사회 개혁가이자 저술가. 개인 토지 소유를 폐지하기 위한 수단으로 토지의 국유화와 농업적 가치에 따른 토지 과세를 주장했다)의 계획에 따라 토지를 개인 소유자로부터 해방시킨다면, 우리는 사람들을 노예 상태로 내모는 첫 번째 원인을 제거할 수 있을 것이다. 또한 단일세 방안(다른 모든 세금을 폐지하고 토지 보유세 하나만 남겨두자는 헨리 조지의 제안) 외에 조세의 폐지나, 현재 일부 국가에서 시행되고 있듯이 조세를 가난한 자 대신 부자들에게 부과하는 방법도 생각해볼 수 있다. 하지만 현재의 경제 체제 아래서 부자들이 사치스럽고 해로운 생활 습관을 버리는 상황은 상상하기도 힘들다. 이런 습관들은 부자들과 접촉하는 하층 계급들에게도 점차로 퍼져나가기 마련이다. 물이 메마른 땅에 스며드는 것과 같은 이치다. 이런 생활 습관은 노동자들에게도 버릴 수 없는 것이 되어, 결국 그들은 자유를 팔아서라도 욕구를 충족시키려들 것이다.

따라서 위의 세 번째 이유는, 비록 유혹에 저항하는 것이 개인의 자발적인 의사처럼 보이며 경제학은 이것을 노동자들의 비참한 상황에 대한 원인으로 인정하고 있지 않음에도 불구하고, 가장 확고하고 제거하기 힘든 노예화의 원인이라고 할 수 있을 것이다.

부자들 곁에 사는 노동자들은 언제나 새로운 욕구와 필요에 함께 물들고, 이런 욕구와 필요를 만족시킬 수 있는 돈을 얻기 위해 열심히 일한다. 따라서 영국과 미국의 노동자들은 생계에 필요한 것보다 어떤 때는 10배나 더 일하고 전과 똑같은 노예 생활을 계속한다.

노동자들이 스스로 얘기하듯이, 이런 원인들은 그들의 삶을 지배하는 노예 생활을 야기한다. 그리고 노예화의 역사와 그들의 주변 상황을 살펴보면, 이 얘기가 옳다는 것을 확인할 수 있다.

모든 노동자들은 이런 세 가지 원인 때문에 현재의 노예 상태로 끌려들어와 여기에 붙잡혀 있다. 각기 다른 측면에서 사람들에게 영향을 미치는 이런 원인들로 인해 누구도 노예 상태에서 빠져나올 수 없다. 땅이 없거나 충분하지 않은 농민은 농사를 짓고 살아야 하기 때문에 지주의 영구적인 또는 한시적인 노예가 될 수밖에 없다. 그가 이런저런 방법으로 스스로 일하여 살아갈 만큼 충분한 땅을 얻는 다고 하더라도, 직접세든 간접세든 세금이 부과되어 그는 다시 노예 상태로 떨어진다.

토지를 기초로 한 노예 상태에서 빠져나오자면, 그는 땅을 경작하는 일을 그만두고 다른 농민이 생산한 곡식으로 살아가면서 다른 일을 해야 한다. 그러면 그는 나중에 그가 생산한 물품을 그가 필요로 하는 물품과 맞바꾸어야 할 것이다. 그러나 한편으로는 세금을 납부해야 하고 다른 한편으로는 그가 만드는 물품과 비슷한 물품을 훨씬 더 뛰어난 설비로 생산하는 자본가들과 경쟁해야 하기 때문에 그는 자본가들의 한시적인 또는 영구적인 노예로 전락할 수밖에 없다. 만약 자본가 아래서 일하면서 자본가와 자유로운 관계를 형성하고 자유를 팔지 않아도 된다고 하더라도, 그가 새로운 필요와 욕구를 좇게 되기 때문에 그런 가능성은 사라진다. 따라서 노동자들은 언제나 이런저런 식으로 세금, 토지, 그리고 그들의 필요와 욕구를 충족시켜줄 상품을 지배하는 사람들 밑에서 노예가 될 수밖에 없다.

**세금, 토지, 재산에 관한 법률**

독일 사회주의자들은 노동자들을 자본가에 종속시키는 조건들을 임금 철칙이라고 명명했다. 이 법칙이 변치 않는다는 의미로 "철"이라는 단어가 쓰였다. 하지만 변치 않는 것은 아무것도 없다. 이런 조건은 세금, 토지, 무엇보다 재산에 관한 법률의 결과일 뿐이다. 법률은 인간에 의해 만들어지기도 하고 없어지기도 한다. 따라서 그것은 어떤 사회적 "철"칙이 아니라 노예제를 낳은, 인간이 만든 평범한 법칙에 불과하다. 오늘날의 노예제는 어떤 근원적인 "철"칙이 아니라 토지, 세금, 재산에 관한 인간의 법률에 의해 생겨났다는 게 분명하다. 일정 면적의 토지를 사사로운 개인이 소유할 수 있고, 다른 사람에게 상속하거나 넘겨줄 수 있거나 혹은 팔 수 있다고 규정하는 법률이 있으며, 모든 사람이 의문을 품지 말고 세금을 납부해야 한다는 법률이 있고, 어떻게든 손에 넣기만 하면 모든 물건은 그것을 가지고 있는 사람의 소유가 된다는 법률이 있다. 결과적으로 이런 법률들 덕분에 노예제가 존재하는 것이다.

우리는 이런 모든 법률에 너무 익숙해져 있다. 그래서 이런 법률이 인간의 삶에 당연하고 필수적인 것이라고 생각한다. 예전에 농노제와 노예 제도를 유지하는 법률도 그랬다. 이런 법률의 필요성과 정당성에 대해 아무도 의심을 품지 않았다. 아무도 여기서 잘못된 점을 발견하지 못했다. 하지만 시간이 가면서 농노제의 파멸적인 영향을 본 사람들은 농노제를 유지하는 법령의 필요성과 정당성에 의문을 품게 되었다. 이와 마찬가지로 현 경제 질서의 유해한 영향이 분명해지자, 오늘날 사람들은 이런 결과를 낳는 토지, 세금, 재산에 관한 법률의 정당성과 필연성에 대해 의혹을 갖기 시작했다.

사람들은 전에는 이렇게 물었다. 어떤 사람이 다른 사람을 소유한다는 게 옳은 일인가? 어떤 사람이 자신은 아무것도 갖지 못한 채 자신의 모든 노동 생산물을 주인에게 갖다 바치는 게 옳은 일인가? 그렇다면 이제 우리는 우리 자신에게 이렇게 물어야 한다. 다른 사람의 재산이라고 해서 토지를 사용하지 못하게 하는 것이 옳은 일인가? 자신의 노동의 일부를 세금의 형태로 다른 사람에게 넘겨주는 게 옳은 일인가? 다른 사람의 재산으로 간주되는 물건을 사용하지 못하게 하는 것이 옳은 일인가?

어떤 땅이 그 땅을 경작하지도 않는 어떤 사람의 소유라고 할 때 그 땅을 이용하지 못한다는 것이 옳은 일인가?

이런 법이 제정된 것은 토지 재산이 농업 번영의 본질적인 조건이기 때문이라고 한다. 또 만약 물려줄 수 있는 개인 재산이 없다면, 사람들은 누가 차지하고 있는 땅이라도 서로 빼앗으려 들지만 정작 정착해 있는 땅을 돌보려는 사람은 아무도 없을 것이라고 한다. 이것은 사실인가? 답은 역사에서 그리고 오늘날의 상황에서 찾아볼 수 있다. 역사는 토지 소유권이 경작민의 토지 보유를 좀 더 안전하게 하려는 바람에서가 아니라 정복자의 토지 강탈과 토지의 공신功臣 분배에서 비롯되었다는 것을 보여준다. 따라서 토지 재산권은 농민들을 분발시킬 목적으로 확립된 게 아니다. 오늘날의 사정은 토지 재산 덕분에 농민들이 땅을 빼앗길지 모른다는 불안과 공포에서 벗어났다는 주장이 사실이 아님을 보여준다. 실상은 그와는 정반대다. 대지주에게 큰 이득을 가져오는 토지 재산권 때문에 현재 대다수의 농민이 다른 사람의 땅을 경작하는 소작농의 상황에 처해 있다. 기존의 토지 재산권은 농민들이 그들이 경작한 땅에서 노동의 결실을 거두는 것을 보호해주지 못했다. 오히려 농민들에게서 땅을 빼앗아 땅에 손끝 하나 대지 않는 자들에게 넘겨주었다. 따라서 토지 재산은 농업 번영의 수단이 아니며 그 반대로 농업을 파괴하는 수단인 것이다.

조세에 관해서는, 모든 사람들이 세금을 납부해야 한다는 얘기를 듣는다. 왜냐하면 조세가 암묵적이기는 하더라도 만인의 일반적인 동의에 의해 마련되었기 때문이며, 또 세금이 대중의 필요에 부응하기 위해, 만인의 이익을 위해 쓰이고 있기 때문이라고 한다. 이것은 사실인가?

이 질문에 대한 대답 역시 역사와 오늘날의 상황에서 찾아볼 수 있다. 역사는 조세 제도가 사람들의 일반적인 동의에 의해 설립되었다고 말하지 않는다. 실상은 정복이나 또 다른 수단으로 다른 사람들을 지배하게 된 일부의 사람들이 대중의 필요가 아니라 자신들의 이익을 위해 공물을 부과한 결과로 생겨났다는 것을 보여준다. 이 같은 일이 세금의 형태로 현재까지 계속되고 있는 것일 뿐이다. 세금은 세금을 가져갈 수 있는 권력이 있는 사람들이 가져간다. 오늘날 세금이나 관세로 불리는 이 공물의 일부가 공공의 목적을 위해 사용되고 있다고 하더라도, 그 공공의 목적은 대부분의 사람들에게 이롭다기보다는 해로운 경우가 많다.

예컨대 러시아에서는 농민의 전체 수입의 3분의 1을 세금으로 거두어간다. 하지만 국가 수입의 50분의 1만 가장 절실히 요구되는 국민의 교육에 쓰인다. 물론 그 같은 돈이 투자되는 교육이 국민을 정신적으로 마비시켜 이롭다기보다는 오히려 해로운 것이기는 하지만 말이다. 나머지 50분의 49는 불필요하며 국민에게 오히려 피해가 되는 일들에 쓰인다. 군비를 확충하고, 전략적 철도나 요새, 감옥을 짓고, 성직 계급을 부양하고, 법원의 재정을 지원하고, 국민들한테 이 돈을 빼내온 사람들에게 봉급을 주는 일들이 여기에 포함된다.

똑같은 일들이 페르시아(이란)나 터키, 인도에서뿐만 아니라 기독교 국가, 입헌 국가, 민주적 공화국에서도 일어나고 있다. 세금은 납부에 동의하든 동의하지 않든 상관없이 대다수의 사람들에게서 징수한다. 거두어들이는 세금의 총액은 얼마만한 금액이 필요한가가 아니라 얼마나 거두어들일 수 있느냐에 따라 결정된다(우리는 의회가 어떻게 구성되고, 의회가 국민의 의사를 거의 존중하지 않는다는 것을 알고 있다). 돈은 대중의 이익을 위해서가 아니라 지배 계급이 필요하다고 생각되는 곳에 — 쿠바나 필리핀에서의 전쟁이나 트란스발 공화국의 부를 빼앗고 지키는 노력 등에 — 사용된다. 따라서 세금이 일반적인 동의에 따라 마련되었고 공동의 이익을 위해 쓰이기 때문에 당연히 모두가 세금을 내야 한다는 설명은 개인의 토지 재산이 농업을 촉진하기 위해 생겨났다는 설명만큼이나 옳지 못하다.

어떤 물건이 다른 사람의 소유라면, 우리는 아무리 필요로 한다고 해도 그 물건을 사용해서는 안 되는 것인가?

획득한 물건의 소유권은 노동자들에게 아무도 그들의 노동 생산물을 빼앗아갈 수 없다는 것을 보장하기 위해 확립되었다는 주장이 있다. 이것은 사실인가?

현실이 이 주장과 얼마나 모순되는지 알아보자면, 세상에서 무슨 일이 일어났는지, 어디서 소유권이 특히 철저하게 옹호되는지 잠시 살펴보는 것으로 충분할 것이다.

우리 사회에서는 획득한 물건의 소유권이 인정된 결과로 이 권리가 막고자 했던 바로 그 일들이 일어나고 있다. 즉 노동자들에 의해 생산되는 모든 물건이, 생산되는 즉시 그것을 생산하지 않은 사람들의 소유가 되고 있는 것이다.

따라서 소유권이 노동자들에게 그들의 노동 생산물을 향유할 수 있는 기회를 보장해준다는 주장은 똑같은 궤변에 기초한 토지 재산에 관한 주장보다 더 심한 거짓말이다. 무엇보다 노동자들은 노동의 과실을 부당하게 강탈당하고 있는 상황인데, 여기에 법이 끼어들어 이런 노동 생산물이 그것을 훔친 자들의 소유라고 선언하는 것과 다를 바 없기 때문이다.

재산, 예컨대 일련의 사기와 노동자들에 대한 착취로 얻은 공장은 노동의 결과로 간주되고 신성하게 여겨진다. 그런데 그 공장에서 일하다가 죽어간 노동자들의 목숨과 그들의 노동은 그들의 것이 아니라 공장주의 것으로 간주된다. 공장주가 노동자들의 처지를 이용하여 합법적이라고 일컬어지는 방법으로 그들을 옭아매었다면 말이다. 이와 동일하게 높은 이자와 일련의 협박을 통해 농민들에게서 빼앗은 수십만 부셸의 옥수수는 상인의 재산으로 간주된다. 또 누군가 조부나 증조부한테 밭을 물려받았다면 농민들이 그 밭에서 기르고 있던 옥수수는 모두 그의 소유로 간주된다. 법이 공장주나 자본가나 지주나 공장 노동자나 농업 노동자의 재산을 똑같이 보호한다고 말한다. 하지만 자본가와 노동자를 두 명의 검투사라고 했을 때, 한 명은 손이 묶이고 다른 한 명은 무기를 들고 있는 것과 똑같다. 자본가나 노동자를 동등하게 법으로 보호한다는 것은 이들이 불공정하게 싸우는 동안 엄격하고 공정하게 규칙을 적용하겠다는 것과 똑같은 얘기다.

따라서 노예제를 낳는 세 가지 법률의 정당성과 필요성에 관한 모든 설명은 이전에 얘기한 농노제의 정당성과 필요성에 관한 설명만큼이나 옳지 못하다. 이런 세 가지의 법률은 이전의 형태를 대체하는 새로운 형태의 노예제를 낳을 뿐이다. 과거에 사람들은 어떤 사람이 다른 사람을 사고팔고, 소유하고, 일을 시킬 수 있는 법률을 만들었고, 이런 식으로 노예제가 존재했다. 이제 사람들은 다른 사람의 소유로 간주되는 땅은 이용하지 못하고, 세금을 내야 하고, 다른 사람의 재산으로 간주되는 물건을 사용하지 못하게 하는 법률을 만들었다. 그리하여 오늘날에도 노예제가 존재한다.

**법률 — 노예제의 원인**

오늘날의 노예제는 토지, 세금, 재산에 관한 세 가지 법률에 기인한다. 따라서 노동자의 지위를 향상시키려는 모든 시도는, 의식하지는 못한다고 하더라도 필연적으로 이 세 가지 법률에 반한다.

어떤 부류의 사람들은 노동 계급에 부과되는 조세를 철폐하고 부자들에게 그 짐을 지우자고 한다. 어떤 사람들은 토지의 개인 소유권을 폐지하자고 제안한다. 뉴질랜드와 미국의 한 주에서는 이런 일을 실행에 옮기려는 시도가 벌어지고 있다. 아일랜드에서도 비슷한 방향으로 지주의 권리를 제한하려는 움직임이 일어나고 있다. 세 번째 부류의 사람들, 즉 사회주의자들은 생산 수단을 공유화하고, 소득과 상속 재산에 세금을 부과하고, 자본가 - 고용주의 권리를 제한하자고 제안한다. 이에 따르면, 노예제를 만든 법률들이 사라져가고 있는 것처럼 보이고, 이런 식으로 노예제가 폐지될 수 있지 않을까 하는 생각도 든다. 하지만 이런 법률의 폐지가 실제로 이루어지거나 제안되고 있는 상황을 좀 더 자세히 들여다보면, 노동자의 지위를 개선하기 위한 실제적이거나 이론적인 계획이 단지 기존의 노예제를 낳은 법률을 새로운 형태의 노예제를 마련하는 법률로 대체하는 것일 뿐임을 알게 된다. 예컨대 가난한 자에 대한 세금을 철폐하기 위해 우선 직접세를 폐지하고 그 뒤 조세 부담을 가난한 자에게서 부자에게로 넘기려 한다면, 전체 세금의 무거운 짐이 옮겨갈 토지나 생산 수단이나 다른 물건의 개인 소유에 관한 법률이 존속해야 한다. 그런데 토지와 재산에 관한 법률이 존속하면, 노동자들이 조세로부터 해방된다고 하더라도 지주와 자본가에 대한 노동자의 예속 관계는 그대로 유지될 수밖에 없다. 헨리 조지와 그의 지지자들처럼 개인 토지 소유에 관한 법을 폐지하고 싶어 하는 사람들은 토지에 단일 토지세를 부과하는 새로운 법의 제정을 제안한다. 그러나 단일 토지세는 필연적으로 새로운 형태의 노예제를 창조한다. 왜냐하면 세금을 내야 하는 사람은 작황이 좋지 않거나 어떤 불운이 닥쳤을 경우 다른 사람에게 돈을 빌려야 하고, 그러면 다시 노예 상태로 전락할 수밖에 없기 때문이다. 사회주의자들처럼 토지 재산이나 생산 수단의 소유에 관한 법률을 폐지하려는 사람들도 세법을 그대로 놔두려고 하고, 여기에다 강제 노동에 관한 법률까지 도입하려 한다. 즉 미개한 형태의 노예제를 재확립하려는 것이다.

따라서 어떤 한 형태로 노예제를 유지시키는 법률을 폐지한다고 해도 언제나 이런저런 식으로 또 다른 새로운 형태의 노예제를 창조하는 새로운 법률이 생겨나기 마련이다.

그것은 교도관이 죄수의 목에서 사슬을 풀고 팔에다 묶는 것이나 팔에서 풀고 다리에다 묶는 것이나 아니면 사슬을 치우고 칼을 씌우는 것과 다름없다. 지금까지 노동자의 지위를 향상시키기 위한 시도가 전부 그랬다.

주인이 노예에게 강제로 노동을 시킬 수 있는 권리에 대한 법률은 그 주인들이 모든 땅을 소유할 수 있도록 허용하는 법률로 대체되었다. 모든 토지가 주인들의 사적 재산이 될 수 있도록 허용하는 법률은 세법, 즉 세금을 주인의 수중에 쥐어주는 법률로 바뀔 수 있다. 세법은 물건이나 생산 수단의 사적 소유권을 방어해주는 법률로 대체될 수 있다. 토지나 물건, 생산 수단의 사적 소유권을 지켜주는 법률은 현재 제안되고 있듯이 강제 노동 법령에 의해 대체될 수도 있다.

따라서 오늘날 노예제를 낳는 법률들을 폐지한다고 해도 노예제는 사라지지 않고, 새로운 형태의 노예제가 등장할 것이다. 과거 노예 제도와 농노제가 폐지되고 조세가 철폐되었을 때도 그랬다. 토지 소유, 조세 징수, 물건 소유에 관한 법률 모두를 폐지하더라도 노예제는 없어지지 않는다. 이전에는 알려지지 않았던 새로운 형태의 노예제가 생겨날 것이다. 이런 노예제는 사실 이미 모습을 드러내기 시작하여, 노동 시간, 노동자들의 건강 상태 등에 관한 법률을 통해, 또 의무 교육의 요구를 통해, 노령 보장 공제 또는 사고 시 봉급 차감, 공장 시찰 등을 통해 노동의 자유에 족쇄를 채우고 있다. 이 모든 것이 이전에는 시도되지 않았던 새로운 형태의 노예제를 준비하는 과도기적 법률이라고 할 수 있다.

따라서 노예제의 본질은 현재 노예제의 토대를 이루고 있는 세 가지의 법률이 아니라 이런 혹은 저런 종류의 법령이 아니라 입법권이 존재한다는 사실 자체에 — 어떤 사람들이 자신들에게 이로운 법률을 제정할 수 있는 권력을 갖고 있으며, 그들이 이런 권력을 갖고 있는 한 노예제는 존속될 것이라는 사실 자체에 — 있다.

이전에는 노예가 있는 것이 사람들에게 유익했다. 그래서 사람들은 노예에 관한 법을 만들었다. 그 뒤 토지를 소유하고 세금을 징수하고 획득한 물건을 지키는 것이 유익한 때가 왔다. 그리하여 사람들은 이에 관한 법을 만들었다. 현재는 기존의 경향과 분업을 유지하는 것이 유익하다고 말한다. 사람들은 현재의 노동 여건과 분업 아래서 노동을 강요하는 그런 법률들을 고안하고 있다. 이렇게 보면, 노예제의 근본적인 원인은 입법권이다. 법을 만들 수 있는 권력을 가진 사람들이 존재한다는 게 문제다. 입법권은 무엇인가? 무엇이 사람들에게 법을 만들 수 있는 권리를 부여하는가?

**입법권의 본질은 조직화된 폭력이다**

입법권은 무엇인가? 무엇이 그들에게 법을 만들 수 있게 하는가? 정치 경제학보다 더 오래되고 더 부정직하고 더 혼란스런 학문이 존재하는데, 이 학문의 하인들은 수 세기 동안 이런 질문에 대답하기 위해 수백만 권의 책(대부분 서로 모순되는)을 썼다. 이 학문의 목적은, 정치 경제학의 경우와 똑같이 현재 무엇이 존재하고 무엇이 존재해야 하는가 설명하는 것이 아니라 현재 존재하는 것이 마땅히 존재해야 하는 것임을 증명하는 것이다. 따라서 법학이라는 이 학문에서 우리는 권리에 대한, 주체와 객체에 대한, 국가의 개념과 다른 여러 문제에 대한 수많은 논문을 찾아볼 수 있다. 이 논문들은 법학을 전공하는 학생이나 교수들조차 이해하기 힘들다. 우리 역시 여기서 "입법권은 무엇인가?"라는 질문에 명확한 답을 얻지 못한다.

법학에 따르면, 입법은 국민 전체의 의사 표현 행위이다. 하지만 법을 어기거나 법을 어기고 싶어 하거나 처벌에 대한 두려움 때문에 그런 일을 하지 않는 사람들이 법을 따르기를 원하는 사람들보다 늘 훨씬 더 많다. 따라서 입법이 국민 전체의 의사 표현 행위라고 간주될 수 없다는 것은 분명하다.

예컨대 전봇대를 훼손하지 못하도록 하는 법, 어떤 특정한 사람들에게 존경을 표하게 하는 법, 군 복무에 관한 법, 배심원으로 참여하게 하는 법, 일정 경계 너머로 특정한 물품을 반출하지 못하게 하는 법, 타인의 재산으로 간주되는 토지를 이용하지 못하게 하는 법, 대용 화폐를 주조하지 못하게 하는 법, 타인의 재산으로 간주되는 물건을 쓰지 못하게 하는 법 그리고 그 외 수많은 법이 있다.

이 모든 법은 극도로 복잡하며, 매우 다양한 동기에서 제정되었지만, 그중 어떤 법도 전체 국민의 의사를 표현하지 못한다. 이런 모든 법에 딱 한 가지 공통점이 있다. 어느 누가 법을 따르지 않으면, 법을 만든 자들이 무장 병력을 보내 그를 폭행하거나 감옥에 가두거나 심지어 죽이기까지 한다는 것이다.

만약 어떤 사람이 세금으로 노동 생산물 일부를 바치기를 거부하면, 무장 병력이 들이닥쳐 그에게 부과된 몫을 가져간다. 반항하면, 폭행하거나 감옥에 가두거나 아니면 죽여버린다. 남의 재산으로 간주되는 땅을 이용해도 똑같은 일이 벌어진다. 자신의 필요 때문에 남의 소유로 간주되는 물건을 이용하는 경우에도 마찬가지다. 무장 병력이 들이닥쳐 그가 가지고 있는 물건을 빼앗고, 반항하면, 폭행하거나 감옥에 가두거나 죽여버린다. 경의를 표시하라고 법령에서 정한 사람에게 마땅한 존경을 표시하지 않거나, 입대하라는 지시에 따르지 않거나, 대용 화폐를 만드는 경우에도 똑같은 일이 벌어진다.

법을 어느 하나라도 지키지 않으면, 처벌이 가해진다. 범법자는 법을 만든 사람들에게 맞거나 투옥당하거나 심지어 목숨을 잃기도 한다.

영국과 미국에서 시작하여 일본 그리고 터키에서까지 수많은 헌법이 만들어졌다. 이 사실에 비추어보자면, 이들 국가의 국민들은 모든 법률이 그들의 바람에 기초하여 만들어졌다고 믿어야 할 것이다. 하지만 독재 국가뿐만 아니라 명목상으로는 매우 자유로운 국가들 — 영국, 미국, 프랑스 등 — 에서 법이 만인의 의사가 아니라 권력자들의 의사에 따라 만들어졌다는 것은 누구나 알고 있는 사실이다. 따라서 언제 어디서나 권력자 — 그들이 많건 적건, 단 한 명이건 — 에게 유리한 법만이 존재한다. 법은 언제 어디서나 폭행, 투옥, 살인을 통해 어떤 사람의 의사를 다른 사람에게 강요하는 방식으로 집행된다. 다른 방식은 찾아볼 수 없다.

다른 상황은 생각해볼 수조차 없다. 왜냐하면 법은 특정한 규칙을 따르라는 요구이고, 어떤 사람들에게 특정한 규칙을 따르게 만드는 것은 폭행, 투옥, 살인을 통해서만 가능하기 때문이다. 법이 있는 곳에는 법을 지키게 만드는 힘이 존재하기 마련이다. 규칙을 준수하도록 강요하는(특정한 사람들의 의사에 복종하게 만드는) 힘은 단 한 가지뿐이다. 그것은 폭력이다. 화가 나는 순간 어떤 사람이 다른 사람에게 가하는 단순한 폭력이 아니라 권력자들에 의해 조직화된 폭력이다. 권력자들은 조직화된 폭력으로 자신들의 의사를 구체화한 법을 다른 사람들에게 강요한다.

입법 행위의 본질은 주체나 객체에, 권리에, 집단적 의지 행사를 통한 국민의 지배라는 개념이나 다른 막연하고 혼란스런 개념에 있는 게 아니다. 그것은 조직화된 폭력을 행사하는 사람들이야말로 원하는 대로 다른 사람들에게 복종을 강요할 수 있는 권력을 갖고 있다는 사실 자체에 있다.

따라서 법에 관해 만인이 이해할 수 있는, 반박할 수 없는 명확한 정의는 이렇게 될 것이다. "법은 조직화된 폭력으로 통치하는 사람들이 만든 규칙이다. 이 규칙에 따르지 않는 자는 폭행이나 구속, 살인을 당할 수 있다."

이 정의가 "무엇이 사람들에게 법을 만들 수 있게 하는가?"에 대한 답이 될 수 있다. 똑같은 것, 즉 조직화된 폭력이 복종을 강요함으로써 법을 확립할 수 있게 해준다.

**정부란 무엇인가? 정부 없이 살 수 있는가?**

노동자들의 비참한 상황이 비롯된 원인은 바로 노예제다. 노예제의 원인은 법이다. 법은 조직화된 폭력에 의존한다.

따라서 사람들의 환경을 개선하기 위해서는 조직화된 폭력을 근절해야 한다.

"하지만 조직화된 폭력은 정부이다. 우리가 어떻게 정부 없이 살 수 있단 말인가? 정부가 없다면, 혼란, 즉 무정부 상태가 찾아올 것이다. 모든 문명의 성취는 사라지고 사람들은 원시적 야만 상태로 되돌아갈 것이다."

기존 질서로부터 이익을 얻는 사람들뿐 아니라 불이익을 당하는 사람들, 그리고 기존 질서에 익숙해져 있는 탓에 정부의 폭력이 없는 삶을 상상할 수 없는 사람들이 기존 질서에 손을 대서는 안 된다고 말하는 것은 당연하다. 정부를 없애면, 커다란 불행이, 소요와 도둑질과 살인이 일어나고, 마침내 악인이 다시 권력을 잡고 선한 사람들을 노예로 만든다라고 생각할 것이다. 사실 소요와 도둑질과 살인이 일어나 악인이 권력을 잡고 선한 사람들을 노예로 만드는 것이 과거부터 현재까지 계속 일어나고 있는 일이다. 따라서 기존 질서가 무너지고 혼란과 무질서가 찾아오리라는 불안 때문에 현재의 질서를 나무랄 데 없는 것으로 생각할 수는 없다.
"현재의 질서에 손을 대면 커다란 재앙이 찾아올 것이다." 수 미터의 높이로 쌓여 있는 천 개의 벽돌 중에서 한 개의 벽돌을 건드리면, 벽돌 탑이 무너져버린다. 하지만 벽돌 하나를 빼내거나 밀어버리면 쌓아둔 벽돌의 탑이 모두 무너진다고 해서 그처럼 비정상적이고 어색한 상태로 벽돌들을 그대로 세워놓는 것이 정당화될 수는 없다. 오히려 벽돌들은 안전하게 쌓아놓아야 전체 구조를 허물어뜨리는 일 없이 사용할 수 있다. 현재의 국가 조직도 마찬가지다. 국가 조직은 극도로 인위적이며 불안정하다. 조금만 손을 대도 붕괴될 수 있다는 사실은 국가 조직이 한때는 필요했을지 모르지만 현재는 결코 필요하지 않으며 더욱이 유해하며 위험한 것임을 보여준다.

국가 조직은 국민에게 유해하고 위험하다. 국가 조직의 영향으로 사회에 존재하는 악이 줄어들거나 교정되지 않고, 오히려 미화되거나 은폐되는 형태로 강화되고 장려된다.

이른바 잘 다스려지는 국가에서 우리가 보고 있는 국민들의 행복은 단지 겉모습이며 허상일 뿐이다. 국민적 행복의 겉모습에 방해가 되는 모든 것, 예컨대 굶주린 자들, 아픈 자들, 반항하는 자들은 보이지 않는 곳에 감추어져 있다. 하지만 보이지 않는다고 해서 그들이 존재하지 않는 것은 결코 아니다. 더 깊이 감출수록 그들은 더 많아질 것이고, 그들을 그렇게 만든 자들은 그들을 더욱 더 가혹하게 다룰 것이다. 정부의 조직화된 폭력 행위를 방해하거나 가로막는다면, 행복의 외관이 허물어지게 되겠지만, 그것은 무질서를 낳는 행동이 아니며 감추어졌던 진실을 드러내어 바로잡을 수 있게 하는 올바른 행동이 될 것이다.

오늘날까지, 말하자면 거의 19세기 말까지 사람들은 정부 없이는 살 수 없다고 생각했고, 또 그렇게 믿어왔다. 하지만 삶은 계속하여 진행되었고, 삶의 조건과 사람들의 시각은 변화했다. 정부는 사람들을 어린아이의 의식 수준에서 붙잡아두기 위해 노력했다. 칭얼대는 아이에게는 돌봐줄 어머니가 있어야 한다는 식이었다. 하지만 사람들, 특히 유럽과 러시아의 노동자들은 점차 유아기에서 벗어나 자신들의 진정한 삶의 조건을 인식하기 시작했다.

사람들은 요즘 이렇게 말한다. "당신들은 당신들이 없었다면 우리가 이웃 나라, 중국이나 일본에게 정복당했을 것이라고 말한다. 하지만 우리도 신문을 읽는다. 우리는 아무도 우리를 위협하지 않으며, 알 수 없는 이유로 상대방의 분노를 돋우는 건 바로 당신들이라는 것을 안다. 당신들은 국민을 보호한다는 명목으로 세금을 거두어 우리를 파탄에 몰아넣는다. 세금으로 함대를 유지하고 무장을 강화하고 전략적 철도를 건설하지만, 그것은 당신들의 야망과 허영을 충족시키기 위해 필요한 것일 뿐이다. 당신들은 이어 앞 다투어 전쟁을 준비한다. 최근 평화로운 중국인들에게 한 짓을 보면 알 수 있다. 당신들은 우리를 위해 토지 재산권을 보호한다고 말하지만, 그래서 어떤 결과가 생겨났는지 보라. 모든 땅이 일하지 않는 부유한 은행들에게로 흘러들어가고, 반면 우리는, 대다수 사람들은 땅을 빼앗긴 채 일하지 않는 자들의 지배에 내맡겨진다. 당신들은 토지 재산에 관한 법을 만들어 토지 재산을 보호하는 게 아니라 땅에서 일하는 사람들로부터 그것을 빼앗는 것이다. 당신들은 우리의 노동 생산물을 지켜준다고 말한다. 하지만 실제로는 정반대의 일을 한다. 당신들의 보호 덕분에 값어치 있는 물건을 만드는 사람들은 모두 노동의 가치를 제대로 받지 못하고 평생토록 비노동자의 지배에 종속되는 상황에 처하는 것이다."

19세기 말 사람들은 이렇게 생각하고 또 말하기 시작했다. 국가가 그들을 붙잡아두고 있는 무기력 상태에서 깨어나는 사람들이 급속도로 많아졌다. 지난 5~6년간 도시뿐만 아니라 시골에서도 유럽뿐만 아니라 러시아에서도 일반 대중의 여론은 놀랄 만큼 달라졌다.

우리는 정부가 없으면 모든 사람에게 필요한 교육 기관과 공공 기관 역시 없을 것이라는 말을 들어왔다.

하지만 왜 그렇게 생각해야 하는가? 정부 관리들이 현재 국민의 삶을 관리하고 있다고 하더라도, 우리가 현재 관리가 아니라고 하더라도, 앞으로 우리가 우리의 삶을 스스로 관리하지 못하리라 생각할 이유가 어디 있겠는가?

사실 오늘날의 사람들은 매우 다양한 삶의 여러 문제를 처리하는 능력 면에서 그들을 다스리며 그들 대신 문제를 처리하는 정부보다 훨씬 뛰어나다. 정부의 도움 없이 그리고 종종 정부의 방해에도 불구하고, 사람들은 여러 가지 사회적 조직을 만들었다. 노조, 협동조합, 아르텔리(농민 또는 노동자의 협동조합), 신디케이트 등. 만약 공공사업에 대한 모금이 필요하다면, 해당하는 공공사업이 진정으로 모든 사람들에게 이로운 것이라면, 자발적으로 폭력 없이 필요한 돈을 모을 수 있을 테고, 그러면 현재 국민들로부터 세금을 징수하여 행하고 있는 어떤 일도 똑같이 해낼 수 있을 것이다. 법원도 폭력

없이 존재할 수 있다. 분쟁을 일으킨 당사자들이 신뢰를 받는 어떤 사람에게 재판을 맡기는 일은 오래전부터 있어왔다. 앞으로도 그럴 것이다. 이런 일에는 폭력이 필요 없다. 우리는 너무나 오랫동안 노예제에 매여 있었기 때문에 폭력이 없는 행정을 상상조차 못 한다. 하지만 사실은 전혀 다르다. 정부의 손길이 뻗치지 않는 먼 곳으로 이주한 러시아 공동체들은 정부의 폭력이 그들을 간섭하지 않는 한 자체적으로 세금 제도, 행정 기관, 재판소, 경찰을 갖추고 늘 번영을 누렸다. 똑같은 식으로, 사람들은 토지를 어떻게 이용할지 공동의 합의를 통해 결정할 수 있을 것이다.

내가 아는 어떤 민족 — 우랄 지방의 코사크인 — 은 사적 토지 재산을 인정하지 않고 살아왔다. 그들의 공동체에는 토지 재산을 폭력으로 보호하는 사회에서 볼 수 없는 행복과 질서가 존재한다. 나는 이외에도 개인의 토지 재산을 인정하지 않는 몇몇 공동체 역시 알고 있다. 내가 기억하는 한 러시아 농민들은 토지 재산의 개념을 받아들이지 않았다. 폭력을 동원하여 토지 재산을 보호하는 정부의 행위는 토지 재산을 둘러싼 갈등을 없애지 못했을 뿐 아니라 오히려 이런 갈등을 더 크게 키워놓았으며 많은 경우 그 원인으로 작용했다.

토지 재산을 보호하고, 그 결과로 지가가 상승하는 일이 없었다면, 사람들은 좁은 공간 안에 와글와글 모여 사는 일이 없었을 것이다. 아직 세계에 넘쳐나는 자유로운 땅으로 퍼져나갔을 것이다. 하지만 현실에서 보듯이, 토지 재산에 대한 싸움은 계속되고 있다. 이 싸움에서는 정부가 토지 재산법을 통해 제공하는 무기가 동원된다. 그리하여 싸움에서 유리한 자는 땅을 일구며 사는 사람들이 아니라 언제나 정부의 폭력에 참여한 사람이 된다.

노동 생산물에 대해서도 얘기는 마찬가지다. 어떤 사람이 필요에 따라 스스로 생산한 물건은 관습이나 여론, 정의심과 상호 합의에 의해 보호된다. 폭력으로 보호할 필요가 전혀 없다.

수만 에이커의 삼림지를 한 명의 지주가 소유하고 있고, 근처에 사는 수천 명의 사람에게 땔감이 없다면, 삼림지를 보호하는 데는 폭력이 필요하다. 수 세대의 노동자들이 착취를 당했으며 현재도 여전히 착취를 당하고 있는 공장과 작업장 역시 마찬가지다. 또, 한 명의 지주가 수십만 부셸의 곡식을 갖고 있으면서 기근이 일어났을 때 세 배의 값을 받고 팔기 위해 절대 내놓지 않을 때도 마찬가지다. 하지만 아무리 타락한 자라고 할지라도 부자나 정부 관리를 제외하면 어떤 사람도 열심히 일해서 먹고 사는 시골 사람들한테 추수한 곡식이나 아이들에게 줄 우유를 짜기 위해 기르는 암소, 아니면 그가 만들어 사용하는 쟁기, 낫, 가래를 빼앗아가지는 않을 것이다. 만약 어떤 사람이 다른 사람한테 없어서는 안 되는 물건들을 빼앗아간다면, 비슷한 처지에서 살아가고 있는 사람들의 분노를 살 것이다. 따라서 그런 행동은 그에게 전혀 이롭지 못하다.

만약 사정이 이런데도 그런 짓을 할 만큼 부도덕한 사람이라면 폭력을 이용하여 아무리 철저하게 막아도 역시 그런 짓을 할 것이다. 보통 이런 말들을 한다. "토지 재산과 노동 생산물의 권리를 폐지한다면, 아무도 열심히 일하지 않을 것이다. 그럴 경우 일해서 얻은 것을 지킬 수 있다고 확신할 수 없기 때문이다." 우리는 그와는 반대되는 얘기를 해야 할 것이다. 부도덕한 방법으로 얻은 재산의 권리가 폭력에 의해 보호되기 — 이런 일이 흔해졌다 — 때문에, 완전히 없어져버리지는 않았다고 하더라도 재산권에 대한 자연스럽고 본질적인 정의심이 크게 약화되었다. 하지만 본연의 정의심 없이 인류는 존재할 수 없었다. 이것은 언제나 존재해왔고, 앞으로도 그러할 것이다.

따라서 조직화된 폭력이 없다면 사람들이 스스로 삶을 관리할 수 없으리라 생각하는 것은 부당하다. 물론 말이나 소는 이성적인 존재, 즉 사람이 이끌어야 한다. 그런데 왜 사람은 보다 높은 존재가 아니라 그들과 똑같은 다른 사람이 이끌어야 하는가? 왜 사람들은 어떤 주어진 때에 권력의 자리에 있는 다른 사람들의 폭력에 순순히 따라야 하는가? 이들이 이들의 폭력에 강요당하는 사람들보다 더 현명하다는 것을 어떻게 입증할 수 있는가?

그들이 스스로 폭력을 사용하기로 했다는 사실은 그들이 그들에게 복종하는 사람들보다 현명하지 않고 오히려 어리석다는 점을 대변하고 있다. 우리가 알고 있는 바, 중국의 과거 제도는 가장 현명하고 훌륭한 사람이 권력의 자리에 오르는 것을 보장하지 못했다. 이것은 지위 계승이나 승진 제도, 혹은 입헌 국가의 선거에서도 역시 보장되지 못했다. 그 반대로 권력은 언제나 더 파렴치하고 더 부도덕한 사람들이 가져갔다.

우리는 이런 말을 듣는다. "정부가 없다면, 폭력이 없다면, 사람들이 어떻게 살겠는가?" 그러면 우리는 이렇게 물어보아야 한다. "이성적인 사람이 사회적 삶의 가장 중요한 유대가 합리적 동의가 아니라 폭력이라는 것을 인정하며 어떻게 살 수 있단 말인가?"

이것 아니면 저것이다. 사람은 이성적 존재가 아니라면 비이성적인 존재일 것이다. 만약 사람이 비이성적인 존재라면, 모두가 비이성적이라면, 모든 일이 폭력에 의해 결정될 것이며, 어떤 사람에게는 폭력을 행사할 권리가 있고 다른 사람에게는 폭력을 행사할 권리가 없을 이유가 없다. 그럴 경우 정부의 폭력에는 정당성이 없다. 그리고 만약 사람이 이성적 존재라면, 사람간의 관계는 권력을 손아귀에 쥔 사람들의 폭력이 아니라 이성에 기초할 것이다. 그럴 경우 역시 정부의 폭력에는 정당성이 없다.

## 어떻게 하면 정부를 폐지할 수 있는가?

노예제는 법에서 비롯된다. 법은 정부가 만든다. 따라서 우리들은 정부를 폐지해야만 노예제에서 해방될 수 있다. 하지만 어떻게 정부를 없앤단 말인가?

폭력으로 정부를 없애려는 모든 시도는 지금까지 언제 어디서나 똑같은 결과를 낳았다. 쫓겨난 정부의 자리에 새로운 정부가 들어섰던 것이다. 게다가 새로운 정부는 이전의 정부보다 종종 더 가혹했다.

과거에 폭력으로 정부를 타파하려는 이런 시도들이 이루어졌지만, 사회주의 이론에 따르면, 앞으로 자본주의 지배가 사라지고 생산 수단이 공유화되어 사회에 새로운 경제 질서가 태어나는 것도 역시 새로운 폭력 조직에 의해서다. 따라서 이처럼 폭력으로 폭력을 타파하려는 시도는 과거나 미래나 사람들을 폭력에서 해방시켜주지 못하고, 결과적으로 노예제에서 벗어나게 해주지도 못한다.

다른 결과는 기대할 수 없다.

복수의 감정과 분노를 표출할 때를 제외하면, 폭력은 어떤 사람에게 그의 의사에 반하는 일을 강요할 때 사용된다. 하지만 자신의 의사에 반해 다른 사람이 원하는 것을 해야 한다면, 그것은 노예제다. 따라서 어떤 사람이 다른 어떤 사람에게 자신의 의지를 강요하는 폭력이 존재하는 한, 노예제 또한 존재하는 것이다.

폭력으로 노예제를 없애려는 모든 시도는 불로 불을 끄고 물로 물을 막고 하나의 구멍을 다른 구멍을 파서 메우려는 행동과 똑같다고 할 수 있다.

따라서 노예제로부터 벗어나는 방법은, 그런 방법이 존재한다면, 새로운 폭력을 모색하는 데서 찾을 것이 아니라 정부의 폭력을 없애는 노력에서 찾아야 할 것이다. 소수가 다수에게 행하는 다른 모든 폭력의 경우처럼, 정부의 폭력은 다수가 무장하지 않은 반면 소수는 무장해 있다거나, 이 소수의 무장이 다수의 무장보다 훨씬 뛰어나다는 사실에 의존하고 있다.

모든 정복 전쟁에서 이런 양상을 찾아볼 수 있다. 그리스인, 로마인, 템플 기사단, 잉카 제국을 침략한 피사로 형제는 이런 식으로 국가와 민족을 정복했으며, 현재 아프리카와 아시아에서도 이런 일이 벌어지고 있다. 평화 시에도 이런 식으로 모든 정부가 국민들을 억압한다.

먼 옛날부터 지금까지 어떤 사람들은 다른 사람들을 통치해왔다. 오로지 어떤 사람들이 무장을 한 반면 다른 사람들은 그렇지 못했기 때문이다.

더 옛날에는 전사들이 우두머리를 따라 무방비 상태의 주민들을 공격하고 제압하고 약탈했다. 그런 다음 참여도와 용기, 잔인성에 따라 전리품을 분배했다. 전사들은 누구나 폭력을 휘두르는 것이 자신에게 이롭다는 사실을 잘 알고 있었다. 오늘날에는 주로 노동 계급 출신의 무장한 병사들이 무방비 상태의 사람들, 즉 파업에 나선 노동자, 소요 가담자, 다른 나라의 주민을 공격하고, 그들이 맺은 노동의 결실을 빼앗아간다. 하지만 그건 자기 자신들을 위해서가 아니라 이런 진압 혹은 정복 작전에 참여하지조차 않은 어떤 사람들을 위한 것이다.

정복자들과 정부의 차이는, 정복자들이 병사들과 함께 직접 주민들을 공격하고 반항할 경우 몸소 고문과 살해 위협을 실행에 옮기는 반면, 정부는 반항에 직면할 경우 무장도 하지 않은 주민들을 몸소 고문하거나 처형하지 않고 다른 사람들에게 지시를 내린다. 그런 일을 하도록 지시를 받은 사람들은 정부에게 속아 넘어가 특별히 그런 목적을 위해 비인간적인 훈련을 받았다. 사실 그들은 정부가 행사하는 폭력의 대상이 되는 사람들 가운데서 선택된 사람들이다. 이처럼 폭력은 이전에는 정복자들의 용기와 잔인성, 기민함에 따른 개인적인 행위였지만, 이제 폭력은 기만 행위가 되었다.

선대의 정복자들로부터 권력을 이어받은 통치자들은 대다수의 사람들에게 이렇게 말한다. "너희는 수가 많다. 하지만 너희는 어리석고 교육도 받지 못했으며, 너희 스스로를 다스리지도 못하고 공공업무를 처리하지도 못한다. 따라서 우리가 그 일을 떠맡을 것이다.

우리는 너희를 외국의 적으로부터 보호하고, 사회 질서를 확립할 것이다. 법원을 세우고, 너희를 위해 학교나 도로, 우편 제도 따위의 공공 기관과 시설을 설립하고 유지할 것이다. 우리는 너희의 행복을 돌볼 것이며, 이 모든 것에 대한 대가로 너희는 우리가 원하는 사소한 요구를 이행하면 된다. 무엇보다 너희는 수입의 일부를 우리에게 내야 하고, 너희 자신의 안전과 정부를 위해 군대에 들어가야 한다."

대부분의 사람들은 여기에 동의하지만, 그것은 그들이 이런 조건의 득실을 비교해보았기 때문이 아니다. 그들에게는 그럴 기회조차 없다. 그들이 태어날 때부터 그 같은 조건 아래 놓여 있었기 때문이다.

이 모든 것이 과연 필요한 것인지 의문이 든다고 하더라도 사람들은 오로지 자기 자신의 안위에 관해서만 생각하며, 이런 조건을 받아들이지 않을 때 겪어야 할 고통을 두려워한다. 모두들 자신의 이익을 위해 이런 조건을 이용하기를 바라고, 그리하여 정부에 재산의 일부를 주고 또 군 복무를 받아들여도 자신에게 큰 손해가 되지는 않으리라 생각한다.

하지만 정부는 돈과 병력을 얻게 되면 외국이 침략하면 국민을 보호하고 국민의 이익 증진을 위해 국무를 처리한다는 약속을 지키지 않고 어떻게 해서든 이웃 국가를 자극해 전쟁을 일으키려 든다. 정부는 국민의 복지를 증진하는 것 따위는 안중에도 없고, 오히려 그들의 삶을 타락시키고 황폐화시킨다.

『아라비안나이트』에는 무인도에 던져진 어느 여행자의 이야기가 나온다. 그는 시냇가에서 앙상한 다리로 땅 위에 앉아 있는 한 작은 노인을 발견했다. 노인은 여행자에게 자신을 어깨 위에 걸머메고 시내를 건너달라고 부탁했다. 여행자는 좋다고 했다. 하지만 노인은 여행자의 어깨 위에 앉자마자 다리로 여행자의 목을 감고 풀어주려 하지 않았다. 여행자를 꼼짝 못하게 만든 노인은 이리저리 원하는 곳으로 그를 끌고 다녔고, 나무의 과일을 따먹기도 했지만, 그를 짊어지고 있는 여행자에게는 아무것도 주지 않았고, 온갖 방법으로 그를 혹사시켰다.

　이것이 바로 정부에게 병력과 돈을 제공한 국민들한테 일어난 일이다. 정부는 국민에게서 얻은 돈으로 무기를 사고, 정부에 맹종하는 야만적인 군 지휘관들을 고용하고 훈련시킨다. 이들은 오랜 세월 동안 정교하게 다듬어진 군사 교련 방법을 통해 군인으로 소집되어 온 사람들을 규율을 갖춘 군대 병력으로 변모시킨다. 군인들은 군대에 있는 동안 인간의 삶에서 소중한 모든 것과, 인간의 중요한 특질, 즉 이성적인 자유를 완전히 빼앗긴다. 그들은 조직화되고 위계화된 군대 체제 안에서 순종적인 살인 기계가 된다. 현대의 정부로 하여금 사람들을 지배할 수 있게 하는 기만의 본질은 이런 훈련된 군대에 있다. 정부가 스스로의 의지가 없는 이 폭력·살인 기구를 수중에 넣으면, 전 국민이 그들 손 안에 들어오는 것이다. 정부는 국민을 손아귀 밖으로 다시는 풀어주려 하지 않으며, 그들을 약탈하고 착취하고, 더욱이 종교와 애국적 교육을 통해 정부에 대한 충성과 숭배의식을 주입한다.

　모든 왕과 황제, 대통령이 군대의 훈련을 중히 여기고, 군 기강을

1914년 1차대전이 발발하자 자원 입대하기 위해서 런던 트라팔가 광장으로 모여든 사람들

해치는 어떤 행동도 두려워하며, 열병, 기동 연습, 사열, 행진 그리고 그 외의 여러 허튼 짓을 특히 중요시하는 것은 이유가 없는 게 아니다. 그들은 이런 일들이 군대의 규율을 유지하며, 그들의 권력과 그들의 존재 자체가 군대의 훈련과 규율에 달려 있는 것임을 잘 알고 있는 것이다.

잘 훈련된 군대는 그들이 직접 손을 쓰지 않고 끔찍한 잔인 행위를 저지를 수 있는 수단이다. 그들이 그런 짓을 저지를 수 있다는 가능성 자체가 그들에게 사람들을 지배할 수 있는 권력을 준다.

따라서 정부를 타파하는 유일한 방법은 무력이 아니라 이런 기만을 폭로하는 것이다. 사람들은 먼저 두 가지 사실을 깨달아야 한다. 첫째, 기독교 세계에서는 사람들이 서로서로를 보호할 필요가 없다는 것이다. 서로에 대한 사람들의 적대감은 정부에서 비롯된다. 그리고 군대는 소수 지배자들의 이익을 위해서나 필요할 뿐이다. 보통 사람들에게 군대는 불필요할 뿐 아니라 매우 유해하다. 군대가 그들을 노예화시키는 국가의 도구이기 때문이다.

두 번째, 정부에 의해 높이 평가받는 군사 훈련은 인간이 저지를 수 있는 가장 큰 죄이다. 그것은 정부의 목표가 범죄를 저지르는 것에 불과하다는 사실을 명백히 보여준다. 군사 훈련은 이성과 자유의 억압이며, 정상적인 조건에서라면 누구도 저지르지 못할 범죄를 저지르기 위한 예행연습에 지나지 않는다. 실제로 군사 훈련이 전쟁을 위해 필요하다고 말할 수조차 없을 것이다. 전쟁이 국가를 수호하기 위해 나선 국민 전쟁이라면 말이다. 최근의 보어 전쟁은 그 사실을 입증하고 있다. 군사 훈련은 오로지 빌헬름 2세가 얘기한 목적을 위해서만 필요할 뿐이다. 가장 끔찍한 범죄 행위, 형제 살해와 존속 살해가 바로 그것이다.

여행자의 어깨 위에 앉은 그 무시무시한 노인은 정부처럼 행동했다. 노인은 여행자를 조롱하고 모욕했다. 노인은 여행자의 목 위에 앉아 있는 동안만큼은 여행자를 지배할 수 있다는 것을 알고 있었다.

정부라고 불리는 자격 없는 소수의 사람들이 국민을 지배하며 국민을 나락에 빠뜨리는 수단은 바로 이런 기만이다. 세대 전체를 어린 시절부터 왜곡된 길로 나아가게 만드는 행위는 정부의 가장 큰 해악이라고 하겠다. 정부와, 거기서 비롯된 노예제를 없애기 위해서는 이런 끔찍한 기만의 실체를 세상에 널리 알려야 한다.

독일 작가 에우겐 슈미트는 그가 부다페스트에서 발간한『무정부』에서 표현뿐 아니라 그 사상 면에서도 진실되고 대담한 기사를 쓴 적이 있다. 이 기사에서 그는 국민에게 어떤 종류의 안전을 보장함으로써 존재의 정당성을 찾는 정부가 실은 이탈리아 칼라브리아의 비적 같은 존재라고 했다. 칼라브리아의 비적은 안전하게 길을 지나가려는 모든 사람들로부터 정기적으로 세금을 걷는다고 한다. 슈미트는 이 기사 때문에 재판을 받았으나, 배심원들에 의해 무죄 방면되었다.

정부에 의해 너무도 깊이 세뇌당해 있기 때문에, 우리는 이를 과장된 얘기나 패러독스 아니면 농담으로 치부해버린다. 하지만 칼라브리아의 비적과 비교해보았을 때, 정부의 활동이 그 비적의 행위와 차이가 나는 점은 그것이 몇 배나 더 비인간적이고 무엇보다 훨씬 더 유해하다는 점이다. 칼라브리아 비적은 보통 부자들을 약탈한다. 정부는 보통 가난한 자들을 약탈하고 정부의 범죄 행위를 돕는 부자들을 보호한다. 칼라브리아 비적은 목숨을 걸고 자신의 일을 하지만, 정부는 아무런 위험 부담도 없이 모든 일을 거짓과 속임수를 통해 해치운다. 칼라브리아 비적은 어느 누구에게도 자신의 수하가 되라고 강요하지 않는다. 반면 정부는 강제로 병사들을 징집한다. 그 비적에게 세금을 낸 사람들은 누구나 동등하게 위험하면 보호를 받을 수 있다. 국가에서는 조직화된 기만에 더 깊이 관여할수록 보호 외에도 큰 보상을 받는다. 무엇보다 황제, 왕, 대통령은 (영구적인 호위대나 경호 부대에 의해) 보호를 받고, 국민들한테 세금의 명목으로 거두어들인 엄청난 돈을 마음대로 쓸 수 있다.

그 뒤를 이어 정부의 범죄에 기여도가 높은 사람들을 열거하자면, 군 최고 사령관, 대신, 경찰서장, 주지사 등에서부터 제대로 보호받지도 못하고 급여도 가장 적은 말단 경찰에까지 이어진다. 정부의 범죄에 전혀 참여하지 않은 사람들, 그러니까 군 복무를 거절하거나 세금 납부를 거부하거나 법에 호소하기를 거절하는 사람들은 비적들 사이에 있을 때와 똑같이 폭력에 희생당한다.

칼라브리아 비적은 고의로 사람들을 타락시키지는 않는다. 하지만 정부는 원하는 바를 얻기 위해 거짓된 종교적 가르침이나 애국적 사상들을 주입하여 유년 시절부터 성인기까지 세대 전체를 타락시킨다. 무엇보다, 가장 잔인한 강도들, 예컨대 스텐카 라친(17세기 코사크 반란을 이끈 지도자, 1671년 모스크바에서 처형당했다)이나 카르투슈(18세기 초 파리 강도단의 두목)도 잔인함이나 비정함, 창의적인 고문 방법에 있어 대단하다고 하겠지만, 이반 4세, 루이 11세, 엘리자베스 여왕 같은 악명 높은 악당들과는 비교조차 할 수 없을 것이다. 뿐만 아니라 독방과 징계 부대를 운용하고, 소요 사태를 사정없이 진압하며, 전쟁에서 학살을 서슴지 않는 현재의 입헌 자유주의 정부도 강도나 비적 따위와는 비교조차 안 될 것이다.

교회의 경우도 마찬가지지만, 정부에 대해 우리는 숭배 혹은 혐오 외에는 다른 어떤 감정도 느낄 수 없다. 우리는 정부가 무엇인지 깨닫기 전까지는 그리고 교회가 무엇인지 깨닫기 전까지는 이런 기관에 대해 숭배의 감정밖에 느낄 수 없다. 이런 기관에 복종하는 한, 우리의 허영심은 우리에게 이 기관들이 위대하고 신성하고 근원적인 어떤 것이라고 생각하도록 강요한다. 하지만 우리를 이끌던 이런 기관들이 신성하거나 근원적인 것이 아니며, 부적격한 사람들이 덧씌운 기만에 불과하다는 것을 깨닫는 순간이 찾아온다. 권력을 차지한 자들이 우리를 인도한다는 구실 아래 사적인 목적을 위해 우리를 이용했던 것임을 아는 순간, 우리는 이런 자들에 대해 혐오감을 느끼지 않을 수 없다. 그전까지 이런 기관에 얼마만한 가치를 두었느냐에 따라 그가 느끼는 혐오감은 더 커진다.

사람들은 정부가 무엇인지 깨달았을 때 그렇게 느낄 수밖에 없다. 사람들은 이제 정부의 범죄 행위에 참여하는 일이 ― 세금을 내서 돈의 형태로 자기 몫을 하든지 아니면 군대에 들어가 직접 참여하든지 ― 보통 생각하는 대로 별 뜻 없는 행동에 그치지 않는다는 것을 깨닫게 된다. 이 일은 자기 자신과 자신의 형제 동포에 해가 되며, 모든 정부에 의해 끊임없이 저질러지는 범죄에 참여하는 행동이고,

정부가 훈련받은 군대를 유지하며 늘 계획하는 새로운 범죄 음모에 가담하는 행위이다.

정부에 대한 숭배의 시대는 권력자들이 자신들의 자리를 지키며 막강한 영향력을 행사했다. 하지만 이 시대는 점차 사라져가고 있다. 그리고 사람들이 정부가 쓸모없을 뿐 아니라 더욱이 해롭고 매우 부도덕한 기관임을 깨달을 순간이 왔다. 정직하고 자신을 존중하는 사람이라면 결코 정부 활동에 참여하지 않을 것이며, 정부가 제공하는 이익을 구하지 않을 것이다.

사람들은 이 사실을 명확히 깨닫자마자 그런 행위에 참여하는 일, 즉 정부에 병사와 돈을 제공하는 일은 더 이상 하지 않을 것이다. 사람들 대다수가 이런 일을 그만두면, 사람들을 노예화하는 기만은 사라질 것이다.

오로지 이런 식으로 사람들은 노예제에서 해방될 수 있다.


## 우리는 각자 무슨 일을 해야 하는가?

"하지만 이 모든 것은 일반적인 고찰일 뿐이다. 이런 주장이 옳은지 틀린지는 삶에 적용해볼 수 없다." 자신의 지위와 환경에 익숙해 있는 사람들, 자신의 지위와 환경을 바꿀 수 없다고 생각하거나 바꾸고 싶어 하지 않는 사람들은 그렇게 말할 것이다.

"우리에게 말해보시오. 사회를 어떻게 조직할 생각이오?" 부유한 계급의 사람들은 보통 그렇게 묻는다.

그들은 노예주의 역할에 너무나 익숙해 있는 탓에 노동자의 조건을 개선한다는 소리가 들리자 농노 해방 전의 농노주들처럼 즉시 그들의 노예를 위한 온갖 계획들을 고안하기 시작했다. 하지만 그들은 그들에게 다른 사람들을 마음대로 다룰 수 있는 권리가 없다는 사실을 결코 깨닫지 못한다. 그들이 진정으로 사람들에게 좋은 일을 하고 싶다면, 그들이 할 수 있고 또 해야 할 유일한 일은 현재 그들이 하고 있는 옳지 못한 일을 중단하는 것이다. 그들의 악행은 매우 명확하다. 노예 노동자를 고용하고, 그런 일을 그만두려 하지 않을 뿐 아니라 이런 강제 노동을 확립하고 유지하는 데 조력하고 있다는 것이 그것이다. 그들은 당장 이런 일을 그만두어야 한다.

노동 계급 역시 억압적인 노예제 아래서 그릇된 영향을 받는다. 그래서 그들 대부분은 그들의 사정이 좋지 못할 경우 그것이 주인의 잘못이며, 주인이 너무 적은 봉급을 지급하면서 생산 수단을 차지하고 있기 때문이라고 생각한다. 그들은 그들의 생활 조건이 오로지 그들에게 달려 있다는 사실을 알지 못한다. 그들이 그들과 그들의 형제·이웃의 지위를 개선하고자 한다면, 각자에게 스스로 할 수 있는 최선일 뿐 아니라 가장 중요한 일은 옳지 못한 행동을 더 이상 하지 않는 것임을 알아야 한다. 그들이 되풀이하고 있는 옳지 못한 행동은, 그들을 구속하고 있는 바로 그 수단들을 통해 그들의 물질적 조건을 개선하기를 바라고, 그들이 받아들인 생활 습관을 유지하기 위해 인간의 존엄성과 자유를 희생시키는 것이다. 그들 노동자들은 굴욕적이며 부도덕한 일자리를 받아들이고, 불필요하고 유해한 물건들을 만들어내며 무엇보다 세금을 내거나 직접 참여함으로써 정부의 활동을 뒷받침하고 있다. 이 때문에 그들은 스스로 노예가 되는 것이다.

현재의 상황을 개선하고자 할 때, 부자나 노동자들 모두 자신의 이익만을 추구할 경우 결코 개선이 이루어질 수 없다는 사실을 깨달아야 한다. 참여는 희생을 요구한다. 사람들이 진정으로 자신의 지위뿐만 아니라 형제·동포들의 지위를 향상시키기를 원한다면, 익숙해 있는 삶의 방식을 바꾸고 그동안 누리고 있던 유리한 지위를 포기하려는 마음가짐을 가져야 할 뿐 아니라 격심한 투쟁에 대비해야 한다. 이 투쟁은 그러나 정부에 대한 투쟁이 아니라 자기 자신과 자기 가족들에 대한 투쟁이 될 것이다. 또 정부의 요구에 따르지 않았을 때 따르는 처벌을 견뎌야 할 것이다.

따라서 "무엇을 해야 하는가?"라는 질문에 대한 대답은 매우 간단하다. 그 대답은 원칙론적일 뿐 아니라 모든 사람들에게 매우 실제적이고 타당하다고 하겠다. 물론 부유한 계급의 사람들은 자신들은 선하기 때문에 교화되어야 하는 사람들은 자기 자신들이 아니라 다른 사람들이라고 믿는다. 반면 노동자들은 그들의 생활환경이 너무도 열악한 것은 자기 자신들이 아니라 자본가들 때문이라고 확신한다. 따라서 자본가들로부터 부를 빼앗아와야지만 상황을 바로잡을 수 있으며, 부자들이 현재 누리고 있는 삶의 편의를 모든 사람들이 누릴 수 있도록 사회 질서를 변화시켜야 한다고 생각한다. 하지만 우리의 대답은 이렇게 복잡하지 않고, 매우 간단하며 실제적이고 실용적이다. 왜냐하면 그 대답은 우리 각자가 의심할 여지 없이 현실적이고 정당한 힘을 행사할 수 있는 단 한 사람, 즉 자기 자신에게 행동을 요구하기 때문이다. 노예든 노예 주인이든 어떤 사람이 진정으로 자신의 조건뿐만 아니라 모든 사람들의 보편적인 조건을 향상시키고자 한다면, 그는 그와 그의 이웃을 노예화시키는 옳지 못한 일들을 더 이상 하지 말아야 한다. 그와 그의 형제·동포들에게 불행을 가져오는 옳지 못한 일들을 중단하기 위해서는 먼저 자의든 타의든 정부 행위에 참여하는 일을 그만두어야 한다. 따라서 일개 병사나 야전 사령관, 국무 장관, 세무 관리, 법정 증인, 시 의회 의원, 배심원, 주지사, 국회 의원이나 국가 폭력과 관련된 그 어떤 지위도 받아들이지 말아야 한다. 이것이 한 가지 방법이다.

두 번째로 직접세든 간접세든 정부에 대한 세금을 납부하지 말아야 한다. 또 세금으로 거두어들인 돈에서 지출되는 것이라면, 봉급이든 연금이든 포상금이든 어떤 돈도 받지 말고, 국민에게서 거두어들인 세금으로 운영되는 정부 기관을 이용하지 말아야 한다. 이것이 또 한 가지 방법이다.

세 번째로는 토지 재산이나 또 다른 소유 재산의 보호를 위해, 또 자기 자신이나 친지들의 신변 보호를 위해 국가의 폭력에 호소하지 말며, 다른 사람이 자신에게 권리를 주장하지 않는 한에서 토지나, 자기 자신 또는 다른 사람의 노동으로 얻은 생산물을 소유해야 한다. "하지만 그런 일은 불가능하다. 국가의 일이면 뭐든 참여하기를 거부한다면, 그것은 살기를 거부하는 것과 마찬가지다." 사람들은 그렇게 말한다. "입대를 거부하는 사람은 감옥에 갇힐 것이다. 세금을 내지 않는 사람은 처벌을 받을 것이며, 세금을 그의 재산에서 가져갈 것이다. 누군가 생계 수단이 없으면서 국가의 도움을 거절한다면, 그는 가족과 함께 굶어죽을 것이다. 재산을 보호해주고 연금을 지급하는 정부의 행위들을 거절하는 사람이 있다면, 그에게도 똑같은 일이 벌어질 것이다. 세금이 붙은 물건을 사용하지 않는 일이나 정부 기관을 이용하지 않는 일은 완전히 불가능하다. 왜냐하면 대부분의 필수품에는 세금이 붙기 때문이다. 같은 식으로 우체국이나 도로처럼 정부 기관이나 시설 없이 살아가는 일도 불가능하다."

오늘날 정부 폭력에 완전히 참여하지 않고 살아가는 일이 힘든 것은 사실이다. 하지만 모든 사람이 정부 폭력에 참여하지 않은 채 삶을 꾸려나갈 수는 없다는 사실이 정부 폭력에서 점진적으로 해방될 수 없다는 사실을 의미하는 것은 결코 아니다. 모든 사람에게 징병을 거부할 만한 용기가 있는 것은 아니다. 물론 그런 사람들이 현재도 있고, 미래도 있을 테지만 말이다. 그러나 자발적으로 군대나 경찰에 들어가는 것을 거부하고, 법원이나 세무서 관리가 되는 것을 거부하고, 보수가 좋은 공직보다 보수가 나쁜 민간 직업을 우선적으로 선택할 수는 있다.

모든 사람에게 토지 재산을 단념할 만한 신념을 기대하기는 어렵다. 비록 그런 사람들이 얼마간 있다고 하더라도 말이다. 그러나 토지 재산의 불합리성을 이해한다면, 모두가 그 정도를 줄일 수는 있을 것이다. 또 모두가 자본의 소유를 포기하기는 힘들다. 그런 사람들이 몇몇 있지만 말이다. 그러나 사람들이 저마다 욕구와 필요를 줄이면 선망과 부러움을 낳는 상품들의 수요 또한 점점 더 줄어들 수 있을 것이다. 모든 관리가 정부에서 주는 봉급을 포기할 수는 없을 것이다. 물론 부정직한 정부에서 일하느니 차라리 굶어죽겠다는 사람이 있기는 하지만 말이다. 그러나 모든 사람들이 폭력과의 연관성이 적은 업무를 하기 위해 더 적은 보수를 택할 수는 있을 것이다. 모든 사람들이 공립학교에 들어가기를 거부할 수는 없을 것이다. 비록 그런 사람들이 현재 몇몇 있다고 하더라도 말이다. 하지만 모든 사람들이 사립학교에 우선적으로 들어가고 싶어 하는 일이 생길 수 있을 것이다. 그리고 사람들이 세금 붙은 상품이나 정부 기관과 시설을 이용하는 일을 점점 더 줄일 수도 있을 것이다.

야만적인 폭력에 기초한 기존 질서와, 관습에 의해 뒷받침되는 이성적 합의에 기초한 이상 사회 사이에는 무수히 많은 단계가 놓여 있다. 인류는 이 단계들을 밟아나가고 있다. 이상에 도달하기 위해서는 우리는 폭력에 참여하고 폭력을 이용하고 폭력에 익숙해지는 일로부터 멀리 벗어나야 한다.

정부가 약화되고 인간이 해방되는 과정이 어떤 식으로 진행될지 우리는 알 수 없고 짐작할 수도 없으며, 신뢰가 가지 않는 학자들처럼 예언을 할 수도 없다. 우리는 점진적인 해방이 진행되면서 인간의 삶이 어떤 형태로 변화해갈지도 알 수 없다. 하지만 정부 행위의 유해성과 범죄적 측면을 깨닫고 정부 행위에 참여하기를 거부하는 사람들의 삶이 현재와 완전히 다르고 삶의 규범이나 우리의 고유한 양심과 훨씬 더 조화를 이룰 것이라는 사실은 분명하다. 현재 사람들은 정부 폭력에 참여하여 그것을 이용하는가 하면, 한편으로 정부 폭력에 대항하며 새로운 폭력으로 기존의 폭력을 타파하려 하고 있다.

가장 중요한 점은 현재 삶의 질서가 부당하다는 것이다. 이에 관해서는 모두가 동의한다. 부당한 조건과 현존하는 노예제의 원인은 정부가 이용하는 폭력에 있다. 정부 폭력을 없애버리는 길은 단 한 가지다. 사람들이 거기에 참여하지 않으면 된다. 따라서 정부 폭력에 참여하지 않는 일이 어려운지 쉬운지, 그러면 바라던 결과를 얻을 수 있을지 없을지 묻는 것은 쓸데없는 일이다. 왜냐하면 사람들을 노예제에서 해방시키기 위해서는 그 방법 단 하나밖에 없기 때문이다. 다른 방법은 없다!

관습이 뒷받침하는 자발적인 합의가 각 사회와 전 세계의 폭력을 언제 어느 정도로 몰아낼 수 있을지는 사람들 속에서 성장한 의식이 얼마만큼 강력하고 얼마만큼 명확한가 그리고 이런 의식을 자신의 것으로 만든 사람들이 얼마나 많은가에 달려 있다. 우리는 각자 별개의 사람들이다. 각 개인은 당면한 목표를 명확하게 인식함으로써 인류의 보편적인 운동의 참여자가 될 수도 있고, 반대로 진보의 적이 될 수도 있다. 각 개인은 선택을 해야 한다. 모래 위에 짧고 헛된 삶의 불안정한 집을 지어 신의 뜻에 거스를 것인가 아니면 신의 뜻에 따라 죽음 없이 영원히 계속될 진정한 삶의 운동에 참여할 것인가.

하지만 어쩌면 내가 틀린 것일지도 모른다. 인간의 역사에서 끌어낼 수 있는 올바른 결론은 위와 같지 않을 수도 있다. 인류는 노예제의 해방을 향해가고 있는 게 아닌지도 모른다. 어쩌면 폭력은 진보의 필수적인 요소이며, 폭력 기관을 갖춘 국가는 삶의 필수적인 형태이고, 정부가 사라지면 그리고 우리와 우리의 재산을 보호해줄 수단이 사라지면 더 끔찍한 일이 벌어질지도 모른다.

그러나 그렇다고 가정하더라도, 이상의 모든 추론이 틀렸다고 하더라도, 인류의 삶에 관한 일반적인 고찰 말고도 각 개인은 자신의 삶에 관한 질문에 직면해야 할 것이다. 일반적인 삶의 규범에 대한 고찰이 어떻든 한 인간은 해로우며 더욱이 옳지 못하다고 인정하는 일들을 할 수는 없다.

"역사에서, 국가가 개인적 삶의 성장에 필요한 틀이고 정부의 폭력이 올바른 사회의 필수적인 요소라는 추론을 끌어낼 수도 있으며, 사실 그게 맞다." 누군가 그렇게 주장한다면, 오늘날의 정직하고 진실한 사람들은 이렇게 대답할 것이다. "하지만 살인은 죄악이다. 그건 내가 아는 어떤 추론보다 확실한 사실이다. 당신은 나더러 입대하라거나, 아니면 병력을 모으고 그들을 무장시키고 대포를 구입하고 전함을 건조할 목적으로 세금을 내라고 하면서 내가 살인 행위의 공범자가 되기를 원하는데, 나는 결코 그런 일을 할 수 없고 하지도 않을 것이다. 또한 나는 당신이 죽이겠다고 위협하여 굶주린 사람들로부터 거두어들인 돈을 쓰고 싶지도 않으며 그런 일을 하지도 않을 것이다.

그 일이 범죄라는 사실을 깨닫기 전에는 그런 일들을 할 수 있었다. 하지만 이제 사실을 안 이상, 나는 그 사실에서 눈을 돌릴 수 없고, 다시는 그런 일에 내 손을 내밀지 않을 것이다.

우리 모두가 너무도 깊이 폭력에 연루되어 있으며 폭력의 고리들을 모두 피하기는 어렵다는 사실도 알고 있다. 하지만 나는 그럼에도 불구하고 내가 할 수 있는 일을 할 것이며 폭력에 참여하지 않기 위해 노력할 것이다. 나는 공범이 되지 않을 것이다. 살인 행위로 얻고 또 지키는 것이라면 그것에는 결코 손을 대지 않을 것이다."

내 인생은 한 번뿐이다. 이 짧은 인생에 왜 내가 양심의 소리를 저버리고 당신의 가증스런 범죄의 공범자가 되어야 한단 말인가? 나는 그럴 수 없다. 그러지 않겠다.

그래서 어떤 일이 생길지 나는 알지 못한다. 단 나는 양심의 요구에 따른다면 아무런 해가 되지 않으리라 생각한다."

따라서 오늘날 정직하고 진실한 사람이라면 누구나 정부와 폭력의 필요성에 관한 모든 주장과 정부 폭력에의 참여를 설득하거나 요구하는 모든 목소리에 대답해야 한다.

일반적인 고찰이 인도하는 결론은 이렇게 거역할 수 없는 지고의 재판관, 즉 양심의 목소리에 의해 각 개인에게서도 타당성을 입증받을 수 있다.

## 맺음말

내가 쓴 글을 읽고 많은 사람들은 이렇게 말할 것이다. "하지만 이것은 오래전부터 되풀이되던 똑같은 설교에 불과하다. 기존의 질서를 교란·전복하라고 촉구하면서 한편으로는 아무런 일도 하지 말라고 한다. 정부의 행위는 나쁘다. 지주나 사업가의 행위도 나쁘다. 사회주의자와 혁명적 아나키스트의 행위도 마찬가지다. 즉 모든 실제적인 활동이 나쁘고, 도덕적이며 영적이고 애매한 몇 가지 행위만이, 완전한 혼돈과 무기력을 낳는 이런 행위만이 좋다고 한다."

비폭력의 개념에서 사람들이 가장 당혹스러워하는 부분은 재산이 보호받지 못하고 따라서 누구나 다른 사람들로부터 필요한 것을 빼앗고도 처벌을 받지 않을 수도 있다는 것이다. 폭력을 통한 재산과 생명의 보호에 길들여진 사람들에게는 그런 보호가 없으면 영구적인 무질서가 벌어지고 만인에 대한 만인의 투쟁이 끊임없이 벌어질 것처럼 보이는 게 당연하다.

폭력을 통한 재산의 보호가 이런 무질서를 줄이지 못하고 오히려 확대시킨다는 사실은 다른 곳에서 이미 설명했기 때문에 다시 거론하지 않겠다. 하지만 보호의 부재 가운데 무질서가 벌어질 수 있다고 인정해보자. 그러면 자신들이 겪는 재앙의 원인을 깨달은 사람들은 무슨 일을 해야 하는가?

술 때문에 몸이 아프다는 것을 알면, 우리는 술을 더 이상 마시지 않거나, 의사가 주는 약을 먹어야 한다.

사회적 질병 또한 마찬가지다. 어떤 사람들이 다른 사람들에게 폭력을 휘두르기 때문에 사회가 병든 것임을 알면, 우리는 사회의 조건을 개선하기 위해 기존의 정부 폭력을 계속 지지하거나 새로운 종류의 혁명적 폭력이나 사회주의적 폭력을 끌어들이려 하지 않을 것이다. 그러나 불행의 근본적 원인이 명확하게 인식되지 않는 동안에는 그러한 일들이 일어날 수 있다. 그 뒤 어떤 사람들이 다른 사람들의 폭력에 고통을 당하고 있다는 사실이 분명해지면, 기존의 폭력을 계속 지지하거나 새로운 형태의 폭력을 끌어들여 사회의 조건을 개선시키는 것이 불가능하다는 것을 알게 될 수밖에 없다. 술 때문에 아픈 사람을 치료하는 방법은 한 가지다. 병의 원인이 되는 술을 그만 마시게 하는 것이다. 이와 마찬가지로 사람들을 사회의 악폐에서 해방시키는 방법은 한 가지며, 그것은 고통의 원인인 폭력을 근절하고, 폭력을 가르치거나 폭력을 정당화하는 어떤 일도 금지하는 것이다.

이것이 인간을 병에서 구할 수 있는 유일한 방법이기도 하지만, 이것이 오늘날 각 개인의 도덕적 각성과 일치되기 때문에 우리는 이 방법을 받아들여야 한다. 살해 위협 또는 실제의 살해로 폭력을 통한 재산과 생명의 보호가 가능한 것임을 안다면, 사람들은 마음 편히 살해 행위 또는 살해 위협으로 얻은 것을 이용하지 못할 것이며 더욱이 살해 행위나 살해 위협에 가담하지는 못할 것이다. 따라서 사람들을 불행에서 해방시키기 위해서뿐만 아니라 모든 개인의 도덕적 각성을 만족시키기 위해서도 폭력을 근절해야 한다. 그러므로 각 개인에게도, 일반적인 선을 위해서나 삶의 규범을 온전히 따르기 위해서나 폭력에 참여하지 말고 폭력을 정당화하지 말며 폭력을 이용하지 말아야 한다는 것은 의혹의 여지가 없다.(1900)

# 사회주의, 국가, 기독교도

에드워드 벨라미의 『뒤돌아보면』은 훌륭한 책이다. 하지만 오랫동안 악이 계속되면 선이 저절로 모습을 드러낸다는 사회주의적·마르크스적 개념은 옳지 못하다. "자본은 소수의 손 안에 축적된다. 이 과정은 자본이 한 사람에게 집중됨으로써 끝이 난다. 모든 노조 역시 하나로 단결하게 된다. 자본과 노동은 나뉘어 있다. 하지만 권위 또는 혁명이 이들을 결합시키면 모든 것이 좋아질 것이다." 요점은 우리의 문명 가운데 어떤 것도 축소되거나 소멸되지 않으리라는 것이다. 똑같은 저택과 똑같은 진수성찬, 사탕 과자, 포도주, 마차, 말 등. 단 이 모든 것을 만인이 누릴 수 있다고 한다.

이것이 불가능하다는 사실을 알지 못하다니 이해하기 힘든 일이다. 예컨대 야스나야 폴랴나의 집에 있는 사치품들을 농민들에게 나누어준다고 해보자. 그건 소용없는 일이다. 왜냐하면 사치품들이 농민들에게는 전혀 쓸모가 없기 때문이다. 사치품은 내버려야 한다. 폭력과 자본, 발명이 불필요한 물품의 생산에 치우쳐 있는 한 아무 것도 이룰 수 없다. 대중이 필요로 하는 것을 제공하기 위해서는 모든 것을 제대로 살펴보아야 한다.

하지만 무엇보다 중요한 일은 문명이 이루어놓은 진보를 버리고, 우리의 불행을 가져온 저 가혹한 불평등을 더 이상 허용하지 않는 것이다. 형제를 진정으로 사랑한다면, 집을 잃은 형제에게 응접실을 내주는 일을 주저하지 않을 것이다. 사실 우리는 형제에게 기꺼이 거처를 제공해주리라 말하지만, 단 손님이 왔을 때 응접실을 자유롭게 사용할 수 있어야 한다는 조건을 달곤 한다. 우리는 누구를 섬길지 결정해야 한다. 하나님인가 부富의 신인가. 둘 모두를 섬기는 것은 불가능하다. 하나님을 섬길 생각이라면, 우리는 사치품과 문명을 버릴 준비를 해야 한다. 훗날 이것들을 다시 세상에 내놓는다 하더라도, 그것은 모든 사람들에게 공평하게 혜택이 돌아가는 한에서 이루어져야 한다.

가장 유익한 사회 질서(경제적 측면이나 혹은 다른 면에서도)는 각자가 만인의 이익을 생각하고 이를 위해 무조건적으로 헌신하는 형태이다. 만약 모든 사람들이 이렇게 행동한다면, 각자 가능한 최대의 선을 이끌어낼 수 있을 것이다.

가장 무익한 사회(경제적 측면이나 혹은 다른 면에서도)는 각자가 오로지 자기 자신을 위해 일하고, 오로지 자기 자신에게 의존하고 자기 자신만을 염두에 두는 사회다. 이것이 보편적인 사회적 행태라면, 서로를 위해 일하는 사람들이 전혀 없는 사회라면, 나는 그런 사회에서는 사람이 살 수 없다고 생각한다.

하지만 사람들은 다른 사람들의 이익을 그다지 바라지 않는다. 반대로 각각의 개인은 보통 다른 사람을 희생해서라도 자신의 이익을 얻기 위해 애쓴다. 하지만 이런 상황은 너무도 무익하여 갈등 속에서 사람들은 곧 약해진다. 이제 당연하게 한 사람이 다른 사람들을 지배하는 상황이 발생하고, 그들은 그를 섬기게 된다. 그 결과 무익한 개별적 노동 대신 훨씬 더 큰 이익을 창출하는 집단의 노동이 시작된다.

하지만 집단적 노동이 발달한 이런 사회에서는 불평등과 억압이 나타난다. 그리하여 사람들은 (협동조합이나 자치 공동체처럼) 평등을 위한 시도나 (정치적 권리처럼) 인간 해방을 위한 시도를 벌인다. 평등화는 언제나 노동 생산성의 저하를 불러온다. 보수를 균등화하기 위해 유능한 노동자가 무능한 노동자의 상황에 맞추어지고, 누구도 보수를 더 많이 받을 수 없게 노동이 분배되기 때문이다. 토지를 분배할 때도 같은 식이고, 그렇기 때문에 토지 면적은 점점 더 좁아진다. 이것은 모든 사람에게 손해가 된다. 정치적 권리를 통한 억압에서의 해방은 더 큰 흥분과 악의를 낳는다. 평등과 억압에서의 해방을 위한 시도는 이런 식으로 이루어지지만 아무런 성과도 없으며, 한 사람에 의해 더욱 더 많은 수의 사람들이 통합·예속되는 과정이 진행된다. 노동의 중앙 통제가 심해질수록 이익은 더 커진다. 하지만 불평등 역시 더 커지고 참기 힘들어진다.

그렇다면 어떻게 해야 하는가? 개별적 노동은 이익이 적다. 중앙 통제된 집단적 노동은 이익이 크지만, 불평등과 억압이 참을 수 없을 만큼 심하다.

사회주의자는 모든 자본을 국가에게, 인류에게 양도함으로써 불평등과 억압을 제거하기를 원한다. 따라서 중앙 통제된 집단은 인류 자체가 된다. 하지만 우선 말하자면, 인류뿐 아니라 국민들은 아직 그 필요성을 인정하지 않고, 그러기 전까지는 이 체제가 인류 전체에 의해 받아들여질 수 없다. 두 번째로 자신들의 행복만을 위해 애쓰는 사람들 가운데서 권력을 남용하지 않고 인류의 자본을 사심 없이 운용할 만한 사람 — 또 다시 세계에 불평등과 억압을 불러오지 않을 사람 — 을 찾기는 힘들 것이다.

따라서 인류는 딜레마에 직면하지 않을 수 없다. 중앙 통제된 노동으로 이루어왔던 진보를 버려야 하느냐 — 평등을 침해하거나 억압을 허용하기보다는 후퇴를 감수해야 하느냐 — 아니면 장작을 패면 파편이 튀듯이 불평등과 억압이 있을 수밖에 없고, 희생자들이 있을 수밖에 없으며, 투쟁이 인류의 법칙임을 인정하느냐, 둘 중 하나를 선택해야 한다. 사실상 후자의 견해가 특정한 사람들에 의해 받아들여지며 지지를 받고 있다. 하지만 이와 함께, 가지지 못한 자의 항의와 억압받는 자의 신음과 불만을 품은 자의 목소리가 그리스도의 이상, 진실과 선의 이상에 호소하며 더욱 더 크게 들려오고 있다. 물론 이 이상은 우리 사회에서는 형식적으로만 인정되고 있을 뿐이다.

하지만 모든 사람이 공통된 목적에 헌신하고 이런 식으로 커다란 전체를 이룬다면 만인에게 가장 큰 이익이 돌아가리라는 것은 명약관화한 사실이다. 하지만 현실은 이와 다르다. 그렇다고 해서 우리가 모든 사람의 영혼 속에 들어가 마음을 조종할 수는 없는 일이며, 모든 사람을 설득하기는 불가능하거나 그럴 수 있다고 하더라도 무한한 시간이 걸릴 것이다. 그래서 오로지 하나의 길만이 남는다. 소수에 의한 다수의 지배에서 비롯되는 중앙 통제된 노동에 조력하고, 가지지 못한 자와 가진 자의 불평등을 감추고, 그들의 비난을 피하고, 억압받는 자를 돕거나 그들에게 자선을 베푸는 것이 그것이다.

칼 마르크스(1818~1883)

그리고 이게 현실이다. 하지만 이와 함께 자본의 집중은 더 커지고, 불평등과 억압은 유례없이 가혹해지고 있다. 보다 더 많은 사람들의 의식이 깨어나, 불평등과 잔혹한 억압의 존재가 억압받는 자나 억압하는 자에게 보다 분명해진다.

이런 방향으로는 사회가 더 이상 진전될 수 없다. 그래서 생각이 없는 사람들, 논리적 추론을 할 수 없는 사람들은 헛된 제안을 한다. 사람들을 교육시켜 보다 큰 이득을 얻기 위해서는 협력이 필요하다는 사실을 깨닫게 하자는 것이다. 하지만 이 제안은 불합리하다. 큰 이득이 목적이라면, 자본주의 조직 내에 있는 사람들은 혼자만 이런 이득을 얻으려 할 것이다. 따라서 이런 제안은 탁상공론에 불과하다.

만인에게 가장 유익한 조직은 모든 사람의 목적이 이득이나 물질적 안락이 아니라 세속적 행복과 상관없는 영적 안녕일 때 모습을 드러낸다. 그때가 되면, 모든 사람들은 진심에서 우러나와 "가난한 자에게 복이 있나니, 슬피 우는 자에게, 박해받는 자에게 복이 있나니."라고 말할 것이다. 만인이 물질적인 행복이 아닌 영적인 행복 — 희생이 따르고 희생에 의해 입증되는 — 을 추구할 때만, 그럴 때만, 만인의 최대 행복이 가능하다.

간단한 예를 들어보자. 사람들이 함께 산다. 만약 그들이 정기적으로 청소를 하고 자발적으로 정리를 한다면, 방을 깨끗한 상태로 유지하기 위해 각자가 할 일은 매우 적을 것이다. 하지만 모두가 깨끗이 정돈되어 있는 방에 익숙해 있어 방을 치우려 하지 않는다면, 방을 깨끗한 상태로 유지하고 싶어 하는 사람은 어떻게 해야 하나?

그는 혼자서 전부 청소를 해야 하고, 아마 먼지를 뒤집어쓰게 될 것이다. 만약 그러지 않고 자기 몫만 청소를 한다면, 방은 그가 바라는 만큼 깨끗해지지는 않을 것이다. 물론 다른 사람들에게 지시를 내려 함께 치우면 쉬울 것이다. 하지만 그런 지시를 내릴 수 있는 사람은 아무도 없다. 따라서 한 가지 방법밖에 없다. 다른 사람들을 위해 일을 다 하는 것이다.

정말로 모든 사람들이 자기 자신을 위해 사는 세계에서 적당히 다른 사람을 위해 산다는 것은 불가능한 일이다. 그러기 위해서는 온전히 자기 자신을 버려야 한다. 이것이 바로 그리스도를 통해 깨달은 양심의 목소리다.

하나님의 나라는 왜 기존의 정부 폭력이나, 혁명이나 국가 사회주의나, 아니면 기독교 사회주의자들이 설교하는 방법으로 실현될 수 없는가? 포교와 점차 성장해가는 인간의 의식이 기독교 사회주의자들에게 도움이 되지 않을까?

인간의 목적이 개인적 삶의 안녕인 한, 누구도 자신의 행복을 쟁취하기 위한 이 투쟁에서 단순히 자기 몫을 얻은 걸로 만족하고 거기서 그치려 하거나, 모든 사람의 안녕을 요구하는 걸로 자신의 요구를 한정시키려 하지는 않을 것이다. 아무도 그럴 수 없다. 왜냐하면 적정한 몫이 얼마나 되는지 알기가 불가능하기 때문이다. 사람들은 늘 자신의 필요를 과장하는 법이다. 그리고 적정한 몫을 알 수 있다고 해도 사람들은 단순히 필요한 것만을 요구하지는 않을 것이다. 물론 현실을 따지자면, 그는 그만한 정도도 얻지 못할 것이다. 사람들의 요구는 정의가 아니라 개인적 이익에 의해 조정되며, 물질적 행복은 정당한 요구가 아니라 (현재 그렇듯이) 경쟁과 다툼을 통해 달성된다는 것은 분명하다.

사람들이 저마다 개인적인 안녕을 추구하는 상황에서라면, 일을 정의롭게 처리하기 위해서는 각자의 몫으로 돌아갈 물품의 양을 결정할 필요가 있다. 그리고 권력에 있는 자들은 사람들이 적정한 몫 이상을 가져가지 못하도록 막아야 한다. 이 두 가지 임무를 동시에 맡은 사람들은 과거부터 현재까지 늘 있어왔다. 그들은 바로 우리의 통치자들이다. 하지만 현재까지 군주국이든 공화국이든 물품의 양을 결정하고 그것을 분배하는 일에서 부정을 저지르지 않은 자를 찾을 수 없다. 그들은 그들이 맡은 임무를 자기 자신과 조력자들의 이익을 챙기기 위해 저버린다. 그리하여 이런 방법이 불만족스럽다는 것은 모두가 알고 있는 사실이 되었다. 이제 어떤 사람들은 기존의 정부를 폐지하고, 주로 경제를 관리하는 목적에 필요한 새로운 형태의 정부를 세워야 한다고 말한다. 이런 정부는 모든 자본과 토지가 공동의 재산임을 인정하면서 인간의 노동을 관장하고, 노동한 만큼에 따라, 혹은 일부가 주장하듯 필요에 따라 물품을 분배할 것이라고 한다.

하지만 지금까지 이런 형태의 조직을 만들기 위한 시도는 모두 성공하지 못했다. 하지만 이런 실험이 없었다고 하더라도 개인적 행복을 추구하는 사람들 가운데서 이런 조직이 실현될 수 없으리라는 것은 분명한 사실이다. 왜냐하면 경제를 관리할 사람들 — 그들 대다수 — 역시 개인적 행복을 위해 애쓰는 사람들이기 때문이다. 그들은 새로운 경제 질서를 조직하고 유지하는 과정에서 필연적으로 이전 조직의 관리자들만큼 자신의 개인적 이익을 추구할 것이고, 따라서 그들이 맡은 소임의 원래 목표는 훼손될 것이다.

어떤 사람은 "지혜롭고 고결한 사람을 뽑으라"고 말한다. 하지만 지혜롭고 고결한 사람은 지혜롭고 고결한 사람밖에는 뽑을 수가 없다. 만약 모든 사람이 지혜롭고 고결하다면, 조직 같은 것은 아예 필요 없을 것이다. 따라서 모든 사람들이 혁명적 사회주의자들이 주장하는 바가 불가능하다는 것을 알게 된다. 사회주의자들의 주장이 시대에 뒤떨어지고 아무런 성과를 내지 못하는 것도 바로 그 이유다.

이제 우리는 세 번째 가르침에 다다른다. 바로 기독교 사회주의의 가르침이다. 기독교 사회주의자들은 인간의 각성을 자극하는 포교를 제안한다. 하지만 이것이 성공하기 위해서는 모든 사람이 똑같이 노동 공동체의 이점을 분명히 의식해야 하고, 이런 의식이 모든 사람에게 동시에 성장해야 한다. 그러나 이 두 가지 조건을 만족시키지 못하면, 경쟁과 다툼이 아닌 공동체의 이익에 기초한 경제 조직이 실현될 수 없으리라는 것은 자명한 사실이다.

따라서 인간의 목적이 개인적 행복인 한 현재의 조직보다 더 나은 조직은 존재할 수 없다.

기독교 사회주의를 주장하는 자들의 오류를 한번 보자. 그들은 복음서에서 보편적 행복에 관한 실제적 결론을 도출해냈다. 하지만 그것은 복음서에서는 사실 목적이 아닌 수단으로 제시되어 있을 뿐이다. 복음서는 삶의 길을 가르쳐주며, 그 길로 나아가면 물질적 행복에 도달할 수 있다고 말한다. 사실 그럴 수 있다. 하지만 그것은 목적이 될 수 없다. 복음서의 가르침의 목표가 물질적 행복의 달성에 국한된다면, 오히려 물질적 행복에 도달하지 못할 것이다.

목표는 보다 높이 보다 멀리 있다. 이 가르침의 목적은 물질적 행복이 아니라 영혼의 구원, 즉 인간의 내부에 존재하는 신성의 구원에 있다. 구원은 개인적 삶을, 따라서 물질적 안녕을 버림으로써, 또 이웃의 행복을 위해 애씀으로써, 즉 사랑을 베풂으로써 이루어질 수 있다. 인간이 최대의 행복을 얻을 수 있는 방법 — 이 세상에 하나님의 왕국을 건설할 수 있는 방법 — 은 바로 이것이다.

개인적 행복을 추구한다면, 개인적 행복도 보편적 행복도 이룰 수 없다. 무사무욕을 추구해야 개인적 행복과 보편적 행복을 이룰 수 있다.

이론적으로 인간 사회는 세 가지 형태가 가능하다. 첫 번째 사회를 보자면, 사람들 — 가장 훌륭한 사람들, 하나님의 백성 — 이 인류에 최대의 행복을 보장해주는 법을 만들고 권력 기관이 이 법을 시행한다. 이런 시도가 과거부터 있어왔지만, 권력 기관이 법을 집행하며 권력을 남용하고 법을 위반했다. 이런 일은 권력자들뿐 아니라 그들의 많은 조력자들도 저질렀다. 그러자 "자유방임, 무사통과"라는 두 번째 계획이 등장했다. 이것은 권력 기관이 필요 없고, 모든 사람이 각자의 행복을 위해 노력하면 정의가 저절로 실현된다는 개념이다. 하지만 이 계획은 두 가지 이유로 인해 성공하지 못한다. 첫째, 권력 기관이 없어지지 않고 또 사람들은 권력 기관이 없어지면 안 된다고 생각하기 때문이다 — 사람들은 권력 기관이 사라져 강도를 붙잡지 못한다면, 강도들이 활개를 치리라고 생각한다. 이런 사회에서는 권력 기관이 존재하는데도, 각자 이익을 추구하는 인간들의 투쟁은 불공평하다. 어떤 사람들이 다른 사람들보다 강하다는 이유뿐만 아니라 이 투쟁에서 권력 기관이 일부의 사람들을 돕는다는 이유도 있다. 자유방임 계획이 성공할 수 없는 두 번째 이유는 개인적 행복을 추구하는 만인의 끝없는 투쟁에서는 사소한 이점이 커다란 이점으로 확대되고, 필연적으로 불평등이 발생하기 때문이다.

마지막으로 세 번째 사회를 보자. 여기서는 사람들이 타인의 행복을 위해 사는 것이 이롭다는 깨달음에 도달하고, 모든 사람들이 이를 따른다. 기독교 신앙이 가르쳐주는 것도 바로 이것이다. 이런 이상의 실현에 방해가 되는 외적 장애물은 전혀 없다. 정부나 자본, 기존의 사물 질서가 존재하든 말든 이상은 인간이 지니고 있는 삶의 개념이 성숙하는 순간 달성될 것이다. 이상의 실현이 특별한 때에 이루어지리라 생각할 필요는 없다. 더 높은 삶의 개념을 얻고 나서 타인의 행복을 위해 자신을 포기한 개개인들은 이미 이상의 실현에 기여하고 있는 것이다. 우리가 인간의 삶에 관해 깨달은 뒤 이런 일은 계속해서 일어나고 있다.

사회주의자들은 말한다. "우리가 문화와 문명의 축복을 빼앗기고 미개한 군중들의 수준으로 떨어지지는 않을 것이다. 오히려 물질적 행복에서 제외되어 있던 사람들이 우리의 수준으로 올라올 것이고, 문화와 문명의 축복을 함께 누리게 될 것이다. 이를 가능케 하는 것은 과학이다. 과학은 우리에게 자연을 정복하는 법을 가르쳐준다. 과학 덕분에 우리는 자연의 생산성을 무한히 증가시킬 수 있다. 전

기로 나이아가라 폭포나 강, 바람의 힘으로 전력을 이용할 수도 있다. 태양도 이용할 수 있다. 모든 것이 모든 사람들이 쓸 수 있을 만큼 풍족할 것이다. 현재는 인류 가운데 소수만이, 즉 권력을 가진 자들만이 문명과 문화의 혜택을 받고 있다. 나머지에게는 혜택이 돌아가지 않고 있다. 그러나 부가 증가하면, 모든 사람들이 풍족해질 것이다." 하지만 문제는 권력을 쥐고 있는 자들이 오랫동안 필요한 것이 아니라 필요 없는 것, 가질 수 있는 모든 것을 가지는 데 익숙해져 있다는 사실이다. 따라서 아무리 부가 증가하더라도 상류층은 오로지 자신들을 위해 부를 가로챌 것이다.

필수품의 경우 누구도 일정 정도 이상은 사용하지 못한다. 하지만 사치품의 경우는 한도 끝도 없다. 수천 톤의 금으로 집을 장식할 수 있으며, 수백만 에이커의 땅을 공원으로 조성할 수도 있다. 이게 사실 현재의 실정이다. 따라서 생산성이나 부가 증가하더라도, 상층 계급이 잉여의 부를 사치품에 소비할 수 있는 권력과 욕망을 소유하고 있는 한, 하층 계급의 여건은 조금도 나아지지 않을 것이다. 오히려 생산성이 증가하고, 자연의 힘에 대한 통제력이 커지면, 상층 계급의 권력만 커질 뿐이다.

하층 계급 쪽에서 부자들과 부를 공유하려는 시도 — 혁명, 파업 — 는 갈등을 낳는다. 갈등은 부의 무익한 낭비다. 갈등 속에서 다투는 당사자들은 "내가 가질 수 없다면 차라리 아무도 가지지 못하는 게 낫다"고 말한다.

자연의 정복과 물질적 부의 증가는 세계에 부가 넘쳐흐르고 모두가 자기 몫을 누리리라는 예상을 불러일으키지만, 이것은 어리석은 생각이다. 그것은 집의 온도를 높이기 위해 통풍 조절 장치도 없는 난로에 장작을 더 많이 넣는 것과 같다. 아무리 크게 불을 지펴도, 차가운 공기가 열을 얻어 위로 올라가고 새롭게 차가운 공기가 유입된다는 사실에는 변함이 없다. 따라서 집 안을 고루 덥힐 수는 없는 것이다. 차가운 공기가 들어올 만한 공간이 있고 열이 빠져나가는 배출구가 있는 한, 어쩔 수 없다.

지금까지 제안된 세 가지 대안 가운데 어느 것이 제일 어리석은 것인지 말하기는 어렵다. 똑같이 다 어리석기 때문이다.

첫 번째 대안은 혁명가들의 주장으로, 모든 부를 소비하는 상층 계급을 없애버리자는 것이다. 이것은 굴뚝을 통해 열이 빠져나가므로 굴뚝을 없애버리자는 것과 같다. 굴뚝이 없으면 열이 더 이상 빠져나가지 못할 것이라 생각하는 것이다. 하지만 열은 굴뚝이 없어지고 남은 구멍을 통해 빠져나간다. 열의 흐름이 똑같다면, 굴뚝이 있었을 때와 다를 바 없다. 마찬가지로 권력 기관이 존재하는 한 모든 부는 권력자의 수중에 들어갈 것이다.

다른 대안은 빌헬름 2세에 의해 현재 시행되고 있는 것으로, 기존 질서를 바꾸지 않고 부와 권력을 소유한 상층 계급에게서 부의 적은 부분을 취해 바닥이 보이지 않는 가난의 심연 속으로 던져주는 방법이다. 이것은 열이 빠져나가는 굴뚝의 맨 위에 송풍기를 부착하여 차가운 공기층 쪽으로 열을 보내고자 하는 것과 다름없다. 이것은 힘들고 쓸데없는 짓이다. 왜냐하면 열은 위로 올라가고, 아무리 아래로 내려 보내도(내려 보내는 데는 한계가 있다) 열은 곧 다시 올라오기 때문이다. 따라서 모든 노력이 수포로 돌아갈 수밖에 없다.

세 번째의 마지막 대안은 특히 현재 미국에서 주장되고 있는 방법이다. 경쟁적이고 개인적인 삶의 원칙을 공산주의적 원리, 유대와 협력의 원칙으로 대체하는 방법이 그것이다. 『여명』과 『내셔널리스트』에 언급되어 있듯이, 여기서는 말과 행동으로 협력을 가르치고 있다. 사람들에게 경쟁과 개인주의와 투쟁이, 힘, 결과적으로는 부를 대부분 파괴해버린다고 주장하며, 협동의 원리가 — 모든 사람이 공동의 선을 위해 일하고 나중에 공동의 부에서 자기 몫을 받는 것이 — 훨씬 더 이롭고, 이 원리가 모든 사람들에게 유익하다고 설명하고 있다. 이 모든 얘기는 굉장하다. 하지만 가장 커다란 결점을 말하자면, 모든 것을 동등하게 나누었을 때 각자의 몫이 얼마가 될지 아무도 모른다는 점이다. 그리고 무엇보다 사람들에게 돌아갈 몫이 얼마나 될지 모르지만, 그 몫은 현재와 같은 식으로 살아가고 있는 사람들에게는 불충분해 보일 것이 분명하다. "모든 사람들이 잘살게 될 것이다. 당신도 다른 사람들과 같은 행복을 누릴 수 있다." "하지만 나는 다른 사람들처럼 살고 싶지 않다. 나는 더 잘살고 싶다. 나는 남들보다 언제나 잘살았고, 그런 삶에 익숙해져 있다." "나로 말하자면, 나는 오래도록 다른 사람들보다 훨씬 가난하게 살아왔다. 이제는 다른 사람들만큼 살고 싶다." 이런 식으로 각자 자기 주장을 내세울 것이다. 이 마지막 대안은 사실 가장 형편없다. 왜냐하면 여기서는 열이 끊임없이 위로 향하는데도, 즉 사람들이 더 나은 삶을 살기 위해 애쓰는데도, 열을 얻은 공기 분자에게 위로 올라오지 말라고 설득할 수 있다고 가정하기 때문이다.

한 가지 방법은 사람들에게 진정한 행복을 계시하고, 부가 축복이 아니며 오히려 진정한 행복을 눈앞에서 감추고 시선을 빼앗는다는 것을 보여주는 것이다. 이 한 가지 방법이 있을 뿐이다. 그것은 속세의 욕망의 구멍을 막는 것이다. 그래야만 집 안 골고루 열을 보낼 수 있다. 이 방법은 사회주의자들이 주장하는 것 — 생산의 증가, 따라서 일반적인 부의 증가를 위해 노력하는 것 — 과는 정확히 반대된다.

로렌스 그론런드(1846~99년. 미국의 사회주의 작가)는 허버트 스펜서, 그리고 정부의 필요성을 부정하거나 오로지 개인의 안전 보장에서 정부의 목적을 찾는 사람들과 논쟁을 벌이고 있다. 그론런드는 도덕성의 토대가 집단에 있다고 생각한다. 그는 진정한 사회주의 정부의 모델로서 아니면 그 맹아로서 노조를 제시한다. 노조는 개인을 강압하여, 개인적 이익을 희생하라고 유도하고, 개인을 공통의 대의에 종속시킨다.

내 생각에 이것은 옳지 않다. 그는 정부가 노동을 조직해야 한다고 한다. 그건 좋다. 하지만 그는 정부가 보호라는 구실로 언제나 노동을 억압하고 착취했다는 사실을 잊고 있다. 조직을 만든다는 구실로 정부는 또 얼마나 노동을 착취할 것인가? 정부가 노동을 조직한다면 정말로 좋을 것이다. 하지만 그 일은 성인聖人이 하듯 공평무사하게 이루어져야 한다. 하지만 이런 일을 할 성인들을 우리는 어디서 찾을 텐가?

각 개인의 개인적 행복을 이상으로 삼는 개인주의가 유해한 원칙이라는 것은 사실이다. 하지만 다수의 행복이라는 원칙도 똑같이 유해하다. 다만 이것이 유해하다는 사실이 즉각적으로 드러나지 않을 뿐이다.

개인주의를 대신하는 이런 협력 — 사회주의적 공산주의 — 은 조직에 의해 이루어지지는 않을 것이다. 우리는 미래의 조직이 어떤 모습을 하고 있을지 짐작할 수 없다. 우리는 단지 왜곡되지 않은 감정, 양심, 이성, 신념, 즉 삶의 규범을 따르는 모든 사람들로부터 그것을 발견할 수 있을 것이다.

벌과 개미는 사회를 이루어 생활한다. 그들은 조직이 그들에게 유리하다는 것을 알고 그렇게 하는 것이 아니라, 그들 내면에 존재하는 본능에 몸을 맡기고 정교한 추론 없이 그들 삶의 법칙에 그대로 따르는 것이다.

삶의 법칙에는 이성보다 못한 면도 나은 면도 있다. 어쨌든 삶의 규범만이 개인이나 인류에게 적합한 진실의 길로 우리를 인도해줄 것이다.(1900)

# 사회 개혁가에게 고함

나는 전에 〈노동자에게 고함〉에서 노동자들이 억압에서 벗어나기 위해서는 지금까지 이어온 삶의 방식을 버려야 한다고 말했다. 즉 자신의 개인적 안녕을 위해 이웃과 싸우는 일을 그만두어야 하고, "남에게 대접을 받고자 하는 대로, 너희도 남을 대접하여라"고 하는 복음서의 규범에 따라야 한다고 했다. 내가 제시한 이 방법은, 짐작대로 정반대의 의견을 지닌 사람들로부터 한결같이 비판을 받았다. "그건 유토피아적 사고다. 비현실적이다. 모두가 선해질 때까지 억압과 폭력에 신음하는 사람들의 해방을 기다리고 있어야 한다는 것은 기존의 폭력을 인정하는 한편 스스로 아무것도 하지 않겠다는 것을 뜻한다." 그리하여 나는 내 방법이 눈에 보이는 것만큼 그렇게 비현실적이지 않다는 것을 알려주기 위해 몇 마디 하고자 한다. 사실 이 방법은 사회 질서의 개선을 위해 과학적 사고를 지닌 사람들이 제안한 다른 모든 방법보다 더 많은 관심을 끌 만한 가치가 있다. 이제 이웃에 진정으로 봉사하기를 원하는 사람들에게 내 말을 들려주겠다.

# 1

인간 행위의 틀을 규정하는 사회적 삶의 이상이 변하면, 이와 함께 삶의 질서 역시 변하는 법이다. 사회적 삶의 이상이 완전히 동물적 자유였을 때는, 인간이 다른 인간을 집어삼켰다. 실제적인 의미에서도 은유적인 의미에서도 그랬다. 그러고 나서 한 사람의 권력이 사회적 이상으로 자리 잡자, 사람들이 통치자를 신격화했으며 이집트나 로마에서 보듯이 열정적으로 통치자에게 복종했다. "죽을 우리가 당신에게 인사를 올립니다." 다음으로 사람들은 하나의 조직을 이상으로 받아들였다. 이 조직에서는 권력이 그 자체로 인정받지 못하고 인간이 영위하는 조직에 얼마만큼 유익한가에 따라 지지를 받았다. 이런 이상을 실현하기 위한 시도로, 한때는 전 세계를 아우르는 하나의 국가를 세우고자 했고, 이어 다양한 여러 국가를 통합하여 이들 국가를 이끄는 단일한 교회를 세우려는 움직임이 일어나기도 했다. 그 뒤에는 대의제의 이상이, 그 다음에는 보통 선거권의 유무를 떠나 공화국을 건설하려는 이상이 생겨났다.

오늘날에는 사회적 삶의 이상이 모든 생산 수단이 사적 재산이 아니라 전 국민의 재산이 되는 경제 조직에 의해 실현될 수 있다는 생각이 팽배해 있다.

이런 모든 이상들이 서로 얼마나 다를지 모르지만, 한결같이 권력의 존재를 당연시 여기고 있다. 권력이란 사람들에게 기존의 법률을 따르도록 강요하는 강제력이다. 오늘날의 이상에서도 똑같은 권력이 요구되고 있다.

만인의 행복을 실현하기 위해서는 특정한 사람들(중국의 가르침에서는 덕이 있는 자, 유럽의 가르침에 따르자면 기름 부음을 받은 자, 혹은 사람들에 의해 선택된 자)에게 권력이 주어져야 한다고 전제되고 있다. 그들은 노동이나 자유, 생명을 침해할 수 있는 사건들로부터 시민들을 최대한 보호해줄 수 있는 조직을 세우고 또 유지하고자 한다. 기존의 국가 조직을 인간 삶의 필수 조건으로 간주하는 사람들뿐 아니라 혁명가와 사회주의자들도, 비록 기존의 국가 조직을 변화시켜야 한다고 생각할지라도 권력을 인정한다. 즉 어떤 사람이 다른 어떤 사람에게 기존의 법률에 따르도록 강요하는 권리 혹은 가능성을 사회 질서의 필수 조건으로 간주하는 것이다.

이런 상황은 태곳적부터 계속되었고, 현재도 이어져오고 있다. 하지만 어떤 특정한 법을 따르도록 강요받은 사람들이 언제나 이런 법을 최선으로 여기고 있다고 말할 수는 없다. 그들은 종종 권력자들에게 반란을 일으키고, 그들을 폐하고, 이전의 질서를 대신하여 자신들의 의견에 따라 국민의 행복을 증진시킬 수 있는 새로운 질서를 수립하기도 한다. 하지만 권력을 소유한 자들은 언제나 이런 권력의 소유 때문에 타락하고 만다. 대중의 행복보다는 자신의 개인적 이익을 위해 권력을 남용하고, 그리하여 새로운 권력은 언제나 이전의 권력과 다름없는 것이 되고, 오히려 더욱 더 부당한 것이 되기도 한다.

반란을 일으킨 사람들이 권력 기관을 전복했을 때는 이런 일들이 벌어졌다. 반면 기존의 권력 기관이 승리를 차지했을 때는, 국가는 방어 수단을 강화하고 시민들의 자유를 더욱 더 제한하는 조치들을 취했다. 과거나 현재나 언제나 그랬다. 19세기 동안 유럽에서 이런 일들이 어떤 식으로 전개되었는가 조사해보는 것은 꽤 유익한 일이 될 것이다. 19세기 전반은 혁명이 대부분 성공적이었다. 하지만 이전의 권력을 대체한 새로운 권력, 예컨대 나폴레옹 1세, 샤를 10세, 나폴레옹 3세는 시민의 자유를 확대하지 않았다. 19세기 후반, 혁명의 해인 1848년 이후에는, 모든 혁명의 시도들이 정부에 의해 진압당했고, 이전의 혁명들 그리고 새로운 혁명의 시도들에 영향 받은 정부는 훨씬 더 높은 방어의 벽을 세웠다. 국가가 사람들에게 이전에는 없었던 권한을 주었지만, 동시에 자신의 권력을 강화했다. 19세기 말이 되면 국가의 권력은 너무도 막강해져 사람들이 국가에 맞서 싸운다는 것이 거의 불가능하게 되었다. 국가는 사람들로부터 엄청난 부를 거두어갔고, 징집병으로 이루어진 군대를 훈련시켰을 뿐 아니라, 대중에게 정신적으로 영향력을 행사할 수 있는 모든 수단을 손아귀에 넣었다. 언론, 종교 집단, 무엇보다 교육이 그런 수단들이다. 이처럼 정신적인 영향력을 행사하는 수단들은 너무나 잘 조직되어 있고 너무나 강력하기 때문에 1848년 이후 유럽에는 혁명 기도가 성공한 사례를 찾아볼 수 없다.

## 2

이 현상은 매우 새로우며, 우리 시대에 고유한 특징이라고 하겠다. 네로나 칭기즈 칸, 샤를마뉴 대제의 권력이 아무리 막강했다고 하더라도 그들은 영토의 변경에서 일어나는 반란들을 진압하지는 못했다. 더군다나 백성의 정신적 활동이나 교육, 과학적 · 도덕적 · 종교적 태도를 지배할 수는 없었다. 하지만 오늘날에는 이 모든 수단이 정부의 수중에 있다.

파리에서는 혁명 중에 바리케이드를 치는 것을 막기 위해 이전의 석재 도로를 머캐덤 포장 도로(큰 돌을 밑에 깔고 그 위에 쇄석을 깔아 다져 틈이 없도록 포장한 길-옮긴이)로 바꾸어버렸다. 19세기 후반에는 정부의 모든 부문에 이런 머캐덤 도로가 깔렸다. 비밀경찰, 밀정망, 뇌물을 받은 언론, 도로, 전신, 전화, 사진, 감옥, 요새, 엄청난 부, 교육 사업, 무엇보다 군대가 정부의 수중에 있다.

모든 것이 이런 식으로 튼튼하게 조직되어 있기 때문에 아무리 무능하고 아둔한 통치자라도 (자기 보존 본능으로) 위험한 봉기를 사전에 차단할 수 있고, 대중 반란을 일으키려는 미약한 시도 따위는 쉽게 진압할 수 있다. 시대착오적인 혁명가들이 때때로 이런 반란을 도모하는데, 그들의 시도는 정부의 권력을 강화하는 결과만을 낳을 뿐이다.

현재로서 정부를 타도할 수 있는 유일한 길은 군대가 정부의 부정, 잔인성, 부당함을 깨닫고 정부에 대한 지지를 철회하는 것밖에 없다. 하지만 정부도 그들의 권력이 군대에 의존하고 있다는 것을 아는 이상 군대의 명령 체계와 규율을 강화하기 때문에 선전 선동으로 군대를 정부의 수중에서 빼앗아올 수는 없다. 정치적 신념이 어떻든 간에 군에 복무하고 있는 동안 군기라는 최면적 마력에 사로잡힌 사람은 누구든 명령에 거스르지 못한다. 그것은 누군가 주먹을 들고 때리려 하면 두려움에 눈을 깜빡이는 것과 다르지 않다. 잘못된 종교적 분위기에서 아니면 물질적이거나 "애국적인" 분위기에서 교육받은 스무 살 나이의 젊은이들은 군대에 들어간 이상 명령을 거부하기 힘들 것이다. 학교를 다니는 아이들이 선생님의 지시를 거부할 수 없는 것과 똑같다. 군대에 들어간 이런 젊은이들은 그들의 신념이 어떻든 간에 — 수 세기 동안 다듬어진 정교한 규율로 인해 — 일 년이면 예외 없이 권력 기관의 손 안에서 말 잘 듣는 도구가 된다. 병역 거부 사례는 매우 드물며(1만 명 중 한 명), 이른바 "이단교파"의 일원들만이 이런 일을 한다. 그것은 정부에 의해 인정되지 않는 그들의 종교적 신념에 따른 행동이다. 따라서 정부가 권력을 유지하고자 하는 한 — 권력의 철폐가 통치자들의 몰락을 의미하기 때문에 정부는 권력의 유지를 원하지 않을 수 없다 — 오늘날 유럽 세계에서는 심각한 봉기가 조직될 수 없다. 봉기가 조직된다고 하더라도 무참히 진압될 수밖에 없으며 수많은 경솔한 사람들의 목숨을 앗아가는 동시에 정부의 권력을 강화하는 결과 외에는 다른 것을 기대할 수 없을 것이다. 혁명가나 사회주의자들은 이 같은 사실을 볼 수 없을지 모른다. 그들은 유효성을 잃은 전통 안에 갇혀 투쟁에 매몰되어 있으며, 일부에게는 투쟁이 직업이 되어 있다. 하지만 역사적 사건들을 편견 없이 보는 사람들은 모두 지금까지 말한 사실을 인정하지 않을 수 없을 것이다.

## 3

오랜 세월 동안 계속되어온 국가와 국민간의 투쟁은 처음에는 권력의 교체를 야기했다. 하나의 권력이 다른 권력으로, 또 다른 권력으로 바뀌었다. 하지만 유럽 세계에서 19세기 중엽 이후 기존 정부의 권력은 우리 시대의 기술적 진보 덕분에 대중의 저항을 불가능하게 만드는 방어 수단을 갖추게 되었다. 정부의 권력이 점점 더 강대해질수록 국가의 내부 모순은 점점 더 커졌다. 혜택을 베푸는 권력이라는 개념과 폭력이라는 개념의 결합에 내재되어 있는, 모든 권력의 본질을 구성하고 있는 이 내부 모순은 훨씬 더 명백해졌다. 국민들에게 혜택을 베풀어야 하는 권력이, 가장 훌륭한 사람들의 수중에 있어야 할 권력이 언제나 가장 사악한 사람들의 차지가 되었다는 사실이 명백해졌다. 그것은 늘 주변 사람들에게 폭력을 행사하는 권력의 속성상 훌륭한 사람들은 권력을 원할 수 없고, 권력을 얻거나 유지할 수도 없기 때문이다.

이 모순은 너무도 자명하여 모든 사람들이 그것을 볼 수 있다고 생각할 것이다. 하지만 권력의 화려한 외관과 권력이 불어넣는 공포, 전통의 관성으로 인해 사람들은 수천 년이 지나도록 이 모순을 깨닫지 못했다. 그나마 최근에 와서야 권력이 그 주변에 드리우고 있는 엄숙함의 휘장에도 불구하고 권력의 본질이 사람들에게 재산이나 자유 혹은 생명을 빼앗겠다고 위협하는 행위에 불과하다는 사실을 사람들이 깨닫기 시작했다. 평생 이런 행위에 몰두하는 사람들이 바로 왕, 황제, 대신, 재판관 같은 자들이다. 그들은 자신들의 지위를 지키려는 바람 외에는 어떤 목적도 없이 악행을 일삼는다. 그들은 결코 선한 사람들이 아니며 오히려 가장 나쁜 사람들이다. 그렇기 때문에 그들의 권력은 인류의 행복에 결코 기여하지 못하고 반대로 인류를 불행에 빠뜨린 가장 커다란 원인 가운데 하나가 되어왔던 것이다. 이에 따라 전에는 국민의 열정과 헌신을 이끌어냈던 권력이 오늘날 점점 더 많은 사람들에게서 무관심뿐만 아니라 경멸과 증오를 사고 있다. 보다 계몽된 인류의 일부 구성원들은 권력의 화려한 외관이 사형 집행인이 입는 붉은 셔츠와 벨벳 바지에 불과하다는 것을 이제 깨닫고 있다.

권력자들도 사람들 사이에서 확대되어가는 이런 태도를 의식하고 있다. 그런데 오늘날 권력은 더 이상 신수권이나 대중 선거 혹은 통치자로서의 타고난 미덕이라는 보다 높은 토대에 기대지 않고 오로지 억압에 의존한다. 따라서 이렇게 오로지 억압에 의존하기 때문에 권력은 국민들의 신뢰를 점점 더 잃어버리게 되고, 그렇기 때문에 자연적인 삶의 행위들을 금지하는 방법에 더욱 더 기댈 수밖에 없고, 이로 인해 사람들의 불만은 더욱 더 커지는 것이다.

## 4

철옹성으로 변한 권력은 이제 신수권이나 선거나 대의제라는 보다 높은 기반에서 벗어나 오로지 폭력에만 의존하고 있다. 이에 따라 사람들은 더 이상 권력을 믿지 못하고 신뢰하지도 않는다. 그들은 다른 방도가 없기 때문에 권력에 따를 뿐이다.

19세기 중엽부터 권력은 누구도 침범할 수 없는 철옹성이 되는 한편 신망을 잃어버렸다. 그 뒤 자유와 사람들 위에 군림하는 권력이 병존할 수 없다는 가르침이 사람들 사이에 퍼져나갔다. 억압적인 권력의 지지자들은 처벌에 대한 두려움 때문에 다른 사람들의 명령에 따를 수밖에 없는 사람이 자유로운 존재라고 우겨댄다. 그들이 얘기하는 자유란 한갓 환상에 불과하다. 진정한 자유는 모든 사람들이 자신의 판단에 따라 살고 행동하는 상태를 말한다. 사람들은 세금을 내거나 내지 않거나, 군대에 들어가거나 들어가지 않거나, 이웃 국가와 우호적인 관계를 맺을지 말지 스스로 결정할 수 있어야 하는 것이다.

이런 가르침에 따르면, 권력은 이전의 생각과 달리 신성하고 존엄한 어떤 것이 아니며, 사회적 삶의 필수 조건도 아니고, 단지 어떤 사람이 다른 사람 위에 군림하기 위해 행사하는 난폭한 폭력의 결과일 뿐이다. 권력이 루이 16세나 국방 위원회, 프랑스 혁명 정부, 나폴레옹의 통령 정부, 루이 18세, 술탄, 대통령, 고관이나 총리 — 누가 되었든 — 의 수중에 있는 한, 어떤 사람들이 다른 사람들 위에 군림하게 만드는 권력이 존재한다. 여기에는 자유가 있을 수 없으며, 다수에 대한 소수의 억압만이 존재한다. 따라서 권력은 철폐되어야 한다.

하지만 권력을 어떻게 철폐할 것인가? 또 권력이 철폐되었을 때 권력 기관 없이 어떻게 사회 질서를 확립하여 서로에 대한 폭력이 난무하는 야만적 상황으로 되돌아가는 일을 막을 것인가?

아나키스트들은 첫 번째 질문에 대해 권력이 실제로 철폐된다면, 권력의 철폐는 무력이 아니라 권력의 무용함과 폐악에 관한 깨달음을 통해 이루어질 것이라고 한결같이 대답한다. 반면 권력 없이 어떻게 사회를 조직할 수 있는가 하는 두 번째 질문에 대해서는 다양한 대답을 내놓았다.

18세기 말부터 19세기 초까지 살다 간 영국인 고드원과 19세기 중엽 여러 권의 저서를 출간한 프랑스인 프루동은 첫 번째 질문에 답하여 권력의 철폐를 위해서는 사람들의 의식이 성장하여 보편적인 행복(고드원)과 정의(프루동)가 권력에 의해 침해당하고 있다는 사실을 깨달아야 한다고 말했다. 이 두 명의 아나키스트는 만약 사람들 사이에서 권력의 부재 시에만 보편적인 행복과 정의가 실현될 수 있다는 믿음이 퍼져나간다면 권력은 저절로 소멸될 것이라고 했다.

권력 없이 어떻게 새로운 사회에서 질서를 창조해낼 것인가 하는 두 번째 질문에 대해서는, 고드원과 프루동은 보편적인 행복(고드원에 따르면)과 정의(프루동에 따르면)를 의식한 사람들이 본능적으로 합리성과 정당성 면에서 가장 보편적인 삶의 형태를 찾을 것이라고 대답했다.

반면 바쿠닌이나 크로포트킨 같은 다른 아나키스트들은 대중들이 권력의 부도덕성을 의식하게 되리라는 것과 권력이 인류의 진보와 양립할 수 없다는 것을 인정하지만, 권력의 철폐를 위한 수단으로 혁명을 인정할 뿐 아니라 더욱이 꼭 필요한 것이라고 생각하고 있다. 그들은 혁명을 준비하라고 사람들에게 권하기까지 한다. 두 번째 질문에 대해서는 국가 조직과 재산이 소멸되면 사람들이 화합하여 합리적이고 자유로우며 유익한 삶의 조건을 형성해나갈 것이라고 대답했다.

권력 철폐의 수단에 관한 질문에 대해 독일인 막스 슈티르너와 미국인 터커는 다른 사람들과 거의 똑같이 답한다. 이 두 사람의 견해에 따르면, 각 개인의 개인적 이익이 인간 행동의 올바른 지침이라

조제프 프루동(1809~1865)

표트르 크로포트킨(1842~1921)

는 것과 권력 때문에 이런 삶의 제1 요인이 명백히 드러나지 못했다는 것을 사람들이 이해하면 권력은 저절로 소멸될 것이라고 한다. 그것은 사람들이 권력에 복종하지 않게 되기 때문이며, 특히 터커의 말에 따르면 권력에 참여하지 않게 되기 때문이다. 두 번째 질문에 대한 그들의 대답은 권력에 대한 환상과 필요성에서 벗어나 단순히 그들의 개인적 이익만을 추구하게 된 사람들은 각각에게 가장 적합하고 이로운 삶의 형태를 이루어나가게 된다는 것이다.

권력이 철폐되더라도 권력의 철폐가 결코 무력에 의해 이루어질 수 없다는 점에서 이런 모든 주장들은 옳다고 하겠다. 권력을 무너뜨린 권력은 권력으로 남아 있기 마련이다. 하지만 권력이 무용하며 해를 끼칠 뿐이라는 사실을 사람들이 깨닫는다면, 권력을 철폐할 수 있다. 사람들은 권력에 복종하거나 참여하지 말아야 한다. 이런 진리는 논의의 여지가 없다. 권력은 인간의 합리적인 각성에 의해서만 철폐될 수 있다. 하지만 이런 각성은 어떻게 형성되는가? 아나키스트들은 이런 각성이 공동의 복지, 정의, 진보, 또는 인간의 개인적인 이익에 대한 고찰에서 비롯된다고 생각한다. 하지만 이런 요소들에 관해 모두 동의하고 있느냐 하는 문제를 떠나 공동의 복지, 정의, 진보, 개인적 이익에 대한 정의는 사람마다 다를 수 있다. 따라서 의견이 일치되지도 않고 권력에 대한 저항의 기반을 서로 다른 식으로 이해하는 사람들이 굳건히 확립되어 있으며 막강한 방어 수단을 갖춘 권력을 철폐할 수 있다고 생각하기는 힘들 것이다. 게다가 보편적인 행복과 정의, 진보의 법칙에 관한 고찰만으로 억압에서 해방된 사람들이 비록 만인의 행복을 위해 개인의 행복을 희생할 동기는 없다고 하더라도 상호의 자유를 해치지 않고 조화롭게 적절한 삶의 조건을 이루어가리라는 낙관은 근거가 없다. 막스 슈티르너와 터커는 사람들이 각자의 개인적인 이익을 좇아 행동하면 만인에게 올바른 관계가 조성될 것이라고 주장하지만, 이런 공리주의적 이기주의 이론은 독단적일 뿐 아니라 현실과 완전히 모순된다.

정신적 무기를 권력 철폐의 유일한 수단으로 인정하면서도 삶에 관한 비종교적·세속적 개념에 물들어 있는 아나키스트들은 이 정신적 무기를 소유하지 못하고 억측과 환상에 빠져 억압적 권력의 지지자들에게 그들 주장의 토대를 부정할 수 있는 기회를 주고 있다. 그들이 염두에 둔 수단들은 사실 아무런 효력이 없다.

이 정신적 무기는 오래전부터 사람들에게 알려져 있던 것으로 이 무기를 사용한 사람들은 권력을 무너뜨린 뒤 언제나 완전한 자유를 성취할 수 있었다. 이 무기란 다름 아니라 독실한 종교적 정신이다. 믿음이 독실한 사람들은 세속적 삶을 완전한 삶의 편린으로 여기고, 자신의 삶을 무한한 삶과 연관지어 생각한다. 그들은 가장 큰 행복이 인간의 법을 따르는 데 있는 게 아니라 하느님의 법을 따르는 데 있음을 깨닫는다.

삶에 대한 동일한 이해를 통해 모든 사람을 결집시키는 이 같은 종교적 개념은 권력에 대한 복종이나 권력 참여 행위와 양립할 수 없으며, 진정으로 권력을 소멸시킬 수 있는 무기라고 할 수 있다.

삶에 대한 이런 종교적 개념은 사람들에게 폭력 행위에 참여하지 않고 이성적이며 온당한 삶의 형태를 성취할 수 있는 가능성을 열어 줄 것이다.

이상하게 들릴지 모르지만, 기존의 권력이 난공불락의 철옹성으로 우리의 시대에는 결코 무력에 의해 전복될 수 없으리라는 사실을 깨달은 후에야 사람들은 권력과 권력에 의해 야기되는 모든 폐악들이 부도덕한 삶에서 비롯되었으며, 따라서 권력과 권력의 폐악을 철폐하기 위해서는 사람들이 올바른 삶을 살 필요가 있다는 것을 깨닫게 될 것이다.

사람들은 이제 이 사실을 이해하기 시작했다. 사람들은 나아가 올바른 삶을 살기 위한 방법은 단 한 가지밖에 없다는 것도 깨닫고 있다. 그 방법이란 인류 대다수가 쉽게 이해할 수 있는 자연스런 종교적 가르침을 믿고 따르며 실현하는 것이다.

이런 종교적 가르침을 믿고 실천하는 방법이 지금 사람들의 의식 속에 떠올라 그들이 애타게 갈구하고 있는 이상을 실현할 수 있는 유일한 길이다.

권력을 타파하고 권력 없이 올바른 삶의 방식을 마련하려는 다른 모든 시도들은 헛된 노력에 불과하다. 사람들은 애타게 원하는 이상 근처에도 가지 못하고 오히려 그로부터 멀어질 것이다.

## 5

다음은 내가 진실한 사람들, 이기적인 삶에 만족하지 못하고 형제와 동포에게 도움을 주고 싶어 하는 사람들에게 하고 싶은 말이다. 만약 정부 활동에 참여하거나 참여하기를 원한다면, 그렇게 함으로써 다른 사람들을 도와주고 싶은 것이라면, 권력에 의존하는 정부의 속성을 생각해보라. 언제라도 폭력, 강도, 살인을 저지르고 이런 수단으로 권력을 유지하지 않는 정부는 존재하지 않는다는 것을 누구나 알 것이다.

잘 알려진 미국의 작가 소로는 자신이 쓴 글에서 정부에 복종하지 않는 것이 인간의 의무라고 했다. 그는 자신이 왜 미국 정부에 1달러의 세금을 내지 않았는지 얘기하며, 세금을 냄으로써 흑인 노예제도를 용인하는 정부의 활동에 참여하고 싶지 않았다고 자신의 뜻을 설명했다. 미국의 시민이라면, 가장 진보한 국가임에도 미국이 쿠바, 필리핀에서 벌이는 일, 흑인들을 차별하는 일, 중국인을 추방하는 일을 볼 때 미국 정부에 대해 어찌 이와 똑같은 감정을 느끼지 않을 수 있겠는가? 아편을 팔고 보어인들을 괴롭히는 영국의 시민이라면, 군국주의로 세계를 두려움에 떨게 하는 프랑스의 시민이라면, 자국 정부에 대해 소로와 똑같은 감정을 어찌 느끼지 않을 수 있겠는가?

따라서 이웃과 동료를 돕고 싶은 진실한 사람들은 정부의 실체를 진지하게 깨닫게 되면 목적이 수단을 정당화한다는 원칙에 따라 행동하는 경우를 빼고는 정부 활동에 참여할 수 없을 것이다.

하지만 정부 활동에 참여하는 행동은 언제나 해가 될 뿐이다. 이런 행동에 이해관계가 얽혀 있는 사람들뿐 아니라 이런 수단에 의존하는 사람들에게도 마찬가지다.

생각해보면 간단한 일이다. 누구든 정부에 복종하면서 국가의 법을 이용하여 국민에게 더 큰 자유와 권리를 찾아주려 할 수 있다. 하지만 사람들의 자유와 권리는 정부, 일반적으로 지배 계급의 권력에 반비례한다. 사람들이 더 큰 자유와 권리를 향유할수록 정부가 사람들로부터 얻을 수 있는 권력과 이익은 줄어든다. 정부는 이것을 알고 있다. 권력을 수중에 쥐고 있는 정부는 기꺼이 자유에 관한 온갖 종류의 비판을 허용하며 심지어 국가 권력을 정당화하는 대단치 않은 자유주의적 개혁을 시행하기도 하지만, 지배 계급의 이익이나 집권을 위협하는 자유주의적 경향에 대해서는 지체 없이 억압을 가한다. 따라서 행정부의 권력이나 의회를 통해 사람들을 도우려는 모든 노력은 결국 지배 계급의 권력을 강화하는 결과를 낳을 뿐이며, 그 태도가 얼마나 성실한가에 따라, 무의적으로 혹은 의식적으로 당사자는 국가 권력에 참여하게 되는 것이다.

반면 진심으로 혁명적·사회주의적 행위를 통해 국민에게 봉사하려는 부류는 (인간의 세속적 행복 — 사람들이 얻기 위해 애쓰지만 결코 사람들에게 만족을 주지 못하는 — 이라는 목표만으로는 충분치 못하다는 사실을 차치하더라도) 그들의 목표를 달성하기 위해 사용할 수단에 대해 생각해볼 필요가 있다. 그들의 수단은 우선 비도덕적이다. 거짓과 기만, 폭력, 살인으로 얼룩져 있다. 두 번째로 그런 수단으로는 그들의 목표를 달성할 수가 없다. 스스로를 방어하는 국가의 힘은 오늘날 너무나 강력하여 어떤 책략이나 기만이나 무자비한 행위로도 국가를 전복시킬 수 없다. 사실 동요나 혼란을 일으키기조차 힘들다. 모든 혁명 기도는 국가의 폭력을 정당화해줄 뿐이며 국가의 권력을 강화하는 결과를 야기한다.

오늘날 혁명이 성공할 수 있다고 억지로 가정해본다고 해도, 지금까지 일어났던 일과 달리 기존의 권력을 무너뜨린 새로운 권력이 국민의 자유를 확대하고 기존의 권력보다 훨씬 더 자비로울 것이라고 기대하기는 힘들다. 다시 상식이나 경험과는 반대로 그런 일이 있을 수 있다고 가정하고, 기존의 권력을 타도한 권력이 사람들에게 가장 적합한 삶의 조건을 마련하는 데 필요한 자유를 준다고 하더라도, 이기적인 삶을 사는 사람들이 이전의 조건보다 더 나은 조건을 이룰 수 있다고 생각하기는 힘들다.

예컨대 다호메이 왕국(15~19세기 번영을 누렸던 서아프리카의 왕국)의 여왕이 더없이 자유로운 헌법을 제정하고, 사회주의자들의 견해에 따라 백성들을 재앙에서 구해줄 수 있는 생산 수단의 국유화를 조치하는 경우라도, 헌법이 실효를 발휘하고 생산 수단이 개인의 수중에 다시 들어가는 일이 생기지 않게 막으려면 누군가 권력을 가지고 있어야 할 것이다. 그리하여 다호메이인들의 머릿속에 삶에 관한 개념이 바뀌지 않고 그대로 남아 있는 한, 전과는 다른 형태라고 해도 일부의 다호메이인이 다른 일부의 다호메이인에게 폭력을 가하는 일은 헌법이 없으며 생산 수단의 국유화가 시행되기 이전과 다름 없이 일어날 것이다. 이런 일을 막기 위해서는, 사회주의 조직을 실현하기 전에 다호메이인들은 우선 피비린내 나는 전제 정치에 대한 이전의 취향을 버려야 할 것이다. 유럽도 마찬가지다.

사람들이 서로를 억압하지 않고 공동생활을 영위하기 위해서는, 무력에 의해 유지되는 조직이 아니라, 강압이 아닌 내적 신념에 따라 행동하는 사람들에게 맞는 도덕적 조건이 필요하다. 이런 조건은 존재하지 않는다. 이런 조건은 미국이나 러시아, 캐나다의 독실한 기독교 공동체에나 존재할 뿐이다. 여기서 사람들은 진실로 폭력에 의해 강요되는 법률 없이 서로를 억압하지 않으며 공동생활을 영위한다.

따라서 오늘날 우리 기독교 사회에 사는 사람들에게 마땅한 합리적 행위는 단 한 가지라 하겠다. 우리에게 마지막으로 알려진 최상의 종교적 가르침, 즉 그리스도의 가르침을 말과 행동으로 믿고 따르는 것이 그것이다. 나는 기존하는 삶의 질서하에서 사람들에게 관례적인 의식을 요구하거나, 속죄를 통한 구원에 대한 믿음과 설교에 만족하는 그런 기독교를 얘기하는 게 아니다. 나는 진정한 기독교 정신을 얘기하는 것이다. 이에 따르자면, 정부의 행위에 참여하지 말아야 할 뿐 아니라 정부의 요구에 복종하지 말아야 한다. 왜냐하면 그 같은 요구 — 세무서나 세관, 법원, 군대의 요구 — 는 모두 진정한 그리스도의 정신에 위배되기 때문이다. 사정이 이렇다면, 사람들이 이웃에게 도움을 주기 위해 취해야 할 행동은 새로운 형태의 체제를 건설하는 것이 아니라 우선 자기 자신과 타인의 품성을 바꾸고 개선하는 것이어 되어야 할 것이다.

다른 식으로 행동하는 사람들은 보통 삶의 형태 그리고 인간의 품성과 인생관이 동시에 개선될 수 있다고 생각한다. 하지만 이렇게 생각하는 것은 결과를 원인으로, 원인을 결과나 수반하는 조건으로 생각하는 실수를 범하는 것이다.

인간의 품성과 인생관이 변화하면 삶의 형태가 달라지지만, 삶의 형태가 변한다고 해서 인간의 품성이나 인생관이 달라지는 것은 아니다. 오히려 사람들의 관심과 행동을 잘못된 방향으로 이끌어 이같은 변화를 방해한다. 삶의 형태를 변화시킴으로써 인간의 품성과 인생관을 바꾸려는 행위는 난로 안에서 젖은 나무의 위치를 이렇게 저렇게 바꾸어보려는 것이나 다름없다. 알다시피 난로 안의 어디에다 어떻게 놓더라도 젖은 나무에 불이 붙지는 않는다. 마른 장작만이 어디에 어떻게 놓든 상관없이 불이 붙는 법이다.

이런 오류는 너무나 명백하여 특별한 이유가 없는 한 사람들이 이런 오류에 빠져들 일은 없다. 그런데 오류에 빠질 만한 특별한 이유가 존재한다. 그 이유란 인간의 품성의 변화는 우선 자기 자신에서부터 시작해야 하고 커다란 노력과 수고를 요구한다는 사실이다. 반면 타인의 삶의 형태를 변화시키는 일은 자기 자신의 내적 노력 없이 쉽게 이루어질 수 있으며, 게다가 매우 중요하고 가치 있는 일처럼 보인다.

단언컨대, 사람들은 세상에 갖가지 해악을 일으키는 이런 오류에서 벗어나 자신의 삶을 통해 이웃에게 도움을 주도록 해야 한다.

## *6*

"하지만 우리는 주위에서 고통 받는 사람들을 볼 때 기독교의 가르침을 따르는 기독교도로서 가만히 있을 수만은 없다. 우리는 남들을 적극적으로 돕고 싶어 한다. 우리는 이를 위해 힘을 쏟고 심지어 목숨까지 내놓을 준비가 되어 있다." 사람들은 진정으로 분개하며 그렇게 말한다.

그러면 나는 사람들에게 이렇게 대답한다. 지금 당신이 가장 유용하고 실제적이라고 생각하는 그 방법으로 사람들을 도와주어야 한다는 것을 어떻게 확신하는가? 당신의 말을 들어보면, 당신이 우리가 기독교적 삶으로 인류를 도울 수는 없다고 생각하고 있으며 또한 당신이 매료되어 있는 정치 활동만이 사람들에게 도움을 줄 수 있는 유일한 방법이라고 확신하고 있다는 것을 알 수 있다.

모든 정치인들도 이와 비슷하게 생각하고 있다. 그들은 모두가 서로에게 반대하고 있으며, 따라서 그들 전부가 옳다고 말할 수 없는 것은 분명하다. 모든 사람이 원하는 방식대로 다른 사람을 도울 수 있다면 매우 좋을 것이다. 하지만 실정은 그렇지 못하다. 사람들을 돕고 그들의 생활 조건을 향상시킬 수 있는 방법은 단 한 가지밖에 없다. 이 단 하나의 방법은 자기 수양의 밑거름이 되는 진정한 그리스도의 가르침을 믿고 따르는 것이다. 사람들을 피하지 않고 늘 사람들과 함께 살면서 진정한 기독교인이 될 수 있도록 자기 자신을 수양하는 길은 자기 자신과 사람들 사이에 더 굳건하고 훌륭한 사랑의 관계를 확립하는 것이다. 사람들 사이에서 사랑의 관계를 확립하면, 사람들이 눈치 채지 못한다고 하더라도 보편적인 생활 조건은 개선될 수밖에 없다.

의회를 통해서든 혁명을 통해서든 정치 활동에 참여하여 사람들을 돕는 방법은, 원하는 결과를 미리 결정할 수 있으며, 동시에 안락하고 호사스런 삶을 즐기며 영예로운 자리에 올라 사람들의 지지와 명성을 얻을 수 있는 것이 사실이다. 정치 활동에 참여하는 사람들은 이따금 고통을 당하지만, 고통은 그만한 성공에 의해 보상받는다. 군사적 활동에서는 고통 받거나 죽음을 당할 가능성이 더 높지만, 가장 부도덕하고 이기적인 자들은 군사적 활동을 택한다.

반면 종교적 활동은 그 노력의 결과를 우리에게 보여주지 못할뿐더러 외면적 성공의 포기를 요구한다. 우리는 찬란한 지위와 명성은 고사하고, 사회적 견해에서 볼 때 가장 천한 지위로 떨어지며, 비난과 경멸을 살 뿐 아니라 가장 잔인한 고통과 죽음에 내몰린다.

그리하여 국민개병제도가 도입된 오늘날, 종교적 활동은 살인 행위를 하도록 요구받는 모든 사람들에게 징병을 거부하고 정부가 내리는 모든 벌을 감수하도록 지시한다. 따라서 종교적 활동은 우리에게 매우 힘든 일이 될 수밖에 없다. 하지만 종교적 활동만이 인간에게 진정한 자유를 깨닫게 하고 인간이 마땅히 해야 할 일을 할 수 있게 해준다.

따져보면, 종교적 활동만이 우리에게 풍요로운 결실을 가져다줄 수 있다. 종교적 활동을 통해 지고한 목표뿐만이 아니라 사회 개혁가들이 인위적으로 얻어내려는 그런 결과들을 더없이 자연스럽고 쉽게 얻을 수 있기 때문이다.

사람들을 돕는 방법은 한 가지밖에 없다. 스스로 좋은 삶을 사는 것이다. 이런 방법은, 여기서 이익을 얻을 수 없는 사람들이 생각하듯 결코 실현 불가능한 것이 아닐 뿐 아니라 사실 유일하게 현실적인 방법이다. 다른 모든 수단은 환상이다. 대중의 지도자들은 헛된 환상을 심어주어 대중을 잘못된 길로 인도하고 진정으로 올바른 길을 외면하게 만들고 있다.

# 7

"그렇다면 언제 그런 날이 올까?" 이 이상의 실현을 하루빨리 보고 싶어 하는 사람들은 그렇게 말한다.

단번에 숲을 조성할 수 있다면 누구라도 좋아할 것이다. 하지만 아무도 그런 일을 할 수 없다. 싹이 트고 잎이 나고 가지가 솟고 나무가 자라기를 기다려야 한다.

땅에다 나뭇가지들을 꽂고 금방 숲 모양을 만들 수는 있지만, 그건 단지 모방물에 지나지 않는다. 올바른 사회 질서를 급히 세우고 싶어 하는 사람들에게도 이와 똑같은 얘기를 할 수 있을 것이다. 국가의 경우와 마찬가지로 올바른 사회 질서처럼 보이는 것을 만들어낼 수는 있겠지만, 그런 모방물은 진정한 질서를 세울 수 있는 가능성을 앗아간다. 우선 사람에게 존재하지 않는 올바른 질서의 겉모양을 보여줌으로써 사람들을 속이기 때문이고, 두 번째 이런 사회 질서의 모방물은 오로지 힘에 의해 달성되는데, 권력은 사람들, 통치하는 사람과 통치자 모두를 타락시키기 때문이다. 그리하여 올바른 사회 질서의 건설은 더욱 더 불가능해진다.

따라서 이상의 실현을 고집스럽게 시도하는 경우, 그것은 원하는 바를 이루는 데 전혀 도움이 되지 않을 뿐 아니라 오히려 방해가 된다.

인류의 이상, 즉 폭력 없이 잘 조직되어 있는 사회를 실현하기 위해서는 사람들에게 진정으로 온정을 베풀고자 하는 대중의 지도자들이 먼저 깨달아야 할 한 가지 사실이 있다. 그것은 사람들이 품고 있는 이상의 실현을 방해하는 가장 큰 장애물이 바로 지금 그들이 일삼고 있는 여러 행위들이라는 사실이다. 구태의연한 미신을 고집하고, 모든 종교를 부정하고, 사람들에게 정부나 혁명, 사회주의 세력을 도우라고 이끄는 행위들이 그것이다. 이웃을 진정으로 돕고 싶어 하는 사람들이, 사람들의 행복을 위해 국가의 지지자들이나 혁명가들이 제안한 수단들이 모두가 무용하다는 사실을 깨닫는다면, 사람들을 고통에서 해방시켜줄 단 하나의 길이 사람들이 이기적이고 이교도적인 삶을 버리고 보편적인 기독교도의 삶을 살고 지금과 달리 더 이상 이웃에 대한 폭력 행위의 가능성과 정당성을 인정하지 않고 사사로운 목적으로라도 폭력 행위에 참여하지 않는 일이라는 사실을 깨닫는다면, 그리하여 생활 속에서 "남에게 대접을 받고자 하는 대로, 너희도 남을 대접하여라"는 근본적인 도덕률을 따른다면, 우리가 현재 살고 있는 비이성적이고 몰인정한 삶의 형태는 금세 타파되고 인간의 새로운 의식에 조응하여 앞으로 새로운 삶의 형태가 전개되어나갈 것이다.

  국가를 위해, 국가를 혁명으로부터 방어하기 위해 얼마나 많은 유능한 사람들이 애쓰고 있는지 생각해보라. 반면 혁명 기도에, 이길 수 없는 국가와의 투쟁에 힘쓰는 열정적인 젊은이들이, 사회주의라는 꿈에 헌신하는 젊은이들이 얼마나 많은지 생각해보라. 그들의 노력은 모든 사람들이 원하는 행복의 실현을 늦출 뿐만 아니라 불가능한 것으로 만들어가고 있다. 아무런 성과도 없이 힘을 쏟으며 종종 이웃에게 해를 끼치는 이런 모든 사람들이 올바른 길로 들어서 훌륭한 사회적 삶을 가능케 하는 일에 전력을 기울인다면, 즉 내적인 자기 수양에 힘을 쏟는다면 세상에는 어떤 일이 일어날까?

만약 오래된 집을 무너지지 않게 하기 위해 기울이고 있던 모든 노력을 새 집을 지을 자재 준비에 바친다면, 새로운 자재로 새로운 집을 얼마나 많이 지을 수 있겠는가? 이런 새 집은 처음에는 선택받은 소수에게는 예전의 집만큼 호화롭거나 안락하게 느껴지지 않겠지만, 분명히 곧 더 커다란 안락과 편안함을 줄 것이고, 선택받은 소수뿐 아니라 만인에게 필요한 진보와 향상을 위해 완벽한 가능성을 제공할 것이다.

그리하여 여기서 내가 한 말들은 단순하고 일반적으로 이해할 수 있으며 논박할 수 없는 진리로 귀결된다고 하겠다. 사람들 사이에서 훌륭한 삶이 존재하기 위해서는 먼저 사람들이 훌륭해져야 한다는 것이 그것이다.

사람들을 훌륭한 삶으로 인도하는 방법은 단 한 가지다. 말하자면 스스로 훌륭한 삶을 사는 것이다. 사람들 사이에서 훌륭한 삶을 정착시키는 데 이바지하고자 한다면, 자기 수양을 하며 복음서에 나와 있는 다음과 같은 말을 실천해야 할 것이다. "그러므로 하늘에 계신 너희 아버지께서 완전하신 것같이, 너희도 완전하여라." (1903)

# 세상의 끝, 다가오는 혁명

## 1

 복음서에서 "세상"이나 "세상의 끝"은 한 세기의 시작이나 끝을 의미하는 게 아니라, 어떤 하나의 가치관, 어떤 하나의 믿음, 사람들간에 이루어지는 어떤 하나의 사회적 교류 방식이 종말을 고하고, 또 다른 가치관, 또 다른 믿음, 또 다른 사회적 교류 방식이 시작되는 것을 의미한다 …… 사회가 사회적 삶의 기존 형태를 떠받치고 있던 가치관에서 벗어났을 때, 현실의 삶과 마땅히 그래야 할 삶 간의 모순이 너무 명백해 대다수의 사람들이 그간의 조건 아래에서 생활을 지속할 수 있는 가능성을 더 이상 찾지 못했을 때, 혁명이 일어난다. 혁명은 대다수의 사람들이 이 모순을 깨닫게 되는 곳에서 시작된다. 혁명의 방식은 혁명이 목표하고 있는 바에 따라 달라진다.

 1793년에는 인간 평등 사상과 왕, 성직 계급, 귀족 계급, 관료들이 소유한 전제 권력 사이의 모순을 핍박받는 국민들뿐만 아니라 기독교 국가의 지배 계급 중 훌륭한 인품을 지닌 사람들도 모두 느끼고 있었다. 하지만 당시에는 프랑스만큼 사회적 불평등에 대해 민감한 곳은 없었으며, 또 프랑스는 다른 나라와 달리 사람들의 의식이 예속 상태에서 둔감해져 있지 않았다. 따라서 1793년의 혁명은 실제로 프랑스에서 시작되었던 것이다. 평등을 실현하는 가장 적합한 방법은 당연히 권력 기관이 소유하고 있는 것을 되찾아오는 것처럼 보였다. 그리하여 혁명가들은 폭력으로 그들의 목표를 실현시켰다.

1905년 현재에도 권력 기관은 제멋대로 사람들로부터 노동의 산물을 강탈하여 아무런 목적도 없는 군비에 끌어다 쓰고 있고, 시도 때도 없이 국민을 몰지각하고 잔혹한 학살에 참여하도록 강요하고 있다. 우리는 자유로운 삶의 가능성과 정당성에 대해 인식하면서도 강압적 권력 기관에 복종하여 불합리와 불행을 감내하고 있는데, 이 같은 모순은 과거와 마찬가지로 압정 아래 놓인 대중들뿐 아니라 지배 계급의 양심적인 사람들까지 느끼고 있는 실정이다.

이 모순이 러시아만큼 피부에 와닿는 곳은 달리 없을 것이다. 이는 한편으로는 러시아인이 정부에 이끌려 참가해야 했던 터무니없고 굴욕적인 전쟁과 아직도 그들 대부분이 영위하고 있는 농경 생활 때문이지만, 무엇보다 러시아인에게 특히 중요한 기독교 정신 때문이라고 할 수 있다. 이런 이유로 나는 압정으로부터의 해방을 목표로 하는 1905년의 혁명이 러시아에서 이미 시작되었다고 생각한다. 인간의 자유를 목표로 한 혁명의 실현 수단은 사람들이 지금까지 평등을 이루기 위해 시도해왔던 폭력 이외의 다른 어떤 것이 되어야 한다.

위대한 프랑스 혁명에서 평등을 얻기 위해 노력했던 사람들은 평등이 강요에 의해 이루어질 수 있다고 생각하는 실수를 범했다. 그러나 평등은 강요에 의해 이루어질 수 없는 것이 분명하다. 강요는 본질적으로 불평등의 가장 통렬한 표현이기 때문이다. 지금 일어나고 있는 혁명의 가장 큰 목표인 자유는 어떤 경우라도 폭력으로 얻을 수 없다. 하지만 현재 러시아에서 혁명을 이끌고 있는 사람들은 러시아 혁명이 유럽의 혁명에서 일어났던 모든 것들, 예컨대 엄숙한 장례 행렬, 감옥의 파괴, 빛나는 연설, "가서 여러분의 주인에게 말하시오!"라는 외침, 제헌의회 따위를 똑같이 반복해야 하며 기존의 정부를 전복하고 입헌 군주 국가 아니면 심지어 사회주의 공화국을 세워야 혁명의 목표를 달성할 수 있다고 생각한다.

하지만 역사는 반복되지 않는다. 폭력 혁명은 수명이 끝났다. 사람들은 폭력 혁명으로 얻을 수 있는 것은 모두 얻었고, 이와 동시에 폭력 혁명으로 얻을 수 없는 것이 무엇인지 이미 깨달았다. 현재의 러시아 혁명은 독특한 정신세계를 가진 1억 명의 인구 가운데서 1793년이 아닌 1905년에 일어나고 있으며, 따라서 60년, 80년, 100년 전에 일어난 독일 혹은 라틴 국가의 혁명과는 목표나 수단 면에서 똑같을 수가 없다.

러시아의 농촌 인구, 그러니까 사실상 러시아 전 국민에게 필요한 것은 두마(의회)도 어떤 종류의 권리도 아니다. 이런저런 권리의 목록들은 진정한 자유의 부재를 드러낼 뿐이다. 어떤 형태의 강압적 권력을 다른 형태로 대체하는 것 역시 헛된 일이다. 러시아 민족에게 정말로 필요한 것은 모든 강압적 권력으로부터 벗어난 진정하고 완벽한 자유이다.

러시아에서 시작되어 전 세계에서 일어날 이 혁명의 중요성은 소득세나 또 다른 세금 제도의 확립 혹은 국가와 교회의 분리, 사회 제도의 확립, 선거 기구의 구성, 지배 권력의 일부가 되었다는 환상의 전파, 아니면 보통 선거권을 갖춘 민주주의 공화국이나 사회주의 공화국의 창설 따위에 있지 않다. 당면한 혁명에서 무엇보다 중요한 건 바로 실제적인 자유다.

환상이 아닌 실제의 자유는 바리케이드나 살인으로 얻어질 수 없으며, 강압적으로 도입되는 새로운 제도에 의해 얻어지는 것도 아니다. 그것은 오로지 인간이 만든 모든 권력 기관에 대한 복종의 중단에 의해 이루어질 수 있다.

## 2

다가오는 혁명의 근본적인 원인은 과거와 미래의 모든 혁명들처럼 종교적인 것이다. 종교는 보통 보이지 않는 세계에 대한 신비주의적 사상이나, 의식儀式, 인간의 삶을 지탱시켜주고 영혼을 위로하고 고무하는 숭배 행위, 우주의 기원에 관한 설명, 혹은 신의 뜻에 의해 용인되는 인생의 도덕률 등으로 이해되고 있다. 하지만 진정한 종교라면 무엇보다 언제 어느 때라도 사람들에게 가장 큰 행복을 줄 수 있는 만인 공통의 규범을 알려줄 수 있어야 한다.

그리스도의 가르침 이전에도 다양한 여러 나라에서 전 인류에 공통적인 지고의 종교적 규범이 알려져 있었다. 그것은 한마디로 인간이 행복해지려면 각자가 자기 자신을 위해서가 아니라 모두의 복리를 위해 서로 협력하며 살아야 한다는 것이었다(붓다, 이사야, 공자, 노자, 스토아학파). 이런 규범이 세상에 선언되고 나서 이를 알게 된 사람들은 이 규범의 진실성과 유익함을 깨닫지 않을 수 없었다. 하지만 상호 협력이 아니라 폭력에 근거한 관습이 모든 제도와 관행에 스며들어 있었던 탓에, 상호 협력의 규범이 얼마나 유익한지 인식하고 있었음에도 불구하고, 사람들은 계속하여 폭력의 규범에 따라 생활하며 위협과 복수 혹은 징벌의 필요성으로 폭력을 정당화했다. 사람들은 위협이나, 악을 악으로 되갚는 행위 없이는 사회적 삶이 불가능하다고 생각했다. 어떤 사람들은 질서의 확립과 인간 개조를 위해 규범을 강제하는 임무를 스스로 떠맡았다. 그리하여 그들은 명령하고 다른 사람들은 그들의 명령에 복종했다. 하지만 이런 통치자들은 자신들이 휘두르는 권력에 의해 타락하고 말았다. 타락에 빠진 그들은 인간 개조는커녕 사람들 사이에 타락을 널리 퍼뜨렸다. 순종하는 자들은 통치자들의 억압 행위에 참여하거나, 통치자들을 모방하거나 아니면 예속과 굴종을 통해 역시 타락에 빠져들었다. 지금으로부터 1900여 년 전에 기독교 신앙이 출현했다. 기독교는 새로운 힘으로 상호 협력의 규범을 확인하고 나아가 이런 규범이 왜 충실히 이행되지 않았는지 설명했다.

  그리스도의 가르침은 놀랄 만한 명석함으로 그 이유가 징벌을 위한 억압의 정당성과 필요성에 대해 사람들이 잘못 생각하고 있기 때문임을 보여주었다. 그리스도는 다양한 측면에서 징벌의 부당성과 불필요함을 입증한 뒤 인간의 가장 큰 재앙은 징벌이나 복수라는 구실 아래 어떤 사람이 다른 사람에게 가하는 폭력 행위에서 비롯된다는 것을 가르쳤다. 그리스도의 가르침은 복수 혹은 징벌의 부당성과 해로움을 밝히고, 폭력에서 해방될 수 있는 유일한 방법은 폭력을 편안한 마음으로 순순히 견디는 것임을 보여주었다.

  "너희는 '예' 할 때에는 '예'라는 말만 하고, '아니오' 할 때에는

'아니오'라는 말만 하여라. 이보다 지나치는 것은 악에서 나오는 것이다. '눈은 눈으로, 이는 이로 갚아라.' 하고 말한 것을 너희는 들었다. 그러나 나는 너희에게 말한다. 악한 사람에게 맞서지 말아라. 누가 네 오른쪽 뺨을 치거든, 왼쪽 뺨마저 돌려대어라. 너를 걸어 고소하여 네 속옷을 가지려는 사람에게는, 겉옷까지도 내주어라. 누가 너더러 억지로 오 리를 가자고 하거든, 십 리를 같이 가주어라. 네게 달라는 사람에게는 주고, 네게 꾸려고 하는 사람을 물리치지 말아라."(마태복음 5장 37~42절)

위의 가르침에서 우리는 폭력이 용인되는 상황에서 어떤 사건을 맡은 재판관이 폭력을 수단으로 사용한다면, 폭력은 한도 끝도 없으리라는 것을 알 수 있다. 이런 가르침에 따르면, 폭력을 없애기 위해서는 어느 누구도 어떤 구실에서든, 심지어 가장 흔한 처벌의 구실에서도 폭력을 행사해서는 안 된다.

그리스도의 가르침은 악은 악으로 폐할 수 없으며 폭력이라는 악을 줄일 수 있는 유일한 방법은 폭력의 억제라는 자명한 진리를 확인시켜준다.

이 진리는 명백히 밝혀지고 입증된 터다. 하지만 징벌과 복수의 정의(正義)를 인간 삶의 필요조건으로 여기는 잘못된 생각이 너무 깊이 뿌리박혀 있고, 매우 많은 사람들이 그리스도의 가르침을 모르거나 오로지 왜곡된 형태로밖에는 알지 못하는 탓에, 예수의 규범을 받아들인 자라도 여전히 폭력의 규범에 따라 살고 있다. 기독교 세계의 지도자들은 인류 공영에 관한 모든 가르침의 중추라고 할 수 있는 비폭력 원리 없이 상호 협력의 규범을 받아들일 수 있다고 생각했다. 하지만 비폭력의 계율을 받아들이지 않고 상호 협력의 규범을 받아들이는 것은 주춧돌 없이 건물을 짓는 것이나 마찬가지다.

비폭력의 계율을 받아들이지 않고 이교도보다 더 나은 삶을 영위할 수 있다고 생각하는 기독교도들은 비기독교 국민들이 행하는 일들뿐만 아니라 그보다 더 나쁜 일들을 저지르면서 점차 그리스도의 삶에서 벗어나게 되었다. 기독교가 불완전하게 받아들여졌기 때문에 기독교의 본질은 점점 더 보이지 않게 되었고, 기독교 국가들은 마침내 서로 맞서는 적대 진영들로서 모든 힘을 군비 확장에 쏟으며 언제라도 상대방을 집어삼키려는 현재와 같은 상황에 놓이기에 이르렀다. 기독교 국가들이 스스로 군비를 확장한 결과, 기독교 국가를 증오하여 저항의 깃발을 세우며 일어선 비기독교 국가들까지 군비 확장에 힘쓰게 되었다. 무엇보다 기독교 세계의 국민들은 기독교 정신을 비롯하여 삶의 도덕률을 완전히 거부하는 입장에 도달했다.

임박한 혁명의 종교적 원인은 근본적으로 상호 협력의 도덕률과, 이를 가능케 할 비폭력의 계율이 왜곡되었다는 데 있다.

## 3

그리스도의 가르침은 복수와, 악을 악으로 갚는 행위가 악을 확대시키기 때문에 불합리하고 해가 된다는 것을 보여줄 뿐 아니라, 폭력에 의해 이루어지는 악행에 대해 비저항으로 답하고 온갖 폭력을 견디며 폭력으로 맞대응하지 않는 것이 인간 본연의 자유를 획득하는 유일한 방법임을 보여준다. 그리스도는 인간은 폭력에 대한 투쟁에

돌입하는 순간 자유를 빼앗긴다고 가르쳤다. 자기가 다른 사람에게 가하는 폭력을 인정함으로써 자기에게 가해진 폭력 역시 인정하는 결과를 낳기 때문이다. 그가 외면적인 투쟁의 영역에서 승자로 남는다고 하더라도 그는 그 후 언제라도 더 강력한 폭력에 의해 정복당할 수 있게 된다.

이 같은 가르침은 보편적인 도덕률의 충족을 자신의 목표로 삼는 사람들만이 자유로워질 수 있고 행동에 아무런 방해도 받지 않는다는 사실을 보여준다. 또 세계에서 폭력을 감소시키고 완전한 자유를 달성하는 한 가지 방법은 모든 폭력을 평온한 마음으로 순순히 견디는 것이라는 사실 역시 보여준다.

그리스도의 가르침으로 인간의 완전한 자유에 대한 규범이 널리 공표되었지만, 여기에는 다음과 같은 도덕률에 따른다는 조건이 요구된다.

"그리고 몸은 죽일지라도 영혼은 죽이지 못하는 이를 두려워하지 말고, 영혼도 몸도 둘 다 지옥에 던져서 멸망시킬 수 있는 분을 두려워하여라."(마태복음 10장 28절)

위의 가르침을 진정으로 받아들이고 이 도덕률을 따르는 사람들은 이제 세상의 다른 무엇에도 복종하지 않는다. 그들은 다른 사람들의 폭력을 순순히 참아내지만, 도덕률과 양립할 수 없는 문제에 대해서는 다른 사람들에게 복종하지 않는다.

소수로서 이교도 민족 가운데서 살고 있던 최초의 기독교인들은 그런 식으로 행동했다.

그들은 하나님의 법이라고 불리는 도덕률과 양립할 수 없는 문제에 대해서는 국가에 복종하기를 거절했다. 그들은 이 때문에 박해받고 처형당했다. 하지만 그들은 복종하지 않음으로써 자유로울 수 있었다. 반면 전 국민이 폭력에 의해 유지되는 기존 국가 조직에 살며 세례라는 형식적인 의식을 통해 기독교도로 인정받게 되자 권력 기관에 대한 기독교도들의 태도는 완전히 달라지고 말았다. 국가는 굴종적인 성직 계급의 도움을 받아 국민에게, 징벌을 가해야 하는 경우나 핍박받는 자와 약한 자를 보호하기 위해 필요한 경우에는 폭력과 살인을 저지를 수 있다고 가르쳤다. 뿐만 아니라 기독교도라고 자부하는 사람들은 무조건 당국의 모든 명령에 따를 것임을 하나님 앞에서 서약했고, 국가의 책략에 휘말려 더 이상 폭력과 살인을 금지된 조항으로 여기지 않게 되었다.

  이제 폭력과 살인을 저지르기 때문에 그들은 자신들에게 가해지는 똑같은 폭력과 살인을 당연히 감수할 수밖에 없는 상황에 놓였다. 이렇게 되자 기독교인들은 예수가 선포한 자유를 추구하는 대신에, 이전처럼 하나님 외에는 누구에게도 복종하지 않으며 모든 폭력을 참는 것을 의무로 여기는 대신에, 자신들의 의무를 완전히 반대되는 방향에서 이해하기 시작했다. 그들은 순순히 인내하는 행위가 굴욕적인 것이며 자신들의 지극히 신성한 의무가 국가의 권위에 복종하는 것이라고 생각하기 시작했고, 이 때문에 결국 노예 상태로 전락했다. 이 같은 전통 속에서 교육이 이루어지자, 그들은 더 이상 노예 상태를 부끄러워하지 않을 뿐 아니라, 노예가 주인의 위대함을 뿌듯하게 여기는 것처럼 국가의 힘을 자랑거리로 삼게 되었다.

  이처럼 기독교가 왜곡되면서 최근에는 기독교도들을 예속 상태에 가두어두는 새로운 기만적 책략이 생겨났다. 이 같은 책략은 복잡한 참정권 제도와 국가 기구 대의제를 통해 이루어진다. 어떤 국가에서는 선거로 누군가를 뽑으면 그가 다른 사람들과 함께 얼굴도 본 적이 없는 이런저런 후보를 다시 뽑는다. 물론 어떤 나라에서는 직접 대표자를 뽑기도 한다. 어쨌든 사람들은 이런 선거 제도로 자신들이 국가 권력의 참여자가 되었다고 생각한다. 그리하여 자신들은 국가에 복종하는 게 아니라 자신들의 뜻에 복종하는 것이며, 따라서 자신들은 자유로운 존재라고 결론을 내린다. 이것은 이론적으로나 실제적으로나 기만이 분명하다. 가장 민주적인 조직과 보통 선거권을 갖춘 국가라고 하더라도, 국민이 자신들의 뜻을 표현할 수는 없기 때문이다.

그들은 그렇게 할 수 없다. 왜냐하면, 첫 번째 수백 수천만 명에 달하는 국민의 보편적인 의사 같은 것은 존재하지 않기 때문이다. 두 번째 그 같은 거대한 인구의 보편적인 의사가 존재한다고 하더라도 대다수의 투표권자는 그것을 표현할 수 없으며 자신들이 무엇을 원하는지 알지도 못하고 알 수도 없기 때문이다. 정부 조직에 참여하거나 법률을 제정하거나 국민을 다스리는 선출된 대표자들이 국민의 복지는 염두에 두지 않고 대부분의 경우 정당간의 싸움에서 자신들의 지위와 권력을 지키려는 목적에 따라 움직인다는 사실은 차치하더라도, 이것은 실로 기만이 아닐 수 없다.

이로 인해 각종 사기, 무능력, 뇌물 수수로 국가가 부패함은 물론이려니와 이 같은 기만적 책략의 영향 아래 놓인 사람들은 자발적인 노예로 전락하게 된다. 그들은 국가에 복종하면서도 자신들의 뜻에 따르는 것이라고 상상하며 인간이 만든 권력 기관의 법령에 불복할 수 있다는 생각을 결코 하지 못한다. 그것이 그들의 개인적인 기질, 이익, 욕망과 상반되며, 더 높은 도덕률과 그들의 양심에도 위배된다는 사실에도 불구하고 말이다. 하지만 이처럼 국민은 스스로 다스린다는 거짓된 생각을 하고 있을지라도 국가의 조치와 행위들은 실상 정당의 복잡한 싸움과 밀통을 통해, 야망과 탐욕의 투쟁을 통해 결정되며, 국민 전체의 뜻이나 바람은 거의 영향을 주지 못한다. 그건 교도소에 있더라도 선거로 간수를 뽑고 교도소 내부 행정에 참여할 권리만 있다면 자유로우리라 상상하는 사람들이 실제로는 어떤 영향력 있는 조치나 행위도 취할 수 없는 것과 마찬가지다.

전제적인 국가의 국민은 비록 권력자로부터 잔인한 폭력의 피해를 입을 수 있다고 하더라도 완전히 자유로울 수 있다. 하지만 입헌국가의 국민은 언제나 노예다. 왜냐하면 정부에 참여하거나 참여할 수 있다고 상상하면서 그에게 가해지는 모든 폭력의 정당성을 인정하기 때문이다. 그는 권력 기관의 명령이면 뭐든 따른다. 따라서 자신이 자유롭다고 상상하는 입헌 국가의 국민은 이 같은 상상 때문에 진정한 자유가 어떤 것인지 그 개념 자체를 잊어버리고, 국가의 노예라는 수렁으로 점점 더 깊이 빠져들게 된다. 사회주의 이론의 성장과 보급, 성공만큼 확대되는 국민들의 노예화를 더 잘 보여주는 예는 없을 것이다. 현재 노예화 경향은 말할 수 없이 커져가고 있다.

이런 점에서 러시아 국민은 지금까지 권력에 참여한 적이 없었던 탓에 훨씬 더 유리한 조건에 있다고 말할 수 있다. 권력에 참여한 적이 없었기 때문에 타락할 일도 없었던 것이다. 하지만 그들 역시 다른 나라의 국민처럼 미화된 권위, 맹세, 국가 혹은 조국의 위신과 부강이라는 갖가지 기만에 속아왔으며, 그들 역시 모든 면에서 국가에 복종하는 것을 자신들의 의무라고 생각해왔다. 최근에는 러시아 사회에서도 근시안적인 사람들이 다른 유럽 국가들에서 볼 수 있는 노예 상태로 러시아인들을 몰아넣기 위해 애쓰는 모습이 눈에 띈다.

그리하여 비폭력 규범을 받아들이지 않은 크나큰 결과로, 전 세계적인 군비 확장과 전쟁이라는 재앙 외에도 예수의 율법을 왜곡된 형태로 믿는 사람들이 점차 자유를 잃어버리게 되는 상황이 더욱 더 확대되어가고 있다.

## 4

비폭력의 계율을 배척하는 동시에 예수의 가르침을 왜곡하면서 기독교 국가들은 서로 적대하며 재앙을 키울 뿐만 아니라 끊임없이 노예 상태를 확대시켰다. 이제 기독교 세계의 사람들은 이런 노예 상태에 부담을 느끼기 시작했다. 이것이 바로 다가오는 혁명의 근본적이며 보편적인 원인이다. 혁명이 다름 아니라 지금 이 순간 일어나고 있는 구체적이고 각별한 이유는 첫째 러일전쟁에서 드러나듯이 기독교 세계에서 군국주의라는 광기가 커져가고 있기 때문이다. 두 번째로는 노동자들이 땅에 대한 적법하고 당연한 권리를 빼앗기면서 재난 상태에 직면하고 점점 더 큰 불만을 느끼게 되었기 때문이다.

이 두 가지 사실은 모든 기독교 국가에 공통적이지만, 삶의 특별한 역사적 조건에 따라 러시아 국민들은 지금 이 순간 다른 어떤 나라의 국민보다 이를 더 예리하게 인식하고 있다. 국가에 대한 복종 때문에 생겨나는 이 같은 비참한 상황이 특히 러시아인들 사이에서 두드러지기 때문이다. 내 생각에, 그것은 국가가 몰고 간 극도로 정신 나간 전쟁뿐만 아니라 유럽 국가의 국민들과는 다른, 러시아인들의 지배 권력에 대한 항상적인 태도를 통해 설명될 수 있다. 러시아 국민들은 통치자들과 투쟁을 벌인 적이 없으며, 무엇보다 권력에 참여한 적이 없고, 권력에 참여하지 않았기 때문에 타락하지도 않았다.

러시아인은 권력을 좋은 것으로 생각해본 적이 결코 없다. 권력은 만인이 쟁취하기 위해 애쓰는 게 당연하며, 사실 대부분의 유럽 국가 국민들은 권력을 탐내는데도 말이다(하지만 불행히도 오늘날 러시아에서도 권력을 탐내는 일부 부패한 사람들을 볼 수 있게 되었다). 러시아인들은 언제나 권력을 피해야 할 악으로 여겨왔다. 대다수의 러시아인은 권력에 참여하여 영혼의 부담을 지는 것보다 폭력에 따르는 모든 육체적 불행을 견디는 쪽을 택해왔다. 따라서 대다수 러시아인이 과거나 현재에 권력에 순순히 따르는 것은 그들이 국가를 전복할 수 없기 때문이 아니며(혁명가들은 그렇게 하도록 가르치고 싶어 하지만), 또 권력에 참여할 수 있는 방법을 얻지 못하기 때문도 아니며(자유주의자들은 그렇게 하도록 가르치고 싶어 하지만), 대다수 러시아인이 권력을 얻기 위해 투쟁하거나 권력에 참여하는 것보다는 폭력에 순응하는 것을 더 선호하기 때문이다. 이것이 러시아에서 전제 정부가 들어서서 공고히 유지된 이유다. 따라서 러시아에서는 강하고 호전적인 자들이 쉽게 약한 자, 싸움을 원하지 않는 자들에게 폭력을 가해왔던 것이다.

바랑인들은 스웨덴의 바이킹족인데, 전설에 따르면, 862년 러시아의 슬라브족이 바랑인들의 지도자 루리크에게 자신들을 다스려달라고 부탁했다고 한다. 바랑인들이 슬라브족을 정복하고 나서 생겨난 게 분명한 이 전설은 기독교 이전부터 러시아인들이 권력에 대해 어떤 태도를 지녔는지 여실히 보여주고 있다. "우리는 권력이라는 죄에 참여하고 싶지 않다. 권력을 죄로 여기지 않는다면, 와서 우리를 통치해 달라." 권력에 대한 이 같은 태도를 통해 왜 러시아인이 이반 4세부터 니콜라이 2세까지 더없이 잔인하고 정신 나간 독재자들(종종 러시아인도 아니었던)에게 순종했는지 설명될 수 있을 것이다.

예전의 러시아인들은 권력을 그런 식으로 생각했으며, 그건 오늘날도 마찬가지다. 물론 다른 나라처럼 기독교인들을 무의식적으로 기독교 정신과 반대되는 행동으로 이끄는 기만이 현재 러시아인들에게도 퍼져 있다는 것은 사실이다. 하지만 이런 기만은 오로지 부패한 상류층에서만 발견될 뿐이다. 대부분의 러시아인은 폭력에 동참하는 것보다 폭력을 인내하는 것이 낫다는 생각을 품고 있다.

내 생각에, 권력에 대해 러시아인들이 이런 태도를 지니게 된 것은, 러시아 민족이 다른 민족보다 형제애, 평등, 겸손, 사랑에 관한 가르침 등의 진정한 기독교 정신을 더 잘 보존하고 있기 때문이다. 진정한 기독교 정신에서는 폭력을 감내하는 것과 폭력에 복종하는 것의 차이가 분명하게 인식된다. 진정한 기독교인은 어떤 저항도 없이 폭력을 감내하지만, 폭력에 복종하지는 않는다. 폭력의 부당성을 알고 있기 때문이다. 일반적으로 많은 정부가, 특히 러시아 정부가 과거나 현재나 권력에 대한 이런 진정한 기독교적 자세를 "정통적" 기독교의 가르침으로 대체하기 위해 애쓰고 있다. 하지만 기독교 정신과, 폭력의 "감내"와 "복종"의 차이에 대한 인식은 대다수 러시아 노동자들의 가슴속에 여전히 살아 있다.

대다수 러시아인들은 국가의 탄압과 기독교가 양립할 수 없다는 사실을 끊임없이 느껴왔으며, 이 같은 모순은 정교 신앙을 받아들이지 않은 보다 예민한 기독교인들, 즉 다른 여러 교파의 일원들이 특히 강렬하고 뚜렷하게 인식해왔다. 그들은 국가 권력의 적법성을 인정하지 않았다. 물론 그들 대다수는 두려움 때문에 부당한 것임을 알면서도 국가의 요구를 수용했다. 하지만 일부 소수는 다양한 방법으로 이를 피했고, 멀리 도피하는 사람들도 있었다. 국민 개병 제도를 도입함으로써 국가가 모든 사람들에게 기꺼이 살인을 할 수 있는 마음가짐을 요구하면서 모든 진정한 기독교인들을 시험에 빠뜨렸을 때, 정교 신앙을 지닌 많은 러시아인들은 기독교와 권력이 양립할 수 없는 것이라는 사실을 이해하기 시작했다. 동시에 정교회에 속하지 않은 대단히 다양한 교파의 기독교인들은 군대에 들어가는 것을 단호하게 거부하고 나섰다. 비록 이 같은 병역 거부가 전체적으로 많지는 않다고 하더라도(징집 대상자 1,000명당 한 명도 되지 않지만) 그 중요성은 여전히 대단하다고 하겠다. 왜냐하면 이런 병역 거부가 국가의 잔인한 처형과 학대를 가져왔지만, 비정교회 기독교도들뿐만 아니라 모든 러시아인들로 하여금 국가의 요구의 비기독교적 성격에 대해 눈뜨게 했기 때문이다. 그전까지 하나님의 법과 인간의 법 사이에 존재하는 모순에 관해 생각해본 적이 없는 대다수 사람들이 이제 이 둘 사이의 모순을 보기 시작했고, 러시아 국민들 사이에서 의식의 해방이라는 보이지 않지만 지속적이며 예측하기 힘든 과정이 시작되었다. 도저히 정당화할 수 없는 러일전쟁이 일어났을 무렵 러시아는 이런 상황에 놓여 있었다. 당시는 대중의 읽고 쓸 수 있는 능력이 향상되고, 온 나라에 불만이 팽배해 있을 때이기도 했다. 무엇보다 이 전쟁 때문에 최초로 전국 각지에 있는 중년의 남성 수십만 명을 보충병으로 소집해야 할 필요성이 생겼는데, 이들은 터무니없고 잔인한 전쟁을 수행하기 위해 가족과 생이별해야 했다. 그리하여 마침내 러일전쟁은 보이지 않는 지속적인 내적 과정이 국가에 복종하는 행위의 부당성과 악폐에 대한 명확한 인식으로 변화되는 계기가 되었던 것이다.

이런 인식은 매우 많은 중요한 사건들을 통해 드러났다. 보충병들은 입대를 거부하거나 탈영했다. 또 병사들은 총을 쏘거나 싸우기를 거부했으며, 반란 진압 작전에서도 동료들을 향해 총을 쏘기를 거부했다. 무엇보다 충성을 맹세하고 군에 들어가는 것을 거부하는 사람들이 계속하여 증가했다. 이런 일들은 국가에 복종하는 것이 부당하고 무용한 행위임을 인식한 결과이다. 한편 국가에 불복종한다는 무의식적인 의사 표현을, 현재 혁명가들이나 그들의 적 양쪽 모두가 보여주는 여러 행동들에서 확인할 수 있다. 흑해의 오데사 항과 크론슈타트에서 일어난 수병들의 반란, 킬이나 또 다른 지역에서 일어난 군부대의 반란, 선박 파괴, 자생적 폭력, 농부들의 폭동 등이 그

피의 일요일 | 1905년 1월 22일 제정 러시아의 상트 페테르부르크에서 발생한 유혈 사태. 러시아 정교회 사제인 가퐁 신부의 주동으로 시작한 비폭력 민중 봉기였지만 정부의 유혈 진압으로 수백명의 사망자가 발생했다. 이 사건은 차르 체제의 붕괴를 예고하며 사회주의 혁명인 10월 혁명으로 발전하게 되었다.

것이다. 권력 기관의 신망은 실추되었고, 이 시대의 대다수 러시아인들 앞에는 정부에 복종할 것인가 — 정부에 복종하는 것이 의무인가 — 하는 것이 중요한 문제로 부상해 있다. 다가오고 있는, 예상컨대 이미 시작되었을 위대한 혁명의 한 가지 원인은 바로 러시아 국민들 가운데서 제기된 이 같은 문제에서 비롯되었다고 하겠다.

## 5

우리 앞에 다가와 있는 이 혁명의 두 번째 원인은 노동자들이 처한 상황에서 찾아볼 수 있다. 노동자들은 토지 이용에 관한 정당하고 당연한 권리를 빼앗겼다. 이런 권리 박탈로 인해 기독교 국가에서 노동자들은 끊임없이 증대되는 불행을 겪고 있으며, 그들의 노동을 착취하는 자들에 대한 분노는 날로 커져가고 있다. 이런 상황은 특히 러시아에서 쉽게 관찰할 수 있다. 노동자들의 대부분이 여전히 농경 생활을 하고 있는 곳은 러시아뿐이기 때문이다. 인구 증가와 토지 부족 때문에, 러시아인들은 지금 그리스도 왕국의 실현 가능성을 찾을 수 있는 친숙한 농경 생활을 포기할 것이냐, 아니면 사람들에게서 빼앗은 토지를 지주들이 차지하도록 조치하는 정부에 더 이상 복종하지 말아야 할 것이냐 하는 선택의 기로에 서 있다.

가장 가혹한 노예 형태는 개인 노예라는 것이 일반적인 생각이다. 한 사람이 다른 사람에게 고문을 가하든 팔다리를 자르든 처형을 하든 아무튼 어떤 것이든 할 수 있기 때문이다. 반면 토지 이용의 가능성을 박탈당한 상태는 노예 상태로 간주되지 않으며, 단순히 얼마간 불공정한 경제 제도의 소산으로 여겨지는 게 사실이다.

하지만 이런 견해는 옳지 않다. 요셉이 이집트인들에게 했던 것처럼, 그리고 모든 정복자들이 피정복자들에게 했던 것처럼 오늘날 사람들이 다른 사람들에게 토지 이용의 가능성을 빼앗는 것은 가장 끔찍하고 잔인한 노예제다. 개인 노예는 한 사람의 노예지만, 토지를 이용할 수 있는 권리를 빼앗긴 사람은 만인의 노예다. 하지만 토지 노예 제도의 가장 커다란 불행은 이것이 아니다. 개인 노예의 주인이 얼마나 잔인할지 모르지만, 자신의 이익과, 노예를 잃을지 모르는 위험을 고려한다면, 그는 노예에게 쉴 새 없이 일만 시키거나 모질게 고문을 하거나 굶어죽게 하지는 않을 것이다. 반면 토지를 박탈당한 사람은 늘 자신의 체력 이상으로 일을 해야 하고, 고통을 감내해야 하고, 굶주림을 참아야 한다. 단 1분이라도 완전히 생활의 여유를 찾거나 다른 사람들, 특히 사악하고 탐욕스런 사람들의 변덕스런 의지에서 풀려나지 못한다. 그러나 이것 역시 토지 노예 제도의 가장 커다란 불행이라고는 할 수 없다. 토지 노예 제도가 강요하는 가장 큰 불행은 도덕적 삶을 불가능하게 만든다는 것이다. 토지 노예제하에서는 땅을 일구어 살아가는 것도 아니며 자연과 투쟁하며 살아가는 것도 아닌 사람들이 다른 사람들과 싸우며 살아간다. 그들은 다른 사람들이 땅에서 얻은 것이나 다른 사람들이 힘써 일군 것들을 완력이나 간교로 빼앗으려 한다.

토지의 박탈을 노예제로 인정하는 사람들조차 토지 노예제를 잔존하는 노예제 형태 중 하나로 생각하고 있다. 하지만 실상 토지 노예제는 가장 근본적인 노예제라고 할 수 있다. 토지 노예제에서부터 모든 형태의 노예제가 파생되어왔고, 현재도 파생되고 있으며, 그것이 개인 노예제와 비교할 수 없을 만큼 가혹한 제도이기 때문이다. 개인 노예제는 단순히 토지 노예제라는 착취의 한 형태일 뿐이다. 따라서 인간을 토지 노예제에서 해방시키지 않은 상태로 개인 노예제에서 해방시키는 것은 해방이 아니라 한 가지 형태의 노예제에 의해 이루어지는 착취를 중단시키는 것일 뿐이다. 러시아에서 그랬지만(농노들이 한 줌의 땅뙈기를 갖고 해방되었을 때), 대부분의 경우 그것은 잠시 동안 노예들이 그들이 처한 진정한 상황이 어떤 것인지 보지 못하게 감추는 사기에 지나지 않는다.

러시아인들은 이 사실을 알고 있었다. 그들이 "우리는 당신들 것이오. 하지만 땅은 우리들 것이오"라고 말했던 농노제 때나 토지 해방의 시기에나 언제나. 농노 신분에서 벗어나면서 러시아인들은 그들에게 주어진 얼마 안 되는 땅의 유혹에 넘어가 한동안 잠잠했지만, 인구가 증가하자 눈앞에서 가장 분명하고 구체적인 형태로 토지 부족 문제가 다시 부상하는 것을 보게 되었다.

농노였을 때 그들은 생계에 필요한 만큼 토지를 이용했다. 정부와 지주들은 주의를 기울여 늘어나는 인구를 땅 위에 고루 분포시켰다. 그리하여 사람들은 개인의 토지 획득에 내재하는 본질적인 부당성을 보지 못했다. 하지만 농노제가 폐지되자 국민의 경제적 생존 가능성(여기에 복지라는 말을 쓰지는 못할 것이다)에 대한 정부와 지주들의 관심 역시 사라지고 말았다. 농민들이 소유할 수 있는 토지의 양은 인구가 늘어나면 똑같이 늘어날 수 있도록 정해지지 않았고, 농민들은 계속 그런 식으로 살아가는 것이 불가능하다는 것을 점차 깨닫게 되었다. 그들은 정부가 그들에게서 토지를 빼앗아간 법을 철폐하기를 기다렸다. 그들은 10년, 20년, 30년, 40년을 기다렸지만, 점점 더 많은 토지가 개인 지주의 수중에 떨어지게 되었고, 사람들은 선택의 기로에 놓이게 되었다. 굶어죽느냐 아니면 더 이상 자식을 낳지 않느냐 아니면 시골 생활을 모두 버리고 공사 인부나 미용사나 자물쇠공이 되느냐. 반세기가 지나면서 상황은 계속 나빠지기만 했고, 기독교도의 삶에 필수적이라고 생각되는 삶의 질서가 산산조각 나기 시작했다. 하지만 정부는 토지를 농민들이 아니라 정부의 앞잡이들에게 나눠주었고, 이들의 토지 보유를 공고히 해주었다. 나아가 사람들에게 토지 해방을 바랄 필요가 없다는 생각을 주입하는 한편, 유럽식 모델에 따라 사람들이 악의적이고 사악하다고 생각하는 노동 감독 제도와 함께 산업사회의 생활방식을 마련해 그들을 꾀었다.

토지에 대한 정당한 권리의 박탈이야말로 오늘날 러시아인들이 당면하고 있는 비참한 상황의 주요 원인이다. 유럽과 미국 노동자들이 자신들의 상황에 대해 느끼는 불만과 불행의 근저에도 이와 똑같은 원인이 숨겨져 있다. 이 둘의 차이는 이렇다. 유럽에서는 오래전에 토지 재산의 적법성을 인정하여 토지를 강탈해버렸다. 그동안 수많은 관계들이 생겨나 이 같은 일의 부당성을 덮어버렸기 때문에 유럽과 미국에 사는 사람들은 그들이 처한 상황의 진정한 원인을 보지 못하고 이를 다른 데서 찾는다. 시장의 부재, 관세, 불공정한 세금, 자본주의 등 토지에 대한 권한의 박탈을 제외한 모든 측면에서 그 원인을 찾고 있는 것이다.

러시아인들에게는 그 근본적인 부당성 — 아직 그들에게 철저하게 가해지지는 않았지만 — 이 매우 분명하게 보인다.

땅을 일구어 살아가는 러시아인들은 자신들이 땅에서 무엇을 원하는지 분명히 알고 있고, 그래서 그 부당성을 감수하고 싶어 하지 않는다.

무분별하고 파괴적인 무기와 전쟁, 토지에 대한 보편적 권리의 박탈, 내 생각에는 이런 것들이 바로 기독교 세계 전역에서 일어날 혁명의 원인이다. 그리고 이 혁명은 다른 곳이 아닌 러시아에서 시작되고 있다. 러시아에서만큼 기독교적 세계관이 강력하고 순수한 형태로 보존되어 있는 나라는 달리 없으며, 러시아 말고 국민의 대다수가 농경 생활을 유지하고 있는 나라 역시 없기 때문이다.

## 6

러시아인들은 특별한 국민성과 삶의 조건 덕분에 다른 기독교 세계의 국민들보다 앞서, 억압적인 국가 권력에 복종하기 때문에 재앙이 생겨난다는 사실을 깨닫게 되었다. 내가 생각하기에는, 이런 깨달음과 통치자의 억압으로부터 스스로를 해방시키고자 하는 바람이 러시아인뿐만 아니라 기독교 세계의 모든 국민에게 일어날 임박한 혁명의 본질을 이루고 있다. 하지만 폭력에 기초하여 세워진 많은 나라의 국민들은 국가 권력을 폐지하면 필연적으로 엄청난 재앙이 뒤따르리라 생각하고 있는 것 같다.

사실 사람들이 향유하는 안전과 복지는 국가 권력에 의해 보장된다는 주장은 근거 없는 것이다. 우리는 국가 조직 아래 사는 사람들이 어떻게 살아가고 어떤 고통을 겪고 있는지 잘 알고 있지만, 국가가 사라졌을 때 사람들이 어떤 상황에서 살아가게 될지는 알지 못한다. 거대한 국가의 밖에 존재했거나 존재하고 있는 작은 공동체의 삶을 생각해보면, 그 같은 공동체가 사회 조직의 이점을 두루 향유하는 한편 국가의 억압이 없는 상태에서, 국가 권력 기관에 복종하는 사람들이 겪는 고통을 100분의 1도 겪지 않으리라는 것을 알 수 있다.

국가 조직의 혜택을 받는 지배 계층 사람들은 국가 조직 없이 살아갈 수 없다고들 말한다. 하지만 국가 권력의 짐을 진 사람들, 농업 노동자들, 1억 명에 달하는 러시아의 농민들에게 물어보면, 그들이 국가로부터 오로지 중압감만을 느끼고, 국가 권력 덕분에 보다 안전한 삶을 살고 있다고는 전혀 생각하지 않으며, 국가 없이도 잘 살 수 있다고 생각한다는 것을 알 수 있을 것이다. 나는 수많은 글에서 우리를 두렵게 하는 것 — 국가 권력이 없다면 악인이 날뛰고 선인이 핍박받게 되리라는 것 — 이 실제로는 모든 국가에서 매우 오래전부터 일어나고 있었으며, 현재에도 일어나고 있다는 사실을 거듭하여 밝혔다. 그것은 어떤 곳이든 권력을 손에 쥔 사람은 가장 악한 사람이기 때문이다. 그밖의 경우는 생각해볼 수 없다. 왜냐하면 가장 악한 사람만이 권력을 얻기 위해 필요한, 교활하며 비열하고 잔인한 행동들을 서슴지 않고 할 수 있기 때문이다. 나는 사람들이 겪는 커다란 고통들은 모두 국가 억압의 정당성을 인정함으로써 생겼다는 사실을 수없이 되풀이해 설명해왔다. 소수의 손에 엄청난 부가 집중되고, 다수는 수렁처럼 깊은 빈곤에 빠져 허우적거리고, 땅을 일구지 않는 자들이 땅을 소유하고, 군비 경쟁과 전쟁이 끊이지 않고, 사람들이 가난하게 사는 것은 모두 이 때문이다. 나는 정부가 없으면 사람들의 상황이 좋아질지 나빠질지 생각해보기 전에 누가 정부를 구성하고 있는지 생각해보아야 한다고 말해왔다. 그들은 보통 사람들보다 좋은 사람들인가 아니면 나쁜 사람들인가? 그들이 보통 사람들보다 좋은 사람들이라면 정부는 자비로울 것이다. 하지만 그들이 나쁜 사람들이라면, 정부는 국민들에게 해를 끼칠 것이다. 사실 그들 — 이반 4세, 헨리 8세, 마라, 나폴레옹, 아락체예프, 메테르니히, 탈레랑, 니콜라이 등 — 이 일반 사람들보다 나쁜 사람들이라는 것은 역사가 증명해주고 있다.

모든 인간 사회에는 야심 많고 후안무치하며 잔인한 사람들이 언제나 존재해왔다. 이미 누우이 말했지만, 이들은 자신들의 이익을 위해 언제든 갖가지 폭력, 강도질, 살인을 저지를 생각을 하고 있다. 정부가 없는 사회에서는 이런 사람들이 강도가 될 테지만, 그들의 행위는 부분적으로는 그들에게 상해를 당한 자들과의 싸움에 의해 제한되고, 특히 사람들에게 영향력을 미치는 가장 강력한 무기, 즉 여론에 의해 제한받을 것이다. 하지만 억압적인 권력 기관이 지배하는 사회에서는 이런 사람들이 권력을 잡고 권력을 휘두르며 여론의 제지 없이 오히려 뇌물을 받고 거짓으로 조성된 여론을 통해 지지와 칭송과 찬양을 받는 것이다.

사람들은 이렇게들 말한다. "국가와 강제력이 없다면 사람들은 어떻게 살아갈까?" 하지만 이와 반대로 우리는 이렇게 말해야 한다.

"이성적인 존재라면 사람들은 어떻게 폭력을 인정하고 이성적 합의를 삶의 내적 연결고리로 인정하지 않은 채 살아갈 수 있는가?"

이것 아니면 저것이다. 인간은 이성적인 존재 아니면 비이성적인 존재이다. 인간이 이성적인 존재가 아니라면 인간들 사이의 모든 문제는 폭력에 의해 결정될 수 있으며 마땅히 그렇게 될 것이고, 누구에게는 폭력에 관한 권리가 주어지고 누구에게는 그런 권리가 주어지지 않을 이유가 전혀 없을 것이다. 하지만 인간이 이성적인 존재라면 인간들의 관계는 폭력이 아니라 이성에 기초하여 세워져야 할 것이다.

스스로를 이성적인 존재로 여기는 사람이라면 이를 생각해볼 필요도 없이 당연한 말로 받아들일 것이다. 하지만 국가 권력을 옹호하는 자들은 인간이나 인간의 특성, 인간의 이성적 본성에 대해 생각하지 않는다. 그들은 어떤 초자연적인 혹은 불가해한 의미를 부여할 수 있는 인간의 특정한 연합체에 대해 얘기한다.

사람들이 더 이상 국가에 복종하지 않는다면, 러시아, 프랑스, 영국, 독일은 어떻게 될 것인가라고 그들은 말한다. 러시아에는 어떤 일이 일어날 텐가? 러시아라니? 러시아는 무엇인가? 러시아는 어디서 시작하고 어디서 끝나는가? 폴란드는? 발트 해 연안은? 소수민족들이 득시글한 카프카스는? 타타르인들이 사는 카잔은? 페르가나 지역은? 이 모든 지역은 러시아가 아닐 뿐 아니라 이곳에 사는 모든 이민족들은 러시아라 불리는 연합체로부터 벗어나고 싶어 한다. 이런 민족들이 러시아의 일부로 여겨지는 상황은 우연적이며 한시적인 것이다. 이는 일련의 역사적 사건들, 주로 폭력과 부정, 잔인한 행위를 통해 과거에 규정지어진 것으로서, 오늘날 이런 연합체는 많은 소수 민족들에게 뻗어 있는 권력에 의해 겨우 유지되고 있을 뿐이다. 우리가 아직 기억하고 있는 바, 니스는 이탈리아 영토였지만, 갑자기 프랑스 영토가 되었다. 알자스는 프랑스 영토였지만, 프로이센의 땅이 되었다. 헤이룽강(흑룡강) 지역 역시 중국 땅이었다가 러시아 영토가 되었다. 사할린은 러시아 영토였다가 일본 영토가 되었다. 현재 오스트리아의 세력은 헝가리, 보헤미아, 갈리치아까지 뻗쳐 있고, 영국의 세력은 아일랜드, 캐나다, 오스트레일리아, 이집트, 인도까지 미치고 있으며, 러시아의 힘은 폴란드와 구리아(그루지야의 일부 지역)까지 뻗어 있다.

하지만 내일이면 이런 세력도 한순간에 소멸할 수 있다. 많은 영토로 이루어진 러시아, 오스트리아, 영국, 프랑스를 각각 하나로 결합시키는 힘은 강제력이다. 이것은 이성적 본성과 예수가 보여준 자유의 법에 거슬러 사악한 폭력 행위의 요구에 따르는 인간들이 창조한 것이다. 인간은 단지 이성적 존재에 합당한 자유를 깨닫고 양심과 규범에 반하는 행위를 중단하고 러시아, 영국, 독일, 프랑스 따위의 인위적인 연합체들을 해체하기만 하면 된다. 이런 나라들은 대단히 웅장하고 찬란해 보이지만 앞으로 더 이상 존재하지 못할 것이고, 사람들을 움직여 목숨뿐만 아니라 이성적 존재 본연의 자유까지 희생시키게 만드는 동기들도 사라질 것이다.

자잘한 국경선들을 커다란 하나의 국경선으로 대체함으로써, 즉 서로 끊임없이 투쟁하는 작은 나라들을 거대한 나라에 복속시켜 갈등과 유혈 사태, 그리고 이에 부수하는 악행들을 줄일 수 있다는 게 사람들이 보통 하는 말이다. 하지만 이런 주장 역시 상당히 자의적이다. 누구도 이 두 가지 입장에서 악행의 빈도와 강도를 따져본 적이 없기 때문이다. 연합 국가 시절의 러시아에서 일어났던 전쟁이나 예전 프랑스의 부르고뉴, 플랑드르, 노르망디에서 일어났던 전쟁의 희생자들이 알렉산드로스나 나폴레옹이 일으켰던 전쟁 혹은 최근에 끝난 러일전쟁의 사상자들보다 많았다고 믿기는 어려운 일이다.

국가 확대의 유일한 정당성은 단일한 군주국을 세워 모든 전쟁의 가능성을 없애버린다는 것에 있다. 하지만 마케도니아의 알렉산드로스, 로마 제국, 나폴레옹의 경우에서 보듯이 그런 국가를 세우려는 모든 시도는 결코 평화라는 목적을 달성하지 못했다. 반대로 이런 시도들이야말로 여러 나라의 국민들에게는 대재앙의 원인이 되었다. 따라서 인간의 평화란 이와 정반대되는 수단, 즉 강제력을 지닌 국가의 폐지밖에는 달성할 수 없는 것이다.

옛날에는 잔인하고 파괴적인 미신들, 인간 희생제물이나 마녀 화형, "종교" 전쟁, 고문 등이 존재했다. 하지만 이제 인간은 이런 것들로부터 벗어났다. 그런데 국가는 신성한 것이라는 미신이 여전히 사람들의 마음을 붙들고 있다. 사람들은 이런 미신으로 인해 다른 어떤 것에 비할 수 없을 만큼 잔인하고 파괴적인 희생을 국가에 바치고 있다. 이 미신의 본질을 살펴보면, 사는 지역도 다르고 관습도 다르고 관심도 다른 사람들에게 하나의 동일한 폭력이 그들 모두에게 행사되고 있다는 이유로 그들 모두가 완전히 하나를 이루고 있다는 믿음을 주입한다. 사람들은 이를 믿고, 나아가 이런 연합체에 속하는 사실을 자랑스러워한다.

이런 미신은 오랫동안 존재해오면서 강력한 지지를 받았다. 그리하여 이로부터 이익을 얻는 자들 — 왕, 대신, 장군, 군부, 관리 — 이 이 인위적인 연합체의 존재, 승인, 확대를 확신하는 것은 물론이고, 이 연합체 내의 집단들 역시 이 미신에 너무나 익숙해져 있는 탓에 자신들이 러시아 혹은 프랑스, 영국, 독일에 속해 있는 것을 자랑스러워하는 것이다. 국가가 사실 전혀 도움이 되지 않으며, 그들에게 해만 가져다줄 뿐인데도 말이다.

그리하여 사람들이 온갖 종류의 폭력을 온화한 마음으로 순순히 감내하는 한편 국가에 복종하기를 거부한다면, 그래서 거대한 국가의 모습을 하고 있는 이런 인위적인 연합체들이 해체된다면, 사람들 사이에서는 억압과 고통이 줄어들고, 2500년 전에 세상에 계시된 상호 협력의 도덕률에 따라 살기는 더욱 쉬워질 것이다. 이 도덕률이 현재 인류의 의식 안으로 점점 더 깊이 들어오고 있다.

일반적으로 말해 도시 인구가 되었든 농촌 인구가 되었든 러시아인에게 현재와 같은 결정적인 때에 중요한 것은 무엇보다 다른 이들의 경험이나 다른 이들의 사고, 개념, 말에 따라 사는 것이 아니라, 다양한 사회민주주의 체제, 헌정, 권한, 관료들, 의원들, 입후보자들에 의존해 사는 것이 아니라, 스스로 생각하고 스스로의 삶을 살며, 자신의 과거로부터 그리고 자신의 영적인 토대로부터 새로운 삶의 형태를 구축하는 것이다.

## 7

 현재 인류에게 임박해 있는 혁명의 목적은 인간의 권력에 대한 복종이라는 기만 행위로부터 인류를 해방시키는 데 있다. 이 혁명의 본질이 이전에 기독교 세계에서 일어났던 모든 혁명의 본질과 상당히 다르기 때문에 이 혁명에 참여하는 자들의 행위 역시 이전의 혁명에 참여했던 자들의 행위와 상당히 다를 수밖에 없다.

 이전의 혁명에 관여했던 사람들은 권력자를 폭력적으로 타도한 뒤 권력을 쟁취하곤 했다. 현재의 혁명에 관여하는 사람들이 해야 할 일은 폭력적인 권력에 복종하는 것(이제는 의미가 없어진)을 그만두고 국가와는 독립적으로 자신의 삶에 질서를 부여하는 것이다.

 다가오는 혁명에 참여하는 사람들의 행위가 과거의 혁명에 참여했던 사람들의 행위와 다르다는 것은 물론이려니와 이 혁명의 주역들 자체가 과거의 혁명과 상당히 다르다. 이 사실은 혁명이 일어나는 지역과 참여자의 수적인 측면에서 드러난다.

 과거의 혁명에 참여했던 사람들은 주로 육체노동에서 벗어나 있는 고급 직종 종사자와 이들이 이끄는 도시 노동자들이었다. 반면 다가오는 혁명의 참여자들은 주로 농촌의 대중들이 될 것이다. 과거의 혁명이 시작되었던 곳은 도시였다. 현재의 혁명이 시작되고 있는 곳은 주로 농촌이다. 과거의 혁명에 참여했던 사람들의 수는 전 인구의 10~20퍼센트에 지나지 않는다. 지금 러시아에서 일어나고 있는 혁명의 참여자는 인구의 80~90퍼센트가 될 것임이 틀림없다.

 이에 따라 흥분한 러시아의 도시 인구는 유럽을 모방하여 조합을 결성하고 파업, 시위, 폭동을 준비하고 있다. 새로운 형태의 정부를 세우기 위해서다. 잔혹한 사람들은 살인을 저지르며 다가오는 혁명에 일조하고 있다고 생각하기도 한다. 하지만 이런 사람들의 모든 행위는 임박한 혁명에 전혀 도움이 되지 못하며, 오히려 정부보다 훨씬 더 실제적으로 혁명을 방해하고 오도하며 가로막는 것이다(왜냐하면 스스로는 깨닫지 못하더라도 그런 행위들이 정부를 진정으로 돕는 것이기 때문이다).

현재 러시아에서 걱정되는 것은 기존의 억압적인 정부가 폭력에 의해 전복되지 않을 수도 있다는 것이나 민주주의 체제든 사회주의 체제든 또 다른 억압적인 정부를 세울 수 없을지 모른다는 것이 아니라 이 같은 국가와의 투쟁으로 국민 스스로가 폭력의 늪에 빠질지 모른다는 것이다. 러시아인들은 명백한 평화적 해방의 방식을 가리키고 있는 특별한 상황의 요청을 받았음에도 불구하고 현재 일어나고 있는 혁명의 중요성을 전혀 이해하지 못하는 사람들에 휩쓸려 과거의 혁명을 맹목적으로 모방하게 될지도 모른다. 그들은 지금 서 있는 구원의 길을 포기하고, 다른 기독교 국가들을 여지없이 파멸로 인도한 잘못된 길로 나아가게 될지도 모른다.

이런 위험을 피하기 위해서는 러시아인들은 무엇보다 자기 자신이 되어야 한다. 유럽의 국민들이나 미국의 헌정 또는 사회주의 프로그램에서 어떻게 행동하고 무엇을 해야 하는지 배우려는 일은 그만두어야 한다. 러시아인들은 오로지 자신의 양심에서 조언을 구해야 한다. 눈앞에 닥친 위업을 완수하자면 러시아의 정체政體에 신경 쓰거나 러시아 국민의 자유를 담보하는 일에 매달리지 말고 무엇보다 러시아인의 국가라는 개념에서, 나아가 국민의 권리에 대한 관심에서 벗어나야 한다. 지금 이 순간 러시아인들은 자유를 얻고자 한다면 나서서 이런저런 행동을 취하는 것을 삼갈 뿐 아니라 정부가 끌어들이는 행동이나, 혁명가나 자유주의자들이 끌어들이기를 원하는 행동에 말려들지 말아야 한다.

러시아 국민의 대다수를 차지하는 농민들은 농촌에서 원래의 삶을 그대로 유지해야 한다. 정부가 되었든 누가 되었든 폭력을 가하면 맞서지 말고 참아내야 한다. 단 어떤 형태든 국가의 폭력 행위에 동참하라는 요구는 단호히 거절해야 한다. 세금을 내서는 안 되고, 경찰이나 행정부, 세관, 육군 혹은 해군, 아무튼 어떤 억압적인 조직에도 들어가서는 안 된다. 또 이와 똑같이, 아니 훨씬 더 엄격하게 농민들은 혁명가들이 선동하는 폭력을 거부해야 한다. 지주를 상대로 한 모든 폭력은 폭력 대응을 유발하여 싸움을 낳을 것이고, 어떤 경우든 이런저런 형태의 정부가 수립되는 결과를 불러 올 것이다. 이런 정부가 똑같이 억압적이라는 사실은 피할 수 없다. 그리고 가장 자유로운 유럽의 여러 국가와 미국에서 그런 것처럼 억압적인 정부가 존재하는 한 똑같이 무분별하고 잔인한 전쟁이 일어날 것이며, 똑같이 토지는 여전히 부유한 자들의 소유가 될 것이다. 모든 억압을 철폐하고 끝없는 군비 확대와 전쟁을 막고 토지의 사적 소유를 폐지할 수 있는 방법은 사람들이 어떤 형태의 폭력에도 참여하지 않는 길밖에 없다.

지금 일어나고 있는 혁명이 좋은 결과를 얻기 위해서는 농민들은 그런 식으로 행동해야 한다.

현재 혁명에 사로잡혀 있는 도시 계급들, 귀족들, 상인들, 의사들,

과학자들, 작가들, 기계공들에 대해 말하자면, 그들은 우선 자신들의 존재가 중요하지 않다는 사실을 깨달아야 한다. 그들은 수적으로도 미미하다. 농촌 인구와 비교하면 100분의 1에 불과하다. 그리고 그들이 깨달아야 하는 사실은 현재 일어나고 있는 혁명의 목적이 보통 선거권과 개선된 사회주의적 제도를 갖춘 새로운 억압적 정치 체제의 건설에 있지 않다는 것이다. 이 혁명의 목적은 전 국민, 특히 국민의 대다수를 이루고 있는 1억 명의 농민들을 온갖 종류의 억압에서 해방시키는 데 있다. 군사적 억압 — 군대, 경제적 억압 — 세금과 관세, 토지와 관련된 억압 — 지주의 토지 점유가 농민들을 위해 없애버려야 할 억압들이다. 이런 억압에서 러시아인들을 해방시키기 위해 자유주의자들과 혁명가들이 몰두하는 성마르고 비이성적이며 몰인정한 행위들은 사실 전혀 불필요한 것들이며, 지금의 혁명에 전혀 어울리지 않는 것들이다. 이들은 "혁명을 조직하자"고 외친다고 해서 혁명을 맞춤식으로 할 수는 없다는 것을 알아야 한다. 백 년 전에 완전히 다른 조건 아래서 발생했던 기존 혁명의 양상을 모방하여 혁명을 일으킬 수는 없는 법이다. 무엇보다 그들은 깨달아야 한다. 이전의 삶의 토대에 내재된 불합리성과 불행을 인식하고 사람들에게 진정한 행복을 가져다줄 수 있는 새로운 토대 위에서 삶을 건설하기 위해 노력할 때, 그래서 사람들이 더 나은 새로운 삶의 이상을 마음속에 품을 때에야 비로소 혁명이 인간의 삶의 조건을 향상시킬 수 있다는 사실을.

그런데 러시아에서 유럽 혁명의 모델에 따라 정치적 혁명을 이루기 위해 현재 노력하고 있는 사람들한테는 어떤 새로운 토대도 새로운 이상도 찾아볼 수 없다. 그들은 이전의 오래된 억압 형태를 새로운 억압 형태로 대체하려는 것에 불과하다. 그들이 원하는 혁명은 억압에 의해 실현되고 현재 러시아인들에게 고통을 주고 있는 권력 기관처럼 똑같이 재난을 가져올 것이다. 우리는 유럽이나 미국에서도 똑같이 군국주의와 과세, 토지 수탈 아래 신음하는 사람들을 보고 있지 않은가.

대부분의 혁명가는 사회주의적 구조를 이상으로 내세우고 있다. 하지만 이것은 오로지 가혹한 탄압에 의해 세워질 수 있을 텐데, 만약 사회주의 사회가 건설된다면 사람들로부터 마지막 한 줌의 자유까지 앗아갈 것이다.

모든 악덕에서 벗어나고 싶다면, 사람들은 권력 기관에 복종하는 일을 그만두어야 하며, 동시에 투쟁에 나서거나 남을 강압하는 일을 중지해야 한다. 이는 기독교도들의 규범을 지키기 위해서도 필요한 일이다. 기독교도는 기독교도로서 오로지 폭력에 의해 세워지고 폭력에 의해 유지되며 기독교 규범에 거슬러 끊임없이 악행을 저지르는 권력 기관에 복종(복종함으로써 가담)해서는 안 된다. 징집, 전쟁, 감옥, 처형, 국민들이 토지를 이용할 수 있는 가능성을 박탈하는 일까지 권력 기관이 하는 일들은 모두 기독교 규범에 어긋난다. 따라서 인간의 세속적 행복이나 더 높은 영적 안녕 모두가 오로지 하나의 길을 통해 이루어질 수밖에 없다. 모든 폭력을 저항하지 않고 참아내며, 동시에 이에 참여하기를 거부하는 것이 그것이다. 한마디로 권력 기관에 복종하지 않는 것이다.

그리하여 도시 계급들이 진정으로 지금 일어나고 있는 위대한 혁명에 봉사하고 싶다면, 맨 먼저 지금 그들이 몰두하고 있는 잔인하고 혁명적이며 부당하고 인위적인 행위를 그만두어야 한다. 그리고 시골에 정착하여 그곳 사람들과 함께 일하고 그들로부터 억압적인 권력에 대한 인내, 무관심, 경멸을 배워야 한다. 무엇보다 도시 계급들은 사람들을 선동하는 일을 삼가고, 폭력 행위에 가담하거나 어떤 형태든 억압적인 권력에 복종하는 일을 그만두어야 한다. 나아가 필요하다면, 그들은 그들이 지닌 과학적 지식으로 국가의 소멸 뒤에 과연 어떤 일이 일어날지 대답하는 데 도움을 주어야 한다.

## *8*

하지만 정부의 통치에 복종하며 국가의 형태 안에서 사는 게 아니라면 기독교 세계의 대중들은 어떤 식으로 어떻게 살아가야 할까?

이 문제에 대한 답은 러시아인들에게서 찾아볼 수 있다. 이 때문에 나는 임박한 혁명이 다른 나라가 아닌 러시아에서 시작될 수밖에 없다고 생각하는 것이다.

러시아에서는 국가 권력이 부재한다고 해서 농경 공동체에서 사회적 조직이 생겨나지 않은 적이 없다. 반대로 국가 권력의 개입은 러시아인들에게는 자연스러운 이런 내적 조직의 성장을 언제나 막아왔다. 러시아인들은, 대다수 농경민족도 그렇지만 마치 벌통 안의 꿀벌들처럼 자연스럽게 일상생활의 요구를 충족시키는 확고한 사회적 관계를 형성했다. 러시아인들은 정부의 개입이 없는 상태에서 정착한 곳이라면 어디서든 억압적인 형태가 아니라 상호 합의와 토지의 공동 소유에 기초하여 질서를 확립했다. 이로써 평화로운 사회적 삶의 요구를 완벽하게 충족시켰던 것이다. 이 같은 공동체는 정부의 원조 없이 러시아의 동쪽 변경 지역에서 번성했다. 이런 공동체는 네크라소비시처럼 터키로 옮겨가 터키 술탄 아래서 기독교 공동체 조직의 성격을 잃지 않은 채 번영을 누렸고, 현재까지도 없어지지 않고 남아 있다. 이런 공동체는 중국 영토와 중앙아시아에까지 퍼져 나가 거기서 정부 없이 오랫동안 유지되고 있다(이런 원시적 무정부 사회는 오늘날에도 여전히 존재한다. 1990년 4월 어떤 석유 탐사반이 중국 신장현의 타클라마칸 사막에서 외부 세계와 350년간 왕래가 없었던 한 부족을 발견했다. 200명이 넘는 이 부족에게는 정부도 화폐도 개인 재산도 없었다. — 옮긴이). 러시아 인구의 대다수를 차지하는 농민들은 이와 정확히 똑같이 정부를 전혀 필요로 하고 있지 않으며 오히려 정부 때문에 고통을 겪고 있다. 러시아인에게 정부는 언제나 짐일 뿐이었다.

 정부, 무력으로 토지를 일하지 않는 지주들의 수중에 쥐어주는 정부를 폐지하면 러시아인들이 훌륭한 생활의 필수 조건으로 여기는 공동체적 농경 생활을 유지하는 데도 크게 이로울 것이다. 또 계속하여 토지 소유를 금지할 수도 있을 것이다. 토지는 해방되고, 모든 사람들이 토지에 대한 동등한 권리를 소유하게 될 것이다.

 따라서 러시아인들은 국가를 폐지하면서 이전의 사회생활을 대신할 다른 형태의 사회생활을 창조할 필요가 없다. 이미 그들에게 어울리며 그들의 사회적 요구를 충족시켜주는 그런 형태의 사회생활이 이미 존재하기 때문이다.

 이것은 모든 일원의 평등과 협동 노동 체계, 토지 공동 소유에 바탕한 공동체 조직이다. 기독교 세계에 임박해 있으며 현재 러시아인들 사이에서 시작되고 있는 혁명은 정확히 이 점에서 이전의 혁명과 구분된다. 이전의 혁명이 오로지 파괴를 일삼고 어떤 형태의 폭력을 다른 형태의 폭력으로 대신했던 반면, 임박한 혁명에서는 아무것도 파괴할 필요가 없으며 오로지 폭력에 참여하는 것을 그만두기만 하면 된다. 인위적이며 생명 없는 무엇인가를 심기 위해 식물을 뿌리째 뽑는 일을 멈추고 단순히 그 식물의 성장을 방해했던 모든 잡초들을 제거하기만 하면 된다. 하지만 성급하고 뻔뻔스러우며 과신에 찬 사람들은 그들이 맞서 싸우고 있는 악의 원인을 이해하지도 못하고 폭력 없이는 어떤 형태의 삶도 인정하지 않고, 아무 생각 없이 맹목적으로 새로운 폭력을 사용하여 기존의 폭력을 뒤엎으려 한다. 이런 자들은 현재 일어나고 있는 혁명에 아무런 도움도 되지 못한다. 이 혁명에 도움이 되는 사람들은 아무것도 파괴하지 않는 사람들, 아무것도 갈아엎지 않는 사람들이다. 이들은 국가와는 독립적으로 삶을 조직하고 자신들에게 가해지는 어떤 폭력도 평온한 마음으로 견뎌낼 것이다. 하지만 그들은 결코 국가 권력에 참여하지 않고, 국가의 명령에 복종하지도 않을 것이다.

　농경민족인 러시아인의 대다수가 현재 사는 식대로 앞으로도 공동체적 농경 생활을 유지하며, 단지 국가의 일에 참여하지 않고, 국가에 복종하지만 않으면 된다.

　러시아인들이 그들에게 어울리는 사회 생활을 더 착실하게 고수할수록 국가의 억압적 통치가 개입할 수 있는 가능성은 줄어들 것이고, 그것을 뿌리칠 수 있는 가능성은 더 커질 것이다. 국가가 간섭하는 경우는 점점 더 줄어들 것이고, 국가의 폭력 행사에 조력하는 일들도 점점 더 줄어들 것이다.

따라서 국가에 대한 복종을 그만두는 경우 어떤 일이 생길 것인가 하는 질문에 우리는 사람들을 서로 싸우게 만들고 사람들로부터 토지를 이용할 수 있는 권리를 빼앗아간 억압 구조가 없어질 것이라고 분명하게 대답할 수 있을 것이다. 폭력에서 해방된 사람들은 더 이상 전쟁을 준비하거나 서로 싸우지 않고 또 토지를 자유로이 이용할 수 있게 될 것이다. 그리하여 자연스럽게 사람들은 만인에게 적합한 즐겁고 건강하며 도덕적인 농업 노동으로 돌아갈 것이며, 그들의 노고는 다른 사람들과의 투쟁이 아닌 자연과의 투쟁에 돌려질 것이다. 생각건대, 농업 노동은 다른 모든 노동 부문의 근간을 이루고 있으며 폭력에 의지해 사는 사람들만이 포기할 수 있는 것이다. 사람들은 국가에 대한 복종을 그만두면 농경 생활로 돌아가야 할 것이고, 그들은 곧 소규모 사회의 조건 아래서 가장 자연스런 공동체 조직 생활을 하게 될 것이다.

이런 공동체들은 서로 고립되지 않고 경제적 · 민족적 · 종교적 유사성에 따라 새롭게 자유로운 연합체를 결성할 것임이 거의 확실하다. 하지만 이런 연합체는 폭력에 기초한 과거의 연합체, 즉 국가와는 완전히 다른 것이 될 것이다. 억압을 거부한다고 해서 연합체의 가능성이 사라지는 것은 아니다. 오히려 상호 합의에 기초한 연합체는 폭력에 기초한 조직이 사라질 경우에만 만들어질 수 있다. 무너진 집의 터에 튼튼한 새 집을 지을 때 오래된 벽을 허물고 돌을 하나하나 치우고 완전히 새롭게 집을 짓는 것과 마찬가지다.

## 9

하지만 인류가 공들여 이룬 문명은 어떻게 될 것인가?

"원숭이의 재래再來." 볼테르는 자연으로 돌아가라고 주장하는 루소에게 편지를 보내 네 발로 걷고 싶어질 정도라고 비꼬았다. "그것은 일종의 미개한 자연 생활로 돌아가는 것이다." 확신에 찬 사람들은 인류의 문명이 대단히 이로운 것이기 때문에 문명에 의해 이루어진 것이라면 어떤 것 하나라도 버릴 수 없다고 생각하며 그렇게 말한다.

"뭐라고? 지하나 지상의 전선, 전등, 박물관, 극장, 기념탑이 있는 우리의 도시 대신에 외딴 시골에서 오래전에 인류가 벗어난 조야한 농경 생활을 해야 한다고?" 사람들은 그렇게 묻는다. "그렇다. 그러면 극빈자들의 구역과 런던이나 뉴욕 혹은 다른 대도시의 빈민가, 유곽, 고리대금업, 국내외의 적을 대상으로 한 폭탄, 감옥, 교수대, 수백만 병력의 군대도 괜찮다는 건가?" 나는 그렇게 되묻는다.

"문명, 우리의 문명은 커다란 은총이다." 사람들은 말한다. 하지만 그렇게 확신에 찬 말을 하는 사람들은 우리의 문명 안에서 살 뿐 아니라 문명의 덕을 보고 있는 사람들이다. 그들은 노동자들이 피땀 흘리며 일하는 동안 완벽한 만족 속에서 거의 빈둥거리며 산다. 모두 문명이 존재하는 덕분이다.

이런 모든 사람들 — 왕, 황제, 대통령, 군주, 대신, 관리, 군 장성, 지주, 상인, 기계공, 의사, 과학자, 예술가, 교사, 성직자, 작가 — 은 우리의 문명이 큰 은총이기 때문에 문명이 사라질 수 있다는 생각은 고사하고 문명이 조금이라도 바뀔 수 있다는 생각조차 하고 싶어 하지 않는다. 하지만 대다수 슬라브인, 중국인, 인도인, 러시아인 농민들에게, 인류의 10분의 9에 해당하는 이 사람들에게 농사를 짓지 않는 사람들이 그토록 소중히 여기는 문명이 참으로 은총인지 물어보아라.

이상하게 생각될지 모르지만, 인류의 10분의 9는 상당히 다른 대답을 할 것이다. 그들은 그들에게 땅, 비료, 물, 수로, 태양, 비, 나무, 추수, 그리고 농사용으로 쉽게 만들 수 있는 특정한 연장들이 필요하다는 것을 안다. 하지만 문명에 관해 말하자면, 그들은 문명에 그다지 익숙하지 않으며, 문명과 접한다고 하더라도 타락한 도시 혹은 투옥이나 중노동을 선고하는 불공정한 재판의 형태로 접할 뿐이다. 아니면 세금이나 불필요한 궁, 박물관, 기념탑의 형태로, 아니면 자유로운 생산품 교환을 방해하는 관세의 형태로, 아니면 전 세계의 국가들을 전화戰禍로 몰아넣는 대포, 철갑함, 군대의 형태로 접하게 된다. 그들은 만약 문명이 이런 것들로 이루어진 것이라면 문명은 불필요할 뿐만 아니라 대단히 유해한 것이라고 말할 것이다.

문명의 혜택으로 이득을 보는 자들은 문명이 전 인류를 위한 은총이라고 말한다. 하지만 이 질문과 관련해서는 그들은 판사도 증인도 아니고 소송 당사자 중 하나일 뿐이다.

기술적 진보의 길을 따라 위대한 진전이 이루어진 것은 의심할 여지가 없는 사실이지만, 이 길을 따라간 것은 대체 누구인가? 노동자들의 구부러진 등 위에 사는 소수의 사람들이 아닌가? 노동자들, 문명을 통해 이득을 보는 자들에게 봉사하는 이들은 모든 기독교 국가에서 여전히 5~6세기 전과 다름없는 생활수준으로 살고 있으며, 이따금 드문 경우에나 문명의 찌꺼기를 손에 쥘 뿐이다. 그들이 전보다 더 잘 산다고 하더라도 유한계급과 그들의 생활수준 차이는 6세기 전보다 줄어들기는커녕 오히려 훨씬 더 커졌다. 물론 문명이 수많은 사람들의 생각과 달리 오로지 이익만을 가져다주는 것은 아니라는 사실을 우리가 깨닫는다 해도 인간이 자연과의 투쟁을 통해 달성한 모든 것을 내팽개쳐야 한다는 건 아니다. 하지만 인간이 이룬 것들이 참으로 인간의 안녕에 기여하는지 아닌지 알기 전에 소수가 아니라 모든 사람이 혜택을 누려야 한다는 조건이 선결되어야 할 것이다. 언젠가 자손들에게 이익이 돌아갈 것이라는 기대 속에 사람들이 다른 사람들의 이익을 위해 희생을 강요당하는 일은 없어져야 할 것이다.

우리는 이집트의 피라미드를 올려다보며 피라미드를 세우라고 명령한 사람들의 잔인함과 광기에 혀를 내두른다. 그 명령에 따른 사람들에 대해서도 놀랍기는 마찬가지다. 하지만 지금 이 시대 도시에서 있는, 우리들이 자부심에 가득 차 올려다보곤 하는 36층짜리 건물은 어떤가? 그건 피라미드보다 더한 잔인함과 광기 위에 세워진 것이 아닌가? 주위에 초지, 나무, 깨끗한 물, 태양, 새, 온갖 짐승이 있지만, 사람들은 엄청난 노력을 들여 남들에게서 해를 가리는 36층의 건물을 세운다. 바람이 불면 흔들거리는 이 건물에는 풀도 나무도 없다. 물이나 공기, 음식 따위 모든 것이 오염되어 있고, 삶 자체가 지루하고 불건전한 것이 된다. 이런 건물을 세우고 자랑스러워한다는 것은 우리 사회가 광기에 사로잡혀 있다는 분명한 증거가 아니겠는가? 이게 유일한 사례는 아니다. 누구나 주위를 둘러보면, 한

걸음씩 뗄 때마다 이런 36층짜리 건물이나 이집트의 피라미드에 맞먹는 미친 짓들을 발견할 수 있을 것이다.

문명을 정당화하는 사람들은 이렇게 말한다. "우리는 악을 척결할 준비가 되어 있다. 하지만 인류가 이루어놓은 모든 것이 그대로 보존된다는 조건이 수반되어야 한다." 사실 이런 말은 난봉꾼이 자신의 인생과 지위, 건강을 망쳐버린 뒤 의사에게 하는 말이다. 난봉꾼은 의사가 권하는 충고는 무엇이든 따를 준비가 되어 있다고 말한다. 하지만 자신의 타락한 삶을 유지해야 한다는 조건만은 버리지 않으려 하는데, 이런 사람들에게 우리는 상황을 개선하기 위해서는 현재의 생활 방식을 버려야 한다고 충고한다. 이제 기독교 세계에 사는 사람들에게도 똑같은 말을 해줄 때가 왔다. 문명을 옹호하는 사람들의 무의식적인 실수는 수단에 불과한 문명을 목적이나 결과로 여기고 문명이 언제나 이롭다고 생각하는 것이다. 문명은 사회의 통치자가 좋은 사람일 경우에만 이로울 수 있다. 폭발성 가스는 암석들을 날려버려 도로를 건설하는 수단으로 유용하게 쓰일 수 있다. 하지만 폭탄으로 사용하면 인명을 살상하는 무기가 된다. 철은 쟁기로 만들면 이로운 도구가 되지만, 포탄이나 철창으로 사용하면 사람들에게 해를 끼친다.

우리의 구원은 지금까지 우리가 따라온 길이나 우리가 공들여 이루어놓은 문명에 있는 것이 아니다. 구원받고자 한다면, 우리는 우리가 잘못된 길을 걸어왔으며 우리가 지금 빠져나와야 할 늪에 들어와 있다는 사실을 깨달아야 한다. 우리가 가지고 있는 것을 지키는 것이 아니라 반대로 우리가 끌어모은 쓸모없는 것들을 과감하게 내

버릴 줄 알아야 어떤 식으로든(네 발로라도) 토대가 굳은 제방 위로 기어오를 수 있을 것이다.

  이성적이고 올바른 삶은 눈앞의 수많은 행동과 길 가운데서 가장 이성적이고 선한 것을 고르는 사람들에게만 가능하다. 기독교도들은 현 상황에서 두 가지 중 하나를 선택할 수 있다. 기존의 문명으로부터 소수만 커다란 혜택을 입고 다수는 빈곤과 예속 상태에 내맡겨진 길을 따라 계속 걸어갈 것이냐 아니면 (만약 대다수를 예속 상태에서 해방시키는 데 방해가 되는 경우) 문명이 소수를 위해 이뤄놓은 편의와 이익의 일부 또는 전부를 포기할 것이냐 하는 것이 그것이다.

## 10

오늘날 사람들은 별개의 자유, 즉 언론의 자유, 출판의 자유, 양심의 자유, 집회의 자유, 이런저런 형태의 선거의 자유, 결사의 자유, 노동의 자유, 그리고 다른 여러 가지 자유에 관해 말한다. 이것은 사람들이 — 지금의 러시아 혁명가들처럼 — 자유에 관해 매우 잘못된 생각을 하고 있거나 아니면 자유가 무엇인지 모르고 있다는 것을 분명하게 보여주고 있다. 모두가 납득할 수 있는 그런 단순한 자유는 어떤 사람에게 그의 바람과 이익을 무시하고 어떤 행동을 하도록 요구하는 권력이 존재하지 않는 상황을 말한다.

  자유가 무엇인지 제대로 이해하지 못하고, 결과적으로 어떤 특정한 사람들이 어떤 특정한 행위를 할 수 있도록 허락되는 것이 자유라고 생각하면서 중대한 치명적 오류들이 생겨났다. 오늘날 사람들이 국가의 폭력에 복종하는 것이 당연한 것이고 어떤 특정한 행위에 대한 국가 권력의 승인이 자유라고 생각하는 것이 바로 그 같은 오류이다. 노예가 일요일 교회에 가거나 뜨거운 물에 목욕하거나 한가로운 시간에 옷을 수선할 수 있도록 허락받는 것이 자유라고 생각하는 것과 뭐가 다른가.

단 일 분간이라도 기존의 관습, 전통, 미신을 버리고 전제 국가든 민주주의 국가든 기독교 국가에 살고 있는 모든 사람들의 상황에 대해 숙고해보면, 자유라고 꿈꾸고 있지만 그들이 실상 노예 상태에 살고 있다는 것을 알고 누구든 놀랄 수밖에 없을 것이다.

어디에서 태어났든 누구에게나 그의 위에서 그의 삶의 규칙을 세운, 그가 전혀 알지 못하는 어떤 집단이 존재하고 있다. 무엇을 해야 하는지, 무엇을 하지 말아야 하는지 이미 결정되어 있는 것이다. 국가 조직이 완벽할수록 이 규칙의 망은 조밀하다. 그가 누구에게 어떻게 서약을 해야 하는지가 정해져 있다 — 그는 새로 만들어지거나 공표된 법은 어떤 것이라도 따를 것임을 약속해야 하는 것이다. 그가 언제 어떻게 결혼해야 하는지도 정해져 있다(오로지 한 여자와 결혼해야 한다 하더라도 유곽에 출입하는 것은 마음대로다). 아내와 어떻게 이혼하고, 어떻게 아이들을 기르고, 아이들 중 어떤 아이를 적자라고 하고 또 어떤 아이를 사생아라고 하는지도 정해져 있다. 누구로부터 어떻게 유산을 물려받을지, 누구에게 재산을 물려주어야 하는지도 정해져 있다. 어떤 행위가 법률을 위반한 행위인지, 어떻게 누구에 의해 재판을 받고 처벌을 받는지도, 언제 배심원 혹은 증인의 자격으로 법정에 출석해야 하는지도 정해져 있다. 나이가 얼마나 되어야 점원이나 일꾼을 고용할 수 있는지도, 심지어 점원이 하루에 몇 시간 동안 노동을 할 수 있는지도 정해져 있고, 점원에게 제공해야 하는 음식도 정해져 있다. 자식에게 예방 접종을 언제 어떻게 해야 하는지도 정해져 있다. 어떤 사람에게 혹은 어떤 사람의 가족이나 가축에게 이런저런 질병이 생겼을 때 어떻게 해야 하는지 또 그 사실을 어디에 알려야 하는지, 아이들을 어떤 학교에 보내야 하는지도 정해져 있고, 그가 짓는 집의 면적이나 안정성에 관해서도 정해져 있고, 가축을, 말과 개를 어떻게 길러야 하는지, 어떻게 물을 이용해야 하는지, 길이 없는 곳은 어떻게 가야 하는지도 정해져 있다. 이런 법률이나 또 다른 많은 법률에 따르지 않는 경우 어떤 처벌이 내려지는지도 정해져 있다.

우리가 따라야 할 모든 법에 대한 법 그리고 규칙에 대한 규칙은 다 열거하기도 불가능하다. 하지만 이런 법규를 모른다고 해서 (도저히 다 알 수가 없음에도 불구하고) 용서를 받을 수 있는 것은 아니다. 그건 가장 민주주의적인 국가에서도 마찬가지다. 더군다나 우리는 물건들, 예컨대 소금, 맥주, 포도주, 옷, 쇠, 기름, 차, 설탕 따위를 살 때마다 알지도 못하는 어떤 사업 관계 때문에 그리고 조부 또는 증조부 때에 이런저런 사람들에 의해 발생한 채무의 이자를 지불하기 위해 노동량의 상당 부분을 떼어주어야 한다. 이밖에도 이사를 갈 때, 유산을 상속받을 때, 이웃과 거래를 할 때에도 노동량의 일정 부분을 내어주어야 한다. 주거용 혹은 경작용으로 우리가 보유하고 있는 땅에 대해서도 노동량의 상당한 부분을 요구받는다. 따라서 남이 아니라 스스로의 힘으로 살아간다고 해도 우리 노동의 크나큰 부분이 우리와 우리 가족의 생활 조건을 개선·향상시키는 데 쓰이지 않고, 세금, 관세, 혹은 독점 기업의 이익으로 들어가는 것이다.

그뿐인가! 어떤 나라(대다수의 나라)에서는 남자가 성인이 되면 강제로 몇 년씩 군복무를 해야 하고 나가서 적군과 싸워야 한다. 또 다른 나라(영국과 미국)에서는 이런 목적으로 돈을 주고 성인 남자를 고용한다. 하지만 사람들은 이런 상황에 놓여 있는데도 불구하고 자신이 노예 상태에 있는 것을 깨닫지 못할 뿐만 아니라 이를 자랑스러워하며 스스로를 위대한 영국이나 프랑스, 혹은 독일의 자유 시민으로 여기고 있다. 그들은 하인이 자신이 섬기는 주인의 위대함을 자부하는 것마냥 이를 자랑스러워한다.

정신이 타락하지도 않고 나약하지도 않은 사람은 자신이 끔찍하고 굴욕적인 상황에 놓인 것을 발견하고 나서 당연히 이렇게 말할 것이다. "왜 내가 이 모든 일을 겪어야 하는가? 나는 최선의 삶을 살고 싶다! 나에게 무엇이 즐거운 일이고 무엇이 유용하고 필요한 일인지 나 스스로 결정하고 싶다. 나는 당신네들의 러시아, 영국, 프랑스와 평화롭게 지내고 싶다. 나를 가만 내버려두어라. 이 모든 것을 원한 사람이 누군지 모르겠지만, 영국이나 프랑스는 그나 상관할 일이다. 나는 관심 없다. 당신이 완력으로 나에게 당신이 원하는 일을 시킬 수 있을지 모르지만, 더군다나 나를 죽일 수도 있겠지만, 나는 나 스스로 노예가 되기를 원하지 않으며, 당신에게 동참하지는 않을 것이다." 이렇게 말하는 것이 당연하다. 하지만 아무도 이런 식으로 말하지 않는다.

 이런저런 국가에 속하는 것이 인간 삶의 필수 조건이라는 생각은 너무도 깊이 뿌리박혀 있는 탓에, 사람들은 각자의 이성이나 각자의 분별력, 각자의 직접적인 이익에 따라 행동하지 못한다.

 국가에 대한 믿음이라는 이름으로 예속 상태를 지속하고 있는 사람들은 새장의 문이 열려 있는데도 불구하고 습관 때문에 그리고 자신들이 자유롭다는 것을 깨닫지 못하기 때문에 여전히 새장 안에 남아 있는 새와 다를 바 없다.

 이 같은 오류는 독일, 인도, 캐나다, 오스트레일리아, 그리고 특히 러시아의 농업 인구처럼 필요한 것을 자급할 수 있는 사람들 사이에서 더욱 두드러진다. 그러나 그들이 자발적으로 따르는 노예 상태에는 필요성이나 이점을 찾아볼 수 없다.

 도시민들의 행동은 쉽게 이해할 수 있다. 그들의 이익은 지배 계급의 이익과 긴밀하게 얽혀 있기 때문에 그들을 구속하고 있는 노예 상태가 오히려 그들에게는 이로운 것이다. 록펠러는 그의 나라가 정한 법률을 어기려 하지 않을 것이다. 왜냐하면 그 나라의 법률이 일반 대중들의 손해를 무릅쓰고 그에게 수십억, 수백억 달러를 벌 수 있는 기회를 주기 때문이다. 록펠러가 소유한 기업의 이사들도, 그 이사들 떠받드는 고용인들도, 이런 고용인 밑의 또 다른 고용인들도 나라의 법을 어기려 하지 않을 것이다. 도시의 주민들도 마찬가지다. 도시민은 옛날로 치면 러시아 황실의 가신이다. 따라서 농민들을 노예화하는 것이 그들에게는 유리한 것이다.

 하지만 왜 농업에 종사하는 인구는 헛되이 이런 권력에 복종해야

마하트마 간디 | 국가권력의 폭력에 철저한 비폭력 불복종을 주장한 톨스토이의 사상은 간디에게 이어졌다.

하는 것인가? 툴라(모스크바에서 남쪽으로 180킬로미터 떨어져 있는 도시)나 포젠 혹은 캔자스나 노르망디나 아일랜드나 캐나다에 어떤 가족이 살고 있다고 하자. 툴라에 살고 있는 가족은 러시아라는 국가가 상트페테르부르크나 카프카스, 발트 해 연안, 만주 병합 영토에서 무슨 일을 벌이는지, 어떤 외교적 술책을 부리는지 아무런 신경도 쓰지 않는다. 포젠의 가족도 마찬가지다. 그들은 프로이센이 베를린에서, 아프리카 식민지에서 무슨 일을 벌이는지 아무런 신경도 쓰지 않는다. 아일랜드인은 영국이 런던, 이집트, 남아프리카나 다른 세력권에서 어떤 일을 벌이는지 관심이 없다. 미국의 캔자스에 사는 가족도 뉴욕에서, 필리핀에서 무슨 일이 일어나는지 관심이 없다. 하지만 이런 가족들은 국가의 요구에 따라 그들 노동량의 일정 부분을 내놓을 수밖에 없으며, 전쟁 준비에 그리고 전쟁 자체에 참여하게 된다. 그들은 또 자의가 아니라 타의에 의해 자신이 아닌 다른 사람이 제정한 법에 따를 수밖에 없다. 사실 그들은 인생의 중요한 모든 일에서 알지도 못하는 사람들의 의사에 복종하면서 다른 사람이 아닌 자기 자신의 의사에 따르는 것이라고 믿고 있다. 본 적도 없는 천 명의 대의원들 가운데 한 명을 그들이 뽑았기 때문이다. 하지만 자기 자신이나 다른 사람들을 속이고 싶어 하거나 그럴 필요가 있는 사람만이 이를 믿을 수 있을 것이다.

　국가에 속해 있는 한 누구든 자유로울 수 없다. 국가가 거대할수록 폭력은 더욱 더 필요하고, 진정한 자유는 더욱 더 불가능하다. 영국, 러시아, 오스트리아처럼, 더없이 다양한 민족들로 국가라는 하나의 연합체를 결성·유지하기 위해서는 강력한 억압이 필요하다.

스웨덴이나 포르투갈, 스위스처럼 작은 국가에서는 국민의 통합을 유지하는 데 그다지 심한 억압이 필요하지 않다. 하지만 국민들이 당국의 요구를 피하기는 훨씬 더 어렵다. 따라서 구속과 억압의 총량은 큰 나라와 동일하다.

장작 한 다발을 묶으려면 튼튼한 밧줄이 필요하고 여기에 충분한 힘을 가해야 한다. 이와 비슷하게 수많은 사람들의 집합을 하나의 국가 안에 유지하려면 일정 강도의 억압이 필요하다. 장작의 경우는 오로지 상대적인 위치에서만 차이가 있을 뿐이다. 어떤 장작은 밧줄의 압력을 직접적으로 받는다고 하더라도, 어쨌든 장작 묶음을 두르고 있는 밧줄은 장작이 어디에 놓이건 상관없이 동일한 압력을 가한다. 이와 마찬가지로 독재 국가든 입헌 군주국이든 과두정 국가이든 공화국이든 억압적인 성격의 국가는 모두 동일한 억압을 가한다. 인간의 통합이 억압에 의해, 어떤 사람이 다른 사람에게 법으로 강요하는 어떤 체제에 의해 유지된다면, 거기에는 언제나 억압이 있을 수밖에 없고, 이 억압은 어떤 사람들로부터 다른 어떤 사람들에게로 동일한 강도로 가해진다. 차이는 어떤 국가 조직에서는 억압이 어떤 부류의 사람들에게 가해지는 반면 다른 국가 조직에서는 다른 부류의 사람들에게 가해진다는 점뿐이다.

국가의 억압은 구슬이 느슨하게 꿰어진 검은 실에 비유될 수 있다. 여기서 구슬은 사람이고, 검은 실은 국가다. 구슬은 실에 꿰어져 있는 한 자유롭게 움직일 수 없다. 구슬은 한쪽으로 모아놓을 수 있고, 이럴 경우 구슬들 사이로는 검은 실이 보이지 않는다. 하지만 다른 쪽에는 검은 실이 그대로 드러난다(독재 국가). 간격을 둔 채 구슬을 몇 개씩 무리 지어 늘어놓을 수도 있다(입헌 군주국). 각 구슬 사이에 작은 간격을 둘 수도 있다(공화국). 하지만 구슬을 실에서 빼내지 않는 한, 실을 잘라버리지 않는 한, 검은 실을 완전히 감출 수는 없다.

국가와, 국가의 유지에 필요한 억압이 어떤 형태로든 존재하는 한, 자유, 모든 사람들이 이해하고 있으며 바로 그 단어를 통해 이해할 수 있는 진정한 의미의 자유는 존재할 수 없다.

"하지만 사람이 국가 없이 어떻게 살 수 있다는 말인가?" 보통 사람들은 그렇게 묻는다. 그들은 누구의 아들, 누구의 자손으로 사는 것에 익숙해 있을 뿐 아니라 프랑스인, 영국인, 독일인, 미국인, 러시아인으로 사는 것에 익숙해 있다. 그들은 알제리·안남·니스를 손아귀에 쥐고 있는 프랑스, 이집트·인도·오스트레일리아·캐나다를 거느린 영국, 내적으로 통합되지 않은 다양한 민족의 오스트리아, 아니면 미국이나 러시아 같은 거대한 혼합 국가 등 이런저런 억압 조직에 속해 있는 것에 너무도 익숙한 탓에, 이런 연합체에 속하지 않고 국적 없이 살아가는 것이 거의 불가능한 것처럼 생각하는 것이다. 그것은 마치 수천 년 전 사람들이 신에게 제물을 드리지 않고 또 어떻게 해야 할지 가르쳐주는 신탁 없이 살 수 없다고 생각한 것과 다를 바 없다.

그렇다면 어떻게 국가에 소속되지 않고 살 수 있는가?

사람들은 정확히 지금과 똑같이 살 수 있다. 다만 지독한 미신 때문에 지금껏 하고 있던 어리석고 불쾌한 일들을 더 이상 하지 않게 될 것이다. 사람들은 현재 살고 있는 것처럼 살 것이다. 단 그들의 가족은 세금의 형태로 알지도 못하는 사람들이 악행을 저지를 수 있게 내주곤 했던 그들의 노동 생산물을 더 이상 내주지 않아도 될 것이다. 사람들은 공권력이나 재판소, 전쟁 없이 살게 될 것이다. 그렇다. 수백 명의 사람들에게 수백만 명의 사람들을 다스릴 수 있도록 터무니없고 부당한 권력을 부여했으며 이런 수백만 명의 사람들로부터 진정한 자유를 빼앗아갔던 것은 우리 시대에는 더 이상 아무런 의미도 없는 바로 국가라는 미신이다. 캐나다, 캔자스, 보헤미아, 소러시아(우크라이나 지방), 노르망디에 사는 사람이 때때로 자부심을 가지고 자신을 대영 제국이나 미국, 오스트리아, 러시아, 프랑스의 국민으로 여기는 한 우리는 자유로워질 수 없다. 러시아나 영국, 독일, 프랑스처럼 말도 안 되는 몰지각한 통합을 유지하려는 정부들은 국민에게 진정한 자유를 줄 수 없으며, 그들이 말하는 자유는 허위에 불과하다. 군주정 형태의 헌법이나 공화정 형태의 헌법이나 민주주의 형태의 헌법이나 어떤 식으로 정교하게 만들어진 헌법이라도 상황을 변화시키지는 못한다. 자유가 없는 가장 큰 원인은 국가라는 미신이다. 사실 사람들은 국가가 없는 상태에서 자유를 빼앗길 수도 있다. 하지만 그들이 국가에 속해 있는 한, 자유는 있을 수조차 없다.

 현재 러시아 혁명에 참여하고 있는 자들은 이를 이해하지 못한다. 그들은 러시아의 국민들에게 여러 가지 자유를 가져다주기 위해 투쟁한다. 그들은 현재 러시아에서 일어나고 있는 혁명의 목적이 여기에 있다고 생각한다. 하지만 이 혁명의 목적과 궁극적인 결과는 혁명가들이 보고 있는 것보다 훨씬 먼 곳까지 나아가 있다. 그 목적은 국가라는 억압 체제로부터의 해방이다. 이 위대한 혁명의 목표를 위해서는, 현재 엄청난 러시아 인구의 부패한 표면에서, 이른바 지식인과 공장 노동자들이라는 도시 계층의 작은 부분에서 자행되는 갖가지 실수와 악행들을 계도해야 한다. 주로 복수심, 원한 혹은 야심이라는 비천한 충동에서 일어나는 이런 온갖 행위들은 러시아 국민 대다수에게 어느 정도 중요하다고 하겠다. 러시아 국민에게 그들이 무엇을 하지 말아야 하는지 또 무엇을 할 수 있고 무엇을 해야 하는지 가르쳐주고 있기 때문이다. 최근에 일어나는 일들은 국가 억압의 한 형태를 다른 형태로 바꾸는 것이 무용한 일이라는 것을 입증하고 사람들의 뇌리에서 국가라는 미신과 미혹을 뿌리 뽑는 데 도움이 될 것이다.

러시아인 대다수는 현재 일어나는 사건들을 통해, 무자비한 혁명 행위로 표현되는 새로운 형태의 폭력, 예컨대 파괴, 폭파, 파업, 그리고 온 국민의 생계를 위험에 빠뜨리거나 형제자매끼리 싸우는 일을 목격했다. 그리하여 그들은 이전에 그들을 괴롭혔던 국가 억압의 악폐뿐만 아니라 새로운 형태의 악폐를 점차 이해하기 시작했다. 그것은 새롭다고는 하나 비슷한 기만과 악행으로 표현되는 억압의 또 다른 형태에 불과했다. 어떤 것이 다른 어떤 것보다 낫거나 못하다고 할 수 없었고, 둘 다 나빴다. 러시아인들은 이제 모든 억압으로부터 스스로를 해방시켜야 하고 그것이 불가능하지 않으며 오히려 매우 쉬운 일이 될 수 있다는 것을 서서히 깨닫고 있다.

사람들, 특히 러시아 농경민족은 대다수가 모든 사회 문제를 정부의 도움 없이 촌락 회의를 통해 해결하며 살아왔고, 현재도 그렇게 살고 있다. 현재의 상황을 고려해보면, 이들에게 독재 형태든 민주주의 형태든 어떤 정부도 필요하지 않다는 사실은 명백하다. 그것은 놋쇠 사슬이건 쇠사슬이건 짧은 사슬이건 긴 사슬이건 사람이 사슬에 묶여 있을 필요가 없는 것과 마찬가지다. 러시아 국민은 특별한 별개의 자유를 원하는 게 아니라 진정하고 완벽하며 단순한 하나의 자유를 원한다.

언제나 그렇지만, 어렵게 보이는 이 문제에 대한 답은 간단하다. 이런저런 종류의 자유가 아니라 진정하고 완벽한 하나의 자유를 얻기 위해서는 국가 권력에 대해 투쟁하지 말고 국가 권력에 참여하지도 말아야 한다. 정부에 복종하지 말아야 한다.

사람들이 정부에 복종하지 않으면, 세금도, 토지 점유도, 당국의 규제도, 군대도, 전쟁도 없을 것이다. 이것은 매우 간단하고, 매우 쉬운 것처럼 보인다. 그렇다면 왜 사람들은 지금까지 그러지 못했으며 아직까지도 그러지 못하는 것일까?

왜 그럴까? 왜냐하면 정부에 복종하지 않으면, 사람들은 하나님에게 복종하고 올바른 삶을 살아야 하기 때문이다.

이러한 조건에서만 사람들은 다른 사람들에게 복종하는 일을 그만두고 자유로워질 수 있을 것이다.

다른 사람에게 복종하지 않겠다고 말하기는 쉽다. 하지만 실상 사람에게 복종하지 않는 일은 만인에게 공통된 하나님의 법을 따를 때만 가능한 것이다. 상호 협력이라는 보편적 도덕률을 어기고는 누구도 자유로워질 수 없다. 노동자들, 특히 농업 노동자들의 노동을 갈취하며 살아가는 부자와 도시 계급의 삶은 이 보편적 도덕률에 위배

된다. 사람은 이 도덕률을 지키는 한에서만 자유로울 수 있다. 도시나, 사회의 기업 조직에서는 상호 협력의 도덕률을 따르기가 어려울 뿐 아니라 거의 불가능하다. 왜냐하면 거기서는 성공이 다른 사람과의 경쟁을 통해 이뤄지기 때문이다. 반면 사람들의 모든 노력이 오로지 자연과의 투쟁에 향해 있는 농촌에서는 상호 협력의 도덕률에 따르는 일이 훨씬 쉽다. 정부에 대한 복종과, 국가라는 인위적인 연합체, 즉 조국에 대한 믿음으로부터 사람들이 해방되면 자연스러움과 즐거움이 넘치는 농촌 공동체의 도덕적 삶이 가능해진다. 이런 공동체는 억압이 아닌 상호 합의에 의해 세워질 것이고, 모든 사람에 의해 실현될 수 있는 독자적인 규칙에 따라 영위될 것이다.

여기에 모든 기독교 국민들 앞에 다가와 있는 위대한 혁명의 본질이 있는 것이다.

이 혁명이 어떻게 일어날 것인가 그리고 어떤 단계를 밟아갈 것인가 하는 것에 관해서는 우리는 아직 알지 못한다. 하지만 우리는 이 혁명이 불가피하다는 것을 알고 있다. 왜냐하면 이 혁명이 일어나고 있으며 부분적으로는 인간의 의식 속에서 이미 실현되었기 때문이다.

인간의 생애란 누구에게나 별반 다르지 않다. 생의 시간이 흐르고 흐르면, 감추어져 있던 것이 나타나고 과거에 지나왔던 길이 옳았는지 아니면 옳지 못했는지가 드러난다. 삶은 의식의 계몽이다. 이전의 토대에 숨겨져 있던 허위에 빛을 밝히고, 새로운 토대를 세우고 이를 실현하는 것이다. 한 개인의 삶처럼 인류의 삶도 이전의 조건에서 새로운 조건으로 성장해가는 과정이라고 할 수 있다. 이 같은 성장은 불가피하게 과거의 실수를 깨닫고 그 실수에서 벗어나는 단계가 수반된다.

한 개인의 경우와 마찬가지로 전 인류의 생애에서 실수가 명백해지는 순간이 있다. 이런 때 혁명이 일어난다. 기독교도들은 현재 그런 순간에 와 있는 것이다.

인류는 폭력의 규범에 따라 살아왔다. 다른 것은 몰랐다. 하지만 진보적인 인류의 지도자가 전 인류에게 공통적인 새로운 상호 협력의 규범을 공표했다. 인간은 이 규범을 받아들였지만, 완전한 의미에서 받아들이지는 못했다. 사람들은 이 규범을 따르려 애썼지만, 여전히 폭력의 규범에 따라 살았다. 기독교는 인류에게 최대의 행복을 줄 수 있는 만인 공통의 규범은 단 하나라는 진리를 확인시켜주었다. 그것은 상호 협력의 규범이다. 기독교는 또한 이 규범이 왜 실현되지 못했는지도 가르쳐주었다. 그것은 사람들이 정당한 목적을 위해서라면 폭력의 사용을 필요하고 유익한 것으로 여기는 동시에 징벌의 규범을 정당한 것으로 보았기 때문이다. 기독교 신앙에 따르면, 폭력은 언제나 해로우며, 징벌은 인간에 의해 이뤄질 수 없다. 하지만 기독교도들은 만인에게 공통된 상호 협력의 규범에 관한 이런 설명을 받아들이지 않았다. 그래서 이런 규범에 따라 살고 싶어 했지만, 어쩔 수 없이 계속하여 이교도적 폭력의 규범에 따라 살았다. 이런 모순적 상황으로 인해 기독교도들의 삶은 죄로 얼룩져 있다. 소수가 외적 만족과 사치스런 생활에 깊이 빠져 있는 반면, 대부분은 노예 상태에서 커져가는 불행과 고통 아래 신음하고 있다.

최근 일부의 범법 행위와 사치스런 생활이 극에 달하고 다른 쪽

일부의 노예화와 불행은 바닥을 모를 정도로 깊어졌다. 자연과 함께 하는 농경 생활을 포기하고 스스로 통치한다는 기만에 빠져 있는 사람들의 경우는 특히 우려할 만하다.

비참한 상황에 번민하고 자신들이 빠져 있는 모순을 의식하며 괴로워하는 이런 사람들은 도처에서 구원을 찾는다. 제국주의 책략에 몰두하거나 사회주의 혁명을 도모하고 다른 사람들의 땅을 강탈하거나 온갖 종류의 싸움에 뛰어들고 세금을 거두어들이고 기술 진보에 힘을 쏟거나 타락에 빠진다. 한마디로 그들을 구원할 수 있는 단 한 가지 일만 빼면 어떤 일도 다 한다. 물론 그 한 가지 일이란 국가, 즉 조국이라는 미신에서 해방되어 억압적인 국가 권력에 대한 복종을 그만두는 일이다.

러시아인들은 농경 생활 덕분에, 스스로 통치한다는 기만이 없기 때문에, 그리고 무엇보다 폭력에 대한 기독교적 태도를 다른 누구보다 더 잘 보존하고 있기 때문에, 정부에 의해 끌려들어간 잔혹하고 불필요하며 불운한 전쟁이 끝난 후 그리고 빼앗아간 땅을 돌려달라는 그들의 요구가 묵살당한 후, 다른 누구보다 먼저 우리 시대 기독교 세계에 일어난 재앙의 주요 원인을 깨닫게 되었다. 따라서 전 인류 앞에 닥쳐와 있는 위대한 혁명은 러시아인들에게서 시작될 수밖에 없었다. 이 혁명은 인류를 불필요한 고통에서 구원해줄 것이다.

현재 러시아에서 시작되고 있는 혁명의 중요성은 여기에 있다. 이 혁명이 유럽의 여러 국가나 미국에서는 아직 시작되지 않았다고 하더라도, 러시아에서 이 혁명을 부른 원인은 기독교 세계 어디에서나 찾아볼 수 있다. 기독교도들에 대한 이교도들의 군사적 우위를 전 세계에 입증한 러일전쟁과 똑같은 전쟁을 세계 어디서나 볼 수 있으며, 극에 달한 억압을 멈추지 않는 거대 국가의 군비 확장이나, 토지에 관한 자연권을 빼앗긴 노동자들의 보편적인 불만과 비참한 상황 역시 마찬가지다.

대다수 러시아인들은 자신들이 겪는 모든 재앙이 정부에 대한 복종에서 비롯된다는 사실을 똑똑히 알고 있다. 이제 그들은 이성적이고 자유로운 존재가 되기를 거부하느냐 아니면 정부에 대한 복종을 그만두느냐 하는 선택의 기로에 서 있다. 유럽인과 미국인들은 분주한 삶 때문에, 스스로 통치하고 있다는 기만 때문에, 아직 이런 현실을 보지 못했다. 하지만 그들도 곧 보게 될 것이다. 그들이 자유라고 부르는, 거대 국가의 억압적인 통치에 참여하는 일은 노예 상태를 계속하여 심화시키며 이런 노예 상태에서 비롯되는 불행을 더 크게 만들 뿐이다. 불행이 커지면 사람들은 유일한 구원의 길에 다가가게 될 것이다. 국가에 대한 복종을 그만두는 것, 국가라는 억압적인 연합체를 폐지하는 것이 그것이다.

이 위대한 혁명을 일으키려 한다면, 국가, 조국이 하나의 허구이고 삶과 진정한 자유야말로 실제라는 것을 깨달아야 한다. 즉 국가라 불리는 인위적인 연합체를 위해 삶과 자유를 희생하는 게 아니라 진정한 삶과 자유를 위해 국가라는 미신에서 그리고 그 소산 — 범죄라고 할 만한, 인간에 대한 복종 — 에서 해방되어야 한다.

이처럼 국가와 권력 기관에 대한 태도가 변화하면 한 세상이 끝나고 다른 세상이 시작될 것이다.(1905)

옮긴이 조윤정은 서울에서 태어나 대학에서 지질학을 공부했다. 1998년 중앙일보 신춘문예에 단편소설 「알제리, 하씨 메싸우드」가 당선되어 등단했다. 지금은 전문 번역가로 활동하고 있으며 옮긴 책으로는 『잡식동물의 딜레마』 『알파벳과 여신』 『톨스토이의 하지 무라드』 『현대의학의 역사』, 『집시, 바람의 노래를 들어라』 등이 있다.

### 국가는 폭력이다
평화와 비폭력에 관한 성찰

레프 톨스토이 지음 조윤정 옮김

초판 1쇄 발행  2008년 7월 25일
초판 2쇄 발행  2016년 10월 12일
펴낸이  김영조
펴낸곳  달팽이출판
등록  2002년 2월 28일  제 22-2112호
주소  경기도 파주시 탄현면 사슴벌레로 45. 206-205
전화  031-946-4409    팩스  031-946-8005
ecohills@hanmail.net

ISBN  978-89-90706-21-8 03300
책값은 뒤표지에 있습니다.